PHP経営叢書

日本の企業家

渋沢栄一

日本近代の扉を開いた財界リーダー

宮本又郎
編著

PHP

PHP経営叢書「日本の企業家」シリーズ刊行にあたって

社会を変革し、歴史を創る人がいる。企業家といわれる人々もそれに類する存在である。溢れる人間的魅力が他人を惹きつけ、掲げる崇高な理念のもとに、人と資本が集まる。優れた経営戦略は、構成員の創意工夫を生かす。そうして新たな価値が創造され、事業が伸展する。社会の富も増進され、進化・発展は果てることがない。

その歴史に刻まれた足跡に学ぶべきところは限りない。成功も失敗も現代のよきケーススタディである。日本近代の扉を開いた比類なき企業家・渋沢栄一はいう。子孫に遺すべき家宝は『古人のいわゆる「善以テ宝ト為ス」ただこの一言のみである』と。けれども理想の実現に邁進した日本人企業家たちの実践知、そこにみられる「善」を「宝」となし、次代に継承するのは現代を生きる読者諸兄である。"経営の神様"と称された松下幸之助が説くように「人はみな光り輝くダイヤモンドの原石のようなもの」であり、個の絶えざる自己練磨の集合体が世の中であることを我々は忘れてはならない。

松下幸之助が創設したPHP研究所より、創設七〇周年を記念して刊行される本シリーズでは確かな史実、学術的研究の成果をもとに、企業家活動の軌跡を一望できるようにした。経営史・経営学の専門家が経営思想や戦略を掘り下げ、その今日的意義を考察するだけでなく、人間的側面にもアプローチしている。

各巻が、日本のよき伝統精神、よき企業家精神の継承の一助となれば、編集委員としてこれに勝る喜びはない。

二〇一六年一一月

編集委員　宮本又郎
　　　　　加護野忠男

序

　渋沢栄一についてはこれまで多くのことが書かれてきた。幸田露伴の『渋沢栄一伝』をはじめとする伝記や評伝、小説の類はもちろんのこと、経済史、経営史、思想史、社会史など多分野で栄一に関する夥しい研究論文、学術書がある。何よりも個人の伝記資料としては世界最大級の『渋沢栄一伝記資料』全六八巻がある。近年でもそうした栄一への関心は一向に衰えず、国際的広がりまでみせている。ピーター・F・ドラッカーが栄一を高く評価したことはつとに知られているが、グローバル資本主義の倫理性が問われている中で、栄一の「合本主義」や「道徳経済合一説」が脚光を浴びるようになったのである。英米仏日四カ国の経営史研究者八名による国際共同研究から生まれた『グローバル資本主義の中の渋沢栄一』（橘川武郎、パトリック・フリデンソン編著）はその関心が研究成果として結実した例である。

　このように、栄一をめぐっては汗牛充棟の文献があるが、いまなお論じ尽くされたわけではない。PHP研究所創設七〇周年記念事業として企画された本シリーズ「日本の企業家」創刊の第一弾に、松下幸之助と並んで栄一を取り上げたのは、確かにこの二人が近代日本の経済発展や、企業経営のあり方、企業家精神に計り知れない影響を与えた企業家だと考えられたからである。

だが彼らの行動や理念は、過去の足跡において偉大だったというばかりでなく、今なお現代社会に多くの光を投げかけているではないか。両者を真っ先に対象とした所以はここにある。

さて、本シリーズは各巻とも三部構成で編集されている。第一部は、当該企業家の生涯についての「詳伝」で、本書では渋沢史料館副館長の桑原功一氏に執筆していただいた。先述のように、栄一に関しては膨大な資料と先行研究がある。資料というものがないと歴史研究はできないのだが、多すぎてもそれはそれで面倒なものである。その上、栄一は長寿であったし、その活動の広さと深さは超人的であった。にもかかわらず、桑原氏は関連資料を丹念に探索し、先行研究を踏まえつつもオリジナルな評伝を執筆された。深く敬意を表する次第である。読者には特に、栄一の折々の活動場面が具体的に臨場感をもって描かれている点を味読していただきたいものである。

第二部は、経済学・経営学の視点から当該企業家の行動や思想、考え方を分析しようとするもので、本書では私（宮本又郎）が執筆した。周知のように、栄一の生涯における活動は極めて多岐にわたった。個別企業の創業者、経営者としてばかりではなく、財界リーダー、思想家、教育家、民間外交家、フィランソロピストとしても大活躍した。しかし、第一部「詳伝」があるので、第二部では栄一の企業家活動のコアは次の三つにあったと考え、その点を中心に論じることにした。第一は、「合本主義」という当時においてはニュービジネスモデルを唱道し、実践したのはなぜだったのか、そしてそれはどのような歴史的意義があったのかを考える。第二は、「財界リーダー」としての役割である。栄一は個別企業の創設や経営にとどまらず、企業間及び企業家間のネットワークづくりや調整、さらに政府と民間のパイプ役として大きなエネルギーを割いたが、どうしてこのような存在・役割が必要だったのかを論じることにしたい。そして第三は、栄一が企業家活動の実践にとどまらず、「道徳経済合一説」を唱え、経営理念のニューディーラーとして、経済界において指導的役割を果したことである。なぜこのような指導理念が必要だったのか、その影響はいかなるものだったかを検討する。これら三点の検討にあたっては、栄一の行動や思想を時代の文脈の中に位置づけるだけでなく、今日的観点からのコメンタリーも付してみたい。

第三部には、栄一の曾孫であられる渋沢雅英氏（渋沢栄一記念財団理事長）へのインタビューをI章に収録した。雅英氏はこれまでにも栄一や実父であられる渋沢敬三について書かれたり、話されたりしているが、本書で初めて話されたこともあるので読者には興味を持っていただけると思う。長時間のインタビューに応じてくださった雅英氏に深く謝意を表したい。またII章では、栄一が生きた時代の人々による栄一評をいくつか抜粋して収めた。同時代人にとって栄一がどのような存在だったのかを垣間見ることができよう。この第三部の編集にあたっては、同財団主幹（研究）の木村昌人氏、渋沢史料館の館長井上潤氏、桑原氏に大変お世話になった。厚く御礼申し上げる次第である。併せて本書全般にわたって、共編著者といって差し支えないほど、尽力してくださったＰＨＰ研究所の藤木英雄氏に深く感謝したい。同氏の執筆者への激励活動と丁寧な編集作業がなかったならば、本書は日の目をみなかったであろう。

最後に本シリーズの編集委員として全体の執筆方針を記しておきたい。近現代の日本の経済発展を担った企業家はどのようにして出現したのか。彼らはどのような信条、理念を持っていたのか。各時代の制約に縛られながら、いかにして創意工夫を編み出したのか。企業家の特性は時代とともにどのように変化したのか。資本家と経営者との関係はどう変化したのか——。代表的企業家の行動の軌跡を追いつつ、これらを検討してみたいというのが、本シリーズの狙いである。

ただし企業家活動の側面から経済の歴史をみるということは、決して企業家という人間が歴史を動かす万能の力を持っていると主張することではない。経済活動が経済の自然法則のままに営まれるという素朴な決定論と同じように、すべてが人間次第と断じることもバランスを失している。体制や慣行、歴史の流れといった制約の中で、一人ひとりの企業家がどのようにそれらに抗い、抗いえたのか、そしてそれらの集合がどのように経済の慣行軌道を変えることになったのか、そこにわれわれの関心があるのである。

多くの人々に本シリーズが読まれ、今日の日本の経済社会や企業経営にとって何らかの指針となれば、著者の一人としてこれにまさる喜びはない。

二〇一六年一一月

編著者　宮本又郎

渋沢栄一

日本近代の扉を開いた財界リーダー

目次

III　明治初期の企業家行動～銀行業と製紙業を中心に～　63

第二部　論考

歴史に刻印される企業家の価値
合本主義・財界リーダー・道徳経済合一説

第三部 人間像に迫る

「渋沢栄一」という行き方
江戸後期から昭和初期まで生きた日本人の実像

写真提供◉渋沢史料館
装丁◉上野かおる

第一部
詳伝

私ヲ去リ　公ニ就ク

「公益」追求の先駆者が歩んだ軌跡

［凡例］

一、この詳伝における主要参考資料『渋沢栄一伝記資料』は本編全五八巻、別巻全一〇巻にて構成されている（編纂主任は土屋喬雄）。第一巻は、一九四四年に岩波書店から刊行されたが、戦後一九五五年に渋沢栄一伝記資料刊行会から再刊、以後同会から刊行された。一九六五年に本編刊行終了、続いて別巻が渋沢青淵記念財団竜門社より刊行、一九七一年に完了している。なお、この伝記資料の注表記に関しては、各巻の刊行年数、編者（渋沢青淵記念財団竜門社）、版元名については省略するものとする。

一、年号表記については、基本的に西暦年を用い、和暦年は便宜的に付した。なお一八七二（明治五）年一二月三日までの月日は陰暦をもちいた。

一、引用は鉤括弧内に記し、原典に忠実に行うことを心がけたが、読者の便宜を考慮し、難読のものには振り仮名を付し、旧字を常用漢字（または正字）に表記換えをする等の処理を施した。

一、栄一の年齢については、『雨夜譚』などの自著では数え年齢で記されていると考えられるが、この詳伝では、満年齢での表記を基本とした。

Ⅰ　渋沢栄一の登場

栄一が生まれたところ

渋沢栄一は一八四〇（天保一一）年二月一三日、武蔵国榛沢郡血洗島村（現埼玉県深谷市血洗島）の農民だった父・市郎右衛門、母・えいとの間に生まれた。

江戸時代後期、血洗島村の環境はというと、近くに利根川が流れていて、ちょうどこのあたりは、川床が上流に遡るにつれて浅くなるところだった。そのため船客の乗継場、船荷の積替所として通行船の検査も行う中瀬河岸があった。旅人の乗り降りも多く、この河岸では水運を利用した荷の積み込み、荷揚げなども盛んで、物資の集散地となっていて、いつも多くの船が停泊し、船問屋や旅籠なども建ち並んでいた。

また中瀬河岸はそばに渡船場があって、それを渡れば上州を経由し、越後にも通じる脇往還・

北越道が通っていた。この河岸から南へ行けば深谷宿に至り、中山道に合流した。中山道深谷宿は江戸まで一九里（約七五キロメートル）余で、栄一の幼少の頃、宿場人口は一九二八人、五二四軒で、旅人の行き来、人馬による物資輸送も盛んだった。[1]

血洗島村はこうした交通の要衝を周囲にひかえた地に位置し、旅人の往来や物資流通が盛んであり、政治経済、文化などの新しい情報も入りやすい土地柄だった。

栄一が生まれた頃の日本は農村、都市部を含め、社会経済構造が大きく変化していた時期だった。農村にあっては上層農民と貧窮化する下層農民の格差が広がり、関東から東北地方の農村が荒廃し、離村するという事態も起きていた。一八三〇年代には天保の大飢饉も起き、諸矛盾が顕在化する中、幕府・諸藩は政治改革を展開した。栄一の生家・渋沢家もそうした時代の変化に対応した家業を展開していくことになった。

渋沢家の家業

血洗島村は一五七三年以後の天正年間に開かれた村で、当初五軒だったという。江戸時代後期には五〇軒ほどとなり、石高は三四六石余の村だった。[2] 江戸時代中期以降の村の平均石高が一村あたり約四〇〇〜五〇〇石といわれているので、小規模な村だったといえよう。[3]

生家・渋沢家は開村当初からの家とされ、栄一が幼少の頃には渋沢を氏とする家が十数軒になっていた。栄一の生家は家号が「中の家」といい、渋沢の宗家ともいわれる。栄一の祖父の時代の一八三一（天保二）年段階で、所持している土地（屋敷や耕地等）は合計して一町歩ほどでそれほど多くはなかった。耕地は畑のみで、藍玉製造も始めていたという[4]、この家のえいのもとに婿養子として入ったのが、「東の家」（渋沢宗助家）の元助で、「中の家」を継ぎ、「市郎右衛門」と名を改める栄一の父だった。社会が大きく変わろうとしていた時代にあって、栄一の父・元助（市郎右衛門）は一時、武士になることを志したというが、「中の家」に入り、家業に熱心に取り組むことになった[5]。

血洗島村は米があまり収穫できない土地柄で、「中の家」の天保以降、幕末期の所持地も畑のみだった。市郎右衛門は麦作や養蚕を行う一方、換金性の高い畑作物としてすでに家業として始められていた藍玉製造に力を入れた。藍葉を自家でも生産し、近隣の他家からも仕入れ、それを藍玉に製造して信州、上州、武州秩父郡あたりの紺屋に販売した[6]。「中の家」は、市郎右衛門（元助）の実家「東の家」に次ぐ資産を築き、質もとり、金融も行うようになって家勢を挽回した[7]。

血洗島村から江戸までは一九里ほどで、利根川―（関宿）―江戸川を利用した水運、中山道を利用した陸運の便もあるが、江戸と藍玉取引を積極的にしていたような話はあまりみられない。江戸の場合、藍の特産地である阿波からの距離はあるが、海運で藍玉が直接輸送できるとともに、大名家や豪商など、富裕な商人も多く、日本の中で一番上等だったという阿波藍を利用した高級製品の需要がまだ高かったとみられる。大衆向けの藍としては、江戸近郊農村でもこの時期、藍作を行う家も多くなり、そうした家々が江戸の藍需要を満たしていたものとみられる。そのため渋沢家は江戸市場へ積極的に参入する道を選ぶのではなく、阿波藍などが及びにくい、また対抗しうる環境にある、武州西部、上州、信州方面へ販売圏を広げていったものと思われる。

血洗島が属する小規模な岡部藩領では、「中の家」渋沢家や「東の家」渋沢家などの藩領村々の各家が藍玉販売によって得た利益に対して「御用金」を課すなどはしたが、藍専売制や藍作税を賦課するなどの経済統制は行われにくい政治的環境だった。そのため、渋沢家は他藩や他領の町や村とも直接取引を比較的自由に展開しえた。また販路拡大、取引先の拡大には、地縁・血縁を軸にした様々な地域的、人的ネットワークを活用していたと思われる。

そのような手法で藍玉販売を拡大した父・市郎右衛門のもとで育ち、その経営を学びながら、みずからも創意工夫を行い、かかわっていく栄一の生涯をこれからみていきたい。

才能の萌芽

栄一には兄がいたが夭折しており、渋沢家「中の家」の跡取りとして大事に育てられた。母・えいは、風邪をひかせまいと、よく羽織を持って栄一を追いかけていたという話が伝わる(8)。姉妹や弟も多くいたというが、ほとんどが若くして亡くなり、後に妹・貞《てい》が長じて婿養子をとり「中の家」を継ぐことになる。

栄一は幼名を市三郎、または改めて栄治郎ともいった。一一歳前後、実名を美雄とし、後に通称を栄一郎、実名を栄一と改める。五歳の時、父に学びながら書物を読み始め、そののち、隣村・下手計《しもてばか》村の尾高惇忠に『論語』をはじめ四書五経などの読書の手ほどきを受けた。一三～一四歳頃までは読書や神道無念流の剣術、書などの稽古の日々を送った。(9) そんな頃、これからは一定の時間を家業(農業〈麦作・藍作・養蚕〉・商売〈藍葉買い付け・藍玉製造、販売〉)にあて従事するようにと父に言われた。(10)

一三歳の頃といえば、関東地方は旱魃で一番藍が不作だったため、上作になった二番藍を多く買い入れる必要があった。しかし父は、信州・上州方面の得意先の紺屋(染物屋)廻りに出かけるため、直接買い付けにあたることができなかった。そこで、買い付けを義父(栄一の祖父)に頼み、栄一に「前途商売の修行に、御祖父さんの供をしてその駈引を見習うがよい」と申し付けた。

栄一は自分にも藍の出来の良し悪しがわかるはずだと思い、父の留守中に藍葉買い付けをしてみようと考えた。藍葉買い入れの時期になり、初日は祖父に随行して、近隣の矢島村の一、二軒で買い付けをした。その時に栄一は、自分一人で買い付けをしたいと思い、横瀬村のほうに回って帰りたいと祖父に言い、別れた。祖父から受け取った金子を胴巻きに入れて、横瀬村から新野村へと行き、藍葉を買いに来たと吹聴して回った。

しかし当初は、鳶口髷《とびぐちまげ》の子供だった栄一を村人たちは侮って信用しなかった。そのため、これまで何度も藍葉買い付けに行く父に随行していた栄一は、父を真似て藍葉を見てはこれは肥料が少ないとか、乾燥が悪いとか、茎の切り方が悪いとか、いちいち批評した。

村人は、妙な子供が来たと珍しがって相手にしてくれるようになり、新野村で二一軒の藍葉をすべて買い付けした。翌日、翌々日も近隣の村々を廻って買い付けし、その年の藍は一人で買い集め、帰ってきた父にその手際をたいそう褒められたという。熱心に仕事に励んでいた父を見ながら、栄一も一五、一六歳頃から、農業、商売に力を入れて仕事に努めるようになった。(11)

身分制社会への憤り

栄一が一六歳頃、岡部藩より血洗島村周辺に御用金賦課が言いつけられ、父・市郎右衛門らが岡部藩陣屋に出頭を命じられた。父は所用があって行くことができなかったので、栄一は父の名代として、御用金賦課を言いつけられた近村の二名とともに陣屋に出頭した。

そこで栄一は代官に対して、御用金の高は承ったが、一応父に伝えて、改めて御請にまいりますと述べた。これに対し代官は栄一を嘲弄、叱責し、この場ですぐに承知したと述べよと迫ったという。これを機に、百姓をしていると、こんな岡部藩の代官のような知恵分別もないものに武士身分にあるというだけで軽蔑されねばならず、馬鹿馬鹿しいので、「何でも百姓は罷《や》めたい」「農・商は馬鹿馬鹿しい」という思いが湧き上がってきた。(12)

後年、官尊民卑打破を目指し、民間にあって活動することにこだわり、農工商の社会的地位を高めることに尽力した栄一だったが、一六歳頃には、不合理な身分制社会への憤りから、若き日の父と同様に身分上昇志向を強く持つようになる。そして一九歳頃までの三年の間に「千古の英雄豪傑も皆自分の友達のような念慮が生ずるようになって来た」という。『日本外史』などの歴史書を読み、豊臣秀吉は尾張の百姓から、徳川家康は三河の小大名から出たことなどを考え、身分を上昇させ、英雄豪傑になり、天下国家に名をあげたいといった意念が強くなっていった。[13]

それでも、書物ばかり読んでいては家業にならぬと父から督励されたこともあり、栄一は身分制社会への反発心を抱く一方で、日常は家業に専念し、藍商売に関しても、年に四度は、信州・上州、武州秩父の得意先を巡回して多忙な日々を送っていた。「農・商は馬鹿馬鹿しい」と思いながらも、商売に興味を深め、勉強し、創意工夫に努めるようにもなった。

そして、ブランド化していた阿波藍に「負けないように」「最良の藍を製造して」みたいといった希望を持った。ある年には、近村の多くの人々から藍葉を買い集めて、藍葉生産者の農民たちを招待し、相撲の番付のようなものをこしらえ、よい藍葉をつくった人のランキングを示した。藍葉の出来の良し悪しで席順を定め、最良の藍葉をつくった農民を一番上席に据えて、大勢の人々を饗応した。来年はさらによい藍をつくってもらおうと藍作農民の名誉心、競争心を刺激し、藍作への意欲を引き出し、品質の向上に努めるなどの実践を行なったのである。[14]

尊王攘夷運動で培った思い

栄一は一方で、社会への矛盾に対する疑問や何か世の中を変えたいという思いも膨らんできていた。そうした相反する思いからか、少年の頃、家業の合間に一人、少し小高くなっている生家の裏の欅の大樹の木陰にたたずみ、そのふもとにある澄んだ淵を物思いにふけりながら見つめ、「遣瀬《やるせ》ない少年の悲哀」を慰めていたという。[15]

一八五八（安政五）年に日米修好通商条約が締結、幕府は自由貿易を受け入れ、同年から翌年にかけて尊王攘夷派が反対運動を展開していくことになった。

栄一も一八五九年、一九歳頃から尊王攘夷運動の「仲間入」を始め、[16]学問の師で従兄の尾高惇忠はじめ、従兄の尾高長七郎、渋沢喜作らと盛んに国事に関して議論するようになった。すでに江戸に出ていた長七郎からも刺激を受けた栄一は「このまま田舎に百姓をして居ることは成し得られぬ、という覚悟」をし、家業に専念するよう小言を言って反対する父を説得し、一八六一（文久元）年に二カ月ほど、五月頃まで江戸に遊学した。海保章之助（漁村）の漢学塾に入り、お玉が池にあった北辰一刀流剣術の千葉道場にも入った。

栄一は、当時の江戸の塾や道場に集まっていた志士たちと広く交遊して議論を聞き、江戸で時勢を見極めて名を上げたいという思いを持っていたようだ。また学問、剣術を修業する者には人物が多いから、そうした「有志に交際して、才能・芸術のあるものを己れの味方に引入れようという考え」もあったという。[17]いざ尊王攘夷を決行する際の同志を得ようという思いもあった。

いったん江戸に出て、強い刺激を受けた栄一は、郷里に戻っても、高まっていた尊王攘夷の志士としての意識から、家業もおろそかになり、父からもたびたび叱られた。

二二歳の時、坂下門外の変が起き、長七郎にも嫌疑がかかっていることを聞いた栄一は中山道熊谷宿に急行した。江戸に向かっていた長七郎をこの宿で止めて、その情報を話して説得し、京都情勢探索を兼ねて信州経由で京都へ行かせた。

一八六三年春、二三歳のときだった。四ヵ月の間、郷里と行ったり来たりではあったが、再び江戸に遊学し、海保塾、千葉道場に入った。その頃、朝廷からの攘夷鎖港要求に応じようとしない幕府を批判する尊王攘夷派の動きが盛んになっており、栄一も攘夷決行を考え始めた。

「仮令《たとい》和親をするにもせよ、まず一度は戦って相対の力を比較した後でなければ和親というものではない」。向こうに「堅艦巨砲があっても、我にはいわゆる大和魂を以て鍛練した日本刀の鋭利があるから、手当り次第に斬って斬って斬り捲ろう」。「天下の耳目を驚かすような大騒動を起して、幕政の腐敗を洗濯した上でなければとうてい国力を挽回することは出来ない。我々は農民とはいいながらいやしくも日本の国民である以上は、我が本分の務めでないから、といって傍観しては居られない」。栄一はそんな風に考えたという。

そして「幕府の保ち得られぬというような一大異変を起す」ため、尾高惇忠、渋沢喜作と三人で密議を行い、高崎城を乗っ取って、横浜外国人居留地を焼き討ちしようという計画をたてた。この決起は一八六三年八月頃に決定され、決行は同年一一月二三日を予定したという(18)。

同年九月一三日夜、自宅で行われた観月の祝いの席で惇忠、喜作同席のもと、栄一は父に勘当してもらう覚悟で話を切り出す。天下が乱れるにあたり、農民だからといって安居してはいられないから、乱世に処する覚悟をしないといけないと父に述べた。父は「根が農民に生れたのだから ドコまでもその本分を守って農民に安んじ」るべきで、「身分上についてはさような不相応の望みを起さんでもよろしい」と諭した。

これに対し、栄一は「国民の本分として安心は出来ぬ」と論じたという。「もはやこの時勢になった以上は、百姓町人または武家の差別はない。血洗島村の渋沢家一軒の存亡に頓着なさる事」はない、「私が一身の進退上についてはなおさらの事」と述べた。[19]

朝まで議論をした末、一四日明け方、栄一は一身の自由が許された。そして一四日のうちに事前の準備と同志を集めるため、江戸へ出発、一〇月末に郷里に戻った。

一〇月二五、六日頃、京都から戻った長七郎が栄一らの計画に反対を唱える。そこで一〇月二九日夜、下手計村の惇忠宅の二階で栄一も参加し、惇忠、長七郎、喜作、中村三平と五人で計画を実行するか中止するかの評議が行われた。

同年八月一八日に京都で政変が起き、朝廷に強い影響力を持っていた長州藩が排斥されるなど情勢が一変していた。長七郎はそうした状況変化を論じ、無駄死にしては残念だと、この計画の中止を主張、これに対し栄一は、自分たちの決行がたとえ失敗に終わっても、天下の同志が四方から奮起してくれるはずだ、「死ぬと定めた以上は事の成敗などは天に任せて置いて、ここでかれこれ論ずるには及ばぬから、ただ一死を以て事を挙げる所存である」と主張する。

長七郎は栄一を「殺しても挙行を抑止する」といい、栄一も「長七郎を刺しても挙行する」と激論が徹夜で交わされた。しかし少し席を退いて考え、冷静になった栄一は長七郎の言うことが道理にかなっていると考え、この計画は中止となる。幕府の関東取締出役に捕縛されてしまうおそれもあったため、一一月八日、栄一は喜作とともに、郷里を出立し、天下の有志と交わり、形勢を見極めるため、京都に向かった。[20] 結局、栄一の尊王攘夷運動は頓挫してしまった。しかしこの運動を通して、栄一は武士、農民、商人などの身分観念を超え始め、武士であろうと農民であろうと「日本」のもとでは「民」であるという意識を持ち始めるようになった。

一橋家に仕官する

栄一は一八六三（文久三）年一一月二五日、京都に到着し、三条小橋脇の旅籠《はたご》屋茶屋久四郎家に投宿した。そして江戸から京都へ向かう際、家来名義を許してくれた一橋慶喜の側近の平岡円四郎を訪ね、挨拶した。それから一ヵ月ほどは京にいる志士たちと交流し、幕政を覆そうといった機会をみつけようと活動するなど、なおも尊王攘夷運動の活動を続けていた。

しかし八・一八政変後の当時の京都では、そうした機会をつかむことができなかった。一二月中旬には喜作とともに伊勢参拝に向かった。翌年正月に再び京都へ戻った栄一は、喜作とともに平岡を頻繁に訪ね、一橋慶喜の朝廷奉戴状況、諸藩との交際状況、幕府の攘夷鎖港問題への取り組みを聞き出そうとした。そうした時、同年二月上旬、江戸で捕縛され、獄中にあった同志の尾高長七郎より書状が届く。栄一、喜作から送られた幕政批判が書かれてある書簡を懐中に持っているところを捕縛されたと知り、二人は進退に窮してしまう。翌朝、平岡からも相談があると書状がきたので、訪ねてみると、幕府より一橋家に尾高長七郎捕縛の件にかかわった自分たちのことについて照会状が届いていているのを見た。

平岡は栄一らに「このさい足下らは志を変じ節を屈して、一橋の家来になってはどう」かと誘ってみた。一橋家は御三卿といって徳川家の親族扱いであり、諸藩と違って幕府から御賄料を受け財政をたてている。平岡をはじめ主だった役人は幕府より派遣された人々だった。平岡は一橋家に志ある人材を求めており、栄一たちをそうした人物と評価していたようだ。

栄一は「もとより一橋家に仕官の望みがあって来たのでは」ないと言うが、進退窮まっていることも正直に伝えた。すると、平岡は「今日いたずらに国家のためだといって一命を抛《なげう》った所が、真に国家のためになる訳でもあるまい。（中略）一橋の君公というは、いわゆる有為の君であるから、仮令幕府が悪いといっても一橋はまたおのずから少し差別もあることだから、（中略）いささか志を慰むる処があろうじゃないか」と説得したという。

こうして栄一は一八六四年二月、一橋家に仕えることになった。奥口番（御目見《おめみえ》以下）となったが、勤務は本来の職務である奥口の詰番ではなく、朝廷や諸藩との外交事務を司る御用談所下役への出役を命じられた。俸禄は四石二人扶持、他に京都滞在の月手当金四両一分だった。

不本意ながら仕えた一橋家ではあったものの、この時、栄一は「仕官の身というのも何か気恥かしい訳だけれども、そうなって見るとまた相応な欲望も自惚も出るから、したがって楽しみも生じて来」たという。職務に就くと、意欲をもって昼夜精勤した(21)。

人材を見極めて集める

栄一は仕官当初より、一橋家は広く天下の志士を抱えるべきで、関東の友人にも相当な人物がいるから、その人選のために自分と喜作を関東へ派遣してほしいと平岡に進言していた。

一八六四(元治元)年五月末～六月初旬、栄一らの関東派遣が決まる。採用の基準は撃剣家・漢学書生などの中で、ともにことを談ずるに足り、慷慨の志気に富み、貪る心のないもの、敢為の気魄あるものとし、人物を見極め、人材スカウト任務を担って関東へ行き、一橋領知内をめぐり、四〇人ほど、江戸で撃剣家、漢学生一〇人ほどの五〇人を人選して帰京した。

栄一が関東で人選御用をしている間に、六月一七日夜、恩人だった用人の平岡円四郎が京都で暗殺された。平岡に代わり一橋家用人筆頭となった黒川嘉兵衛は、帰京した栄一たちに「足下らの志も立つように、使えるだけは使って遣るから必ず力を落さずに勉強したがよい」と述べてくれ、失意にあった栄一も大きな望みを得る。その言葉通り、まもなく同年九月末、栄一は身分があがり、御徒士《おかち》(御目見以下)となり、俸禄は八石二人扶持となった。他に京都滞在の月手当金は六両になった。実際の職務は変わらず、そのまま御用談所下役として出役していた。

同年一二月初め、水戸の天狗党が北国筋から西上してくる際、慶喜自身も出陣し、栄一も用人の黒川嘉兵衛に随従し、秘書役を担当した。天狗党は加賀藩を通して投降を申し出、慶喜は幕府の田沼玄蕃頭に処理をまかせ、一二月末に京都へ帰陣となり、栄一も帰京した。

翌年に入って、一橋家と諸藩との交際はますます煩雑になった。用人の筆頭として御用談所の事務を統括していた黒川に随従し、栄一は諸藩との交際宴会に参加して日々を過ごす。一八六五（元治二）年二月頃、小十人の身分に進み、御目見以上となり、一七石五人扶持、俸禄一三両二分となった。これまで通り、御用談所に出役したが、下役でなく「御用談所出役」となった。

諸藩との酒宴交際が頻繁に行われる状況に「何か微しく世の中に効能のあるような仕事をせんければ奉公した甲斐はない」と思ううちに、また一つの企画を考え、黒川に「守衛という文字は守り衛るという字訓であるが、いやしくも」一橋慶喜が禁裏守衛総督を御奉命している上は、「幾分か兵隊がなくては御守衛というは有名無実ではありませぬか。今日二小隊や三小隊の歩兵では真逆の時には何の役にも立ちませぬ」、その上、御持小筒組（歩兵）は幕府から付与されているので、幕府の都合で取り換えられることもあり、兵備が不安定である、と進言した。

黒川もそれは適切な論だと同意し、どう人を集めるのかと問うと、栄一は一橋領知内の農民を集めて歩兵を組み立てたら千人ほど、二大隊の直属兵が常備できる、その募集立案について慶喜に直接意見したいと言い、取り次いでもらった。そして慶喜に拝謁した栄一は、禁裏守衛総督の職任を全うするには兵備が必要で、まず歩兵隊を編成するべきであり、その兵員は領分から農民を募集するのが一番よいと思うので、その御用を自分に命じてもらいたいと建言した。

その翌々日（二月二八日あたり）に栄一は歩兵取立御用掛に任命され、一橋領知に赴くことになった。三月四日頃には大坂を出発し、まず三万二〇〇〇～三万三〇〇〇石の領知がある備中国に赴いた。備中では二〇〇人余りが応募してきた。その後、播州、摂州、泉州でも募集に成功し、全部で四五六人ほど集まった。五月の中頃に京都へ戻り、復命した。その後、集まった農民の兵制組み立てにも尽力し、七月までには概ね整えることができた。

このように、この頃、栄一は通常の職務としては御用談所にあって諸藩との外交の場に同席するなどしているが、みずから進んで企画立案して人材を集める任務も行なった。

一橋家は徳川宗家の家族扱いであり、一橋家の家臣は幕府から派遣されてきた人々がほとんどだった。栄一が指摘したように、兵力も同様で、直属の家臣があまりいなかった。そうしたこともあり、栄一は一橋家に有用な人材を見極め、同家直属の多くの人々を集め、一橋家の組織強化をはかろうとした。しかしその実現には、人を養う資金が必要となる[22]。

モノとカネの流通に創意工夫

栄一は農兵募集にあたりながら、領知からの一橋家への収納を少しでも多くするとともに、領内の者も富むような工夫をしてみたいと思い始めた。青少年期に生家の家業に携わりながら、地域経済を洞察する目を養っていた栄一は、領内各地をめぐりながら、地域経済の動き、産物などに強い関心を示すようになった。

栄一はまず、一橋領知のある播州は、質のよい米がたくさん収穫されるということに注目した。その流通経路を調べてみると、播州の領知から収納した米を兵庫で売り捌くことになっている。しかし一橋家大坂代官が担当して、米の販売先、値段取り決めも兵庫の蔵方（蔵宿）と称する人に委託してしまうので、代官が直接監督できずに、米が安く買い取られてしまう。蔵方を介さずに直接的に灘、西宮あたりの酒造家に販売するルートを整備すれば、米はより高く売れ、一橋家の収納も増加できると考えた。

さらに、播州は白木綿が多くでき、農民が大坂で自由に販売したりして、すでに特産物といっていいものだが、一橋家では何ら関与していない。隣接する姫路藩では、藩領でとれる木綿を姫路城下に集め、晒《さらし》にして大坂、江戸へ高値で販売している。それに対して一橋領知の値は安く、生産量も姫路藩より少ない。一橋領知の白木綿も高く買い取り、比較的安く大坂、江戸へ流通させる仕法を創案すれば、領内の木綿生産量も増えるはずだと気づく。それから、備中では古い家の下から硝石が多くとれるので、これを製造して販売をする家もある。その頃、海防の急務から銃砲に使用する火薬の需用が高まっていた。硝石は火薬製造の原料となるものであり、一橋家の利益にもなると考えた。

栄一は、自分にとって軍事方面の業務は適任ではないと考え、一橋領知の経済面の整備によって一橋家の収納を増加させてみようと思ったのだ。そこで用人筆頭の黒川はじめ、他の用人にも、以上の三点について建言した。

一八六五（慶応元）年秋、栄一は勘定組頭に転じて俸禄二五石七人扶持、滞京手当が月に二一両になった。御用談所出役兼任だったが、通常は勘定所に出勤して、みずからの企画を進めた。用人たちは先の三点の企画を含め、栄一に一橋家の財政改革を担当させるという内意も持っており、栄一も意欲を持って財政全般的に取り調べ、改革に取り組んだ。京都の一橋家勘定所に坐して指揮するだけでなく、一橋領知の村々にみずから出張して、現場で指揮しながら、殖産興業の仕組みを整えていった。

まず備中では、硝石製造所を四ヵ所設置した。農兵募集の際に出会った剣術家の関根という人物が硝石製造のことを心得ていたので登用し、地域の主要な農民にもその趣旨を申し、製造奨励のため元入金も出資し、硝石が生産できたら、定価で買い上げることにした。年貢米の販売方法でも、中間マージンを抑えるなど、利益をあげる仕組みをつくり、一定の成功をみた。

また播州の木綿反物は、今市の御産物会所（元方）から四里（約一六キロメートル）ほどのところに設置した会所（倉庫）に印南郡、多可、加東、加西などの郡中の木綿荷物を収集し、播州今市の御産物会所（元方・金融）で、納めた木綿荷物と引き換えに「御産物木綿預手形」（「藩札」・荷為替貸金）を発行して渡した。

この「藩札」は村人の求めに応じて、額面金額の正金に引き換えるようにした。これによって「藩札」の信用を高め、便利な紙幣流通をはかり、金融を円滑化させようという意図もあった。「藩札」信用を保つために必要な引換準備の正金は、半分を今市会所に、半分を大坂の御為替組二二軒の内で主だった五軒に預け、利息をとる。今市から四里の会所で収集した木綿は、大坂の指定問屋に送り、問屋はそれを売り捌き、売上金（正金）は大坂川口の御産物会所に納めるという仕組みをつくる。その売上金を大坂の豪商など確実なところにさらに預け、利息を得る。木綿を納めても、もし自分で直接大坂へ販売したい場合には、「藩札」の額面を大坂において正金で支払えば、木綿を受け取ることができるという仕組みでもあった。

木綿買上仕法と密接なかかわりを持たせて行われた「藩札」発行は、一八六五年秋頃、「藩札」発行手続きを定め、同年一二月頃より発行を始め、翌年春には効果があらわれ始めた[23]。

この間、栄一は基本的に播州や大坂にあって、仕組みづくり、諸事務の手順指導などを行い、ある程度、目途がついたところで、勘定奉行から帰京命令が出たので、一八六六年三〜四月頃、京都へ戻り、勘定所で会計事務を行う日々を送る。そうして一橋家の財政改革に積極的に取り組む中、一八六六年七月、将軍徳川家茂が死去、八月に一橋慶喜が徳川宗家を相続することが布告された（同年一二月五日、慶喜は征夷大将軍に任命された）。

慶喜が徳川宗家を相続した八月、栄一は幕府に移り、幕臣に列することになり、陸軍奉行支配調役（御目見以下）となった。この時の心境を、一橋家で意欲を持って尽力していた財政への取り組みから離れるのは「実に遺憾の事であった」と述べている。幕臣となった当初、大坂の旅宿にいたが、慶喜が京に上ると、それに従い、京都の陸軍奉行詰所の脇にある詰所で、「怏々《おうおう》として楽しまず」勤務をしたという[24]。

渡欧して感じとる

一八六六（慶応二）年一一月頃には、幕臣を辞し、浪人になると覚悟を決めた[25]。そうした時、同月二九日に幕府目付となっていた原市之進に呼ばれて話があった。フランス・パリ万国博覧会開催にあたって、慶喜の弟・昭武を派遣することが決まり、万博の公式行事終了後、フランスで留学させる意図もあり、その随行を求められたのだ。これを聞いた栄一は非常に嬉しく思い、「速やかに御受けをいたしますから是非御遣しを願います」と答えたという[26]。

　こうして栄一は、御勘定格陸軍附調役だったが経理、庶務全般を担当する役で、パリ万博幕府使節の随員として渡欧することになった。一八六七年正月一一日、栄一は横浜を出航し、上海、香港、サイゴン、シンガポール、セイロン、アデン、スエズ、カイロ、アレキサンドリア、マルセイユ、リヨンを経由して、三月七日にパリに到着した。

幕末の栄一

　パリに到着した栄一は、徳川昭武のもとで書記と会計業務を執り行なった。そして、昭武に随行して歓迎行事に参加、パリの諸施設などを視察している。ナポレオン三世が主催する観劇会や大観兵式などの歓迎行事、チュイルリー宮殿での舞踊会にも参加した。また大砲機械貯所、近年つくられたパリ市街地の地下に入り、水道管や下水道、ガス管が通っているのを視察するなどした。日常的には、余暇に同僚と教師を雇い、フランス語の勉強も始め、到着して一ヵ月ほどで日常会話くらいは片言でできるようになった。[27] それから栄一は昭武に随行し、パリ万国博覧会を視察、[28] さらにナポレオン三世から招待を受けた昭武に随行し、博覧会褒賞式にも参加した。[29]

その後も昭武に随行し、博覧会を視察、[30] 日本の出品物に関する評判調査も行なっている。博覧会公式行事が終わると、八月六日から、昭武は日本と条約を結んでいるスイス、オランダ、ベルギー、イタリア、イギリス各国を歴訪する。栄一も随行し、同年は一一月にかけてパリに二度戻りながら、各国をまわり、ベルン、ジュネーブ、ロッテルダム、アムステルダム、ブリュッセル、フィレンツェ、ミラノ、マルタ島、マルセイユ、リヨン、ロンドンを訪れている。[31]

ヨーロッパ各国を歴訪する中で、好奇心旺盛な栄一は、当時の日本とは大きく異なる光景や事物に接しながら、いろいろなことを感じていた。

栄一は現地での相談相手となった銀行家のフリューリ・エラールはじめ、「フランスで実業界の人々と接触したから、不充分ながらも銀行というものはどういうことをやるか、また合本会社の経営はいかにするものであるか」ということを「学問的に綿密なる方法は知らぬが現に実物を取扱って少しは吟味して見もしたから、朧気《おぼろげ》に分っ」たと後年語っている。[32]

経理、庶務全般を担当していた栄一は、実際に為替金の受け取り、送金の際などに銀行を利用する機会が多かったのだ。例えばヨーロッパ歴訪中、ベルンでは八月一六日、栄一はオリエンタルバンク（東洋銀行）において「千ポンド為替仏貨」を受け取っている。[33] パリでは、オリエンタルバンクへ行き、英国にいる川路太郎より送金された為替金を受け取った。[34]

また、ヨーロッパ歴訪で滞在したオランダのアムステルダムのことを「地勢略《ほぼ》大坂に似たり。商估銀行なとも大なるありて貿易繁盛なり[35]」と日本の大坂とも比較しながら、大きな銀行や商店と貿易が盛んなこととのかかわりを感知していたようだ。

さらに栄一は、銀行を見たり、実際に利用したりして、銀行というものがどういう機能を持っているのか、また銀行を通して「合本会社」（株式会社）についても感じとっていた。「会社」についても、日本からフランスへの航海途中ですでに注目をし、関心を示していた。横浜を出航した栄一ら一行は、一八六七年二月二一日昼頃、海路、スエズに到着したが、当時、スエズ運河が開削中であり、汽車の左手車窓から見たスエズより地中海までの掘削工事の状況などについて、『航西日記』に詳細な記載がなされている。

例えば、西洋の軍艦商船などが東洋に来航するにはアフリカ大陸南端の喜望峰へ迂回せざるをえず、その経費が大きく、運漕も不便であるため、「仏国会社」により一八六五年頃から掘削が始まったこと、スエズ運河が開通すれば西洋人が東洋と交易する際の便利さは従来の比較にならない、そして「総て西人の事を興す。独一身一個の為にせず。多くハ全国全洲の鴻益（公益—引用者注）を謀る。其規模遠大にして。目途の壮大なる。猶感すべし」などと記されている。フランスの「会社」が大規模な公益事業を行なっていることに感じ入っているのだ。[36]

また、のちに栄一が手掛ける合本組織に洋紙製造・印刷業の抄紙会社があるが、その創立のきっかけとなった経験として、栄一はパリ万博開会式のナポレオン三世の演説が、翌朝すぐに新聞報道されたことを見、驚いたことを挙げている。

パリ万博の公式行事が終わった後、栄一は昭武に随行して一八六七年一一月に英国ロンドンに行った際には、タイムス新聞社を視察し、一日に四〇人の工員で、二時間に一四万枚余の新聞紙を機械で活版印刷する状況を目の当たりにしている。当時のヨーロッパでは、日本の和紙とは原料も異なり、破布などを原料とした洋紙生産の機械化を進め、その洋紙を用いて短時間に大量に新聞などの印刷を行うようになっていた。[37]

栄一は情報ツールとしての新聞への着目から始まり、その新聞印刷の現場を見た驚きから、のちに機械印刷を可能にする紙やその製造方法はどのようなものなのか、洋紙製造・印刷・新聞などの発行がヨーロッパ諸国の繁栄ぶりとどうかかわっているのかといったことに関心を広げていくことで、製紙業の必要性を主唱、抄紙会社創立へとつなげていくことになるのである。

日本を外から見る

一八六七（慶応三）年一〇月、日本では幕府が朝廷に大政奉還をした。栄一がヨーロッパにあって官尊民卑を打破したいと強く思っていた頃、その情報がフランスの新聞に出て、その後も日本の政治状況などの記事がたびたび掲載された。

翌年一月頃になると、栄一のもとに追々書簡が日本から届くようになった。三、四月になると、鳥羽伏見の戦いで新政府軍に旧幕府軍が敗れ、徳川慶喜が大阪城を立ち退き、海路江戸へ戻り、恭順の意を表したこと、[38]さらに従兄で初代彰義隊頭取となっていた渋沢成一郎（喜作）からの書簡が閏四月に届き、新政府軍が江戸に到着し、会議を行い、徳川慶喜の処分が決められるということも知った。[39]

この報に接し、栄一は一八六八年閏四月二七日付で成一郎に返信を認めている。その時点ですでに徳川慶喜は水戸に退隠し、江戸城は新政府軍に接収されていた。成一郎らは彰義隊を脱退し、栄一の従兄弟の尾高惇忠、渋沢平九郎らと振武軍を結成し、新たな行動を起こしていた時期だった。

その返信書面で栄一は、成一郎からの書簡は三月下旬に認められた便までしか届いていないので、その後、政治情勢について心配したようだ。自分は先祖代々、徳川家譜代の家臣でもなく、ただ徳川家のためとのみ思うわけにもならず、「君を失ひ、御家に恋々」とはできない、成り行きに従い、去就を決する覚悟と心境を吐露している。[40]

栄一はその後も、慶喜が水戸へ退隠したことなど一部始終の報にも接するが、後年、当時を振り返り、「誠に数千里を隔てた海外にあってかかる大変事を聞いたときの心配というものは、なかなか言語に絶した次第であった」と述懐している。[41]

一八六八（明治元）年一一月、昭武とともに帰国の途に就いた栄一は横浜に到着、帰国した。[42]

（1）深谷市史編纂会編［一九八〇］、『深谷市史増補』（深谷市役所）一五〇～一五八、一八七～一九八ページ参照。児玉幸多校訂［一九七一］、『近世交通史料集5 中山道宿村大概帳』（吉川弘文館）一〇一ページ。
（2）「新編武蔵風土記稿」巻之二・百三十二・榛沢郡之三による。『渋沢栄一伝記資料』第一巻一六ページ所収。関東近世史研究会校訂［一九八八］、「天保郷帳」『関東甲豆郷帳』（近藤出版社）四九九ページ。なお血洗島村は岡部藩に属し、一里（約四キロメートル）ほどのところ、深谷宿と次の本庄宿の間の「間の宿」がある岡部村内に、同藩の本拠・岡部陣屋（武蔵国大里郡）があった。藩といっても藩主安部家は一万石余の小藩で、所領は岡部周辺のほか、三河国、摂津国、丹波国など各地に分散していた。
（3）木村礎［一九八〇］、『近世の村』（教育社）二七ページ。井上潤［一九九九］、「少・青年期の人間形成」渋沢研究会編『公益の追求者・渋沢栄一』（山川出版社）三二五ページ等による。
（4）土屋喬雄［一九三七］、「青淵先生の血判入門書其他旧記について」『竜門雑誌』第五八三号（竜門社）一四～一五ページによる。
（5）『渋沢栄一伝記資料』第一巻一〇ページ。
（6）前掲土屋論文［一九三七］、一五ページによる。前掲井上論考［一九九九］に「中の家」の土地所持、家業、経営状況などに関する分析がなされている。
（7）渋沢栄一述［一九八四］、『雨夜譚』（岩波書店）一八ページによる。
（8）渋沢秀雄［一九九八］、『渋沢栄一』増補版（渋沢青淵記念財団竜門社）一ページによる。
（9）『渋沢栄一伝記資料』第一巻一ページによる。前掲『雨夜譚』一八ページも参照。
（10）前掲『雨夜譚』一八ページ。
（11）同前一九～二一ページ。

(12)同前二五〜二八、三〇ページ。
(13)同前二九〜三〇ページ。
(14)同前。
(15)渋沢栄一［一九一三］、「青淵先生懐旧談　父母の俤」『竜門雑誌』第三〇四号四〇〜四四ページによる。
(16)前掲『雨夜譚』二一五ページによる。
(17)同前三一〜三三ページ。
(18)同前三六〜三八ページ。
(19)同前三八〜三九ページ。
(20)同前四四〜四五ページ。
(21)同前五一〜六八ページ。
(22)同前七六〜九二、一〇〇〜一〇一ページによる。
(23)同前一〇二〜一一四ページによる。
(24)同前一二一ページ。
(25)同前一二四ページ。
(26)同前一二五ページ。
(27)同前一二八〜一三〇ページによる。
(28)渋沢栄一・杉浦靄人［一八七一］、「一八六七年六月二〇日（慶応三年五月一八日）条」『航西日記』巻之三（耐寒同社）による。
(29)同前「一八六七年七月一日（慶応三年五月二九日）条」『航西日記』巻之四による。『渋沢栄一伝記資料』第一巻五一四ページ。
(30)同前「一八六七年七月三日（慶応三年六月二日）条」「一八六七年七月二二日（慶応三年六月二一日）条」

(31)『航西日記』巻之四、「一八六七年九月一日（慶応三年八月三日）条」『航西日記』巻之五による。
日本史籍協会編［一九六七］、「御巡国日録」『澁澤榮一滞佛日記』（財団法人東京大学出版会）三九四〜四八九ページによる。同書所収の小西四郎「解題」四九七ページも参照。
(32)前掲『雨夜譚』二三一〜二三二ページ。
(33)前掲『澁澤榮一滞佛日記』四〇五ページの「巴里御在館日記」による。
(34)同前二三七ページの「巴里御在館日記」による。
(35)前掲「一八六七年九月二〇日（慶応三年八月二三日）条」『航西日記』巻之五。
(36)同前「一八六七年三月二六日（慶応三年二月二一日）条」『航西日記』巻之二。なお、高橋重治・小貫修一郎［一九二七］、『青淵回顧録』上巻（青淵回顧録刊行会）一四三ページでも栄一はこの時のスエズ運河開削工事について語っている。
(37)渋沢栄一［一九二〇］、「新聞の思ひ出」前掲『竜門雑誌』第三九〇号三九〜四〇ページ。
(38)前掲『雨夜譚』一三六〜一三七ページ。
(39)「渋沢栄一書簡　渋沢成一郎宛　慶応四年閏四月二七日」（渋沢史料館所蔵）。
(40)同前。
(41)前掲『雨夜譚』一三七ページ。
(42)「渋沢栄一日記　一八六八年一二月一六日（明治元年一一月三日）条」。『渋沢栄一伝記資料』第二巻一七ページ所収。

II　日本の経済制度づくりに奔走する日々

静岡で一生を送る決心

一八六七（明治元）年一一月三日に帰国した栄一は、幕府に代わって明治新政府が樹立され、江戸は東京となり、変革が進められていた日本の姿にとまどった。横浜に到着すると、前年に横浜を出航したときとは違い、新政府の取締の官吏からいろいろと身分を尋問された。「見るもの聞くもの不愉快」なことばかりだった。[1]

徳川昭武の荷物の取り扱いやその他の用事を行い、東京へ行き、新政府にパリ万博幕府使節の報告や諸事務処理に従事した。また帰国途中より栄一は、昭武から「余が帰って相続をするにもこの先が思い遣られる、殊に今日では余が頼みに思うほどの藩士も少ないから、その方も（中略）水戸まで来て遊んでくれ」と誘われていたが、東京滞在中、水戸藩小石川屋敷に赴いた際にも同様のことを言われた。

恩顧を受けた徳川慶喜は静岡で謹慎の身の上で、同志の渋沢喜作は榎本武揚たちと賊徒の名を受けて箱館に拠っている。新政府では見ず知らずの公家か諸藩士、草莽の志士ばかりで知己は一人もいないし、「羽振りのよい当路の人々に従って新政府の役人となることを求むるのも心に恥ずる所」と今後どうすべきかを栄一は悩んでいた。昭武も誘ってくれたが、いったんは慶喜の恩遇を受けた身に相違ないから、静岡に行って一生を送ることにしよう、静岡に行ったら何か仕事があるかもしれないし、なければ農業をするまでだ、と決心した(2)。

故郷の血洗島村にも行き、父母に挨拶し、東京へ帰るとすぐに静岡へ向かった。到着の翌々日、謹慎中だった慶喜に拝謁した。昭武の渡欧中の様子や留学のことなどを言上し、昭武からの伝言も伝え、静岡の旅宿に逗留し、慶喜からの返書を待った。返書があれば、水戸の昭武のもとに復命に行く必要があったからだが、なかなか返事がないので、藩に問い合わせると、四日目に藩庁から突然に出頭するようにお達しがあった。出頭してみると静岡藩の勘定組頭を申し付けるという辞令書を渡されたが、栄一は慶喜の返書がいまだなく、昭武への復命ができていないので、勘定組頭の拝命はできないとその辞令を固辞した。

すると、静岡藩の全権を実質握っていた中老の大久保一翁からも呼び出しがあり、栄一が一翁のもとに赴くと、一翁は、慶喜が栄一の身を案じて直裁した次第を明かした。一翁は栄一に、すでに水戸藩から栄一の身分について掛け合いにきており、栄一が昭武のもとに復命に行くと、水戸の藩内で栄一に害を及ぼす者も出てくるかもしれない。慶喜はそのように栄一の身を案じ、それゆえ当藩で勘定組頭を命じることにしたのだと伝えた。栄一はそれを聞いて非常に反省したが、勘定組頭の職に就くことは辞退した。栄一がこの時、心に期したのは、慶喜のいる静岡で農商の業に従事して平穏に残生を送ろうということだったという[3]。

この時、栄一は農業に従事するか商業に従事するか非常に苦慮したというが、栄一が静岡に行く頃に新政府が諸藩に石高に応じて新紙幣を貸し付けた。政府は五〇〇〇万両余の紙幣を製造して戦費などの経費にあてていたが、その紙幣の社会的信用は低く、民間での流通が滞っていた。

全国への紙幣流通円滑化のため、諸藩の石高に応じて紙幣を貸し付け、年三歩の利子で一三カ年賦に償却するという方法だった。静岡藩への割付総高は七〇万両ほどだったが、一八六八年末までに五三万両の拝借を受けていた。この情報を静岡に到着した栄一も聞いていた[4]。

商法会所の設立

渡欧後の栄一は「強国の基は経済にある」と考えていた[5]。勘定組頭を辞退した栄一は、この石高拝借について案を考え、勘定頭の平岡準蔵に会い、一つの提案をすると、平岡も面白い案だと賛意を示し、栄一は一八六八（明治元）年末には、詳細な方法案、計算書を平岡に提出した。その案に沿って、翌六九年一月、静岡紺屋町に商法会所が設立された。

取締には平岡準蔵が就いたが、栄一は勘定組頭格御勝手懸り中老手附、商法会所頭取を命じられ、経営を実質的に指導していくようになる。勘定所の役人数名を各部の係員とし、これに主だった商人一二名の用達を付属させ、銀行的業務と物産販売などの商業に取り組んだ。銀行的業務としては、商品抵当の貸付金、定期当座預り金なども取り扱った。商業としては、地方農業の奨励として京阪方面などから米穀を買い付け、静岡その他の市街地に販売したり、東京で肥料（〆粕、干鰯、油粕、糠）を買い付け、静岡藩領村々に貸与するなどした。(6) 米穀、肥料以外にも様々な物産を取り扱った。例えば産卵紙、繭は、大部分を横浜に送って販売したが、小野組糸店を担う古河市兵衛に取り扱いを依頼することもあった。(7)

東京には一八六九年四月、同会所の職務内容が変更された際、栄一が構想段階で接触をもった呉服町の大黒屋六右衛門の担当とされ、東京支店が設置されたことが知られる。(8) 大黒屋が東京支店の担当となってから、東京支店の諸事務取扱整備を進め、一八六九年七月までには商法会所の東京支店としての「東京会所」が深川伊勢崎町に開設されたようである。(9) 商法会所は深川佐賀町の久住伝吉家と交渉をしていたが、商法会所の取り扱い産物である米穀、肥料を取り扱う商人も深川には多かった。深川商人などとの取引が盛んになる中で、東京支店開設地の適地として深川は選ばれたようだ。この頃の栄一は、渡欧中の事務要件で外務省から呼び出され、東京に滞在していたが、その間、深川に行き「東京会所」開設指導にもあたっていた。(10)

静岡を拠点とした商法会所経営は、栄一指揮のもと、京阪、伊勢、東京深川方面と広域に海運も活用しながら取引を展開し、軌道に乗り始めた。一八六九年八月二七日、静岡藩庁から商法会所として藩の資本で商業をするのは朝旨に悖るから、名称を改正するようにとの内意を受けて、評議の上、常平倉と改称したが、引き続き、業務は同様に進めるようにした。栄一も二、三年を経たなら、堅固で有益な商業会社が成立するだろうと思い、熱心に経営にあたった。[11]

不本意ながら新政府へ

一八六九（明治二）年一〇月、新政府からの召状が静岡藩庁に届いた。藩は栄一に東京に出るように命じた。栄一は非常に落胆し、半月の猶予を願った。一生をかけて商法会所経営に専念しようとしている自分の出京命令をやめてもらうようにしてほしいと、厳達した大久保一翁に内請した。しかしそんなことをしたら、静岡藩は朝旨に悖って有用の人才を隠蔽しているのではないかと疑念を受け、藩主の迷惑になるから、ともかく朝命を奉じて勤仕するように、と一翁に言われ、やむをえず出京して出仕に応じることを決心した。[12]

同年一一月、皇城に行き、柳の間入口にて控えていると、しばらくして租税正の辞令書が手渡された。辞令を受けるとすぐに民部省に出頭、大蔵大輔大隈重信らに面会して、勤務についての説明を受け、夕方帰宿した。[13] 後日、栄一は大隈を訪ね、自分の履歴を述べ、商法会所の業務もあるし、未経験の今日の職務に就くのは非常に迷惑で辞職したいと陳述した。しかし大隈には、今は時間がないから一八日に再び来るようにと言われ、栄一は一二月一八日、大隈を再訪した。[14] ここで大隈は次のように栄一を説得した。「新しい日本を建設するのが吾々の任務である。だから、今の新政府の計画に参与して居るものは即ち八百万の神達である。（中略）何から手を着けて宜いか分らないのは、君ばかりではない、皆分らないのである、これから相談するのである、今の所は広く野に賢才を求めて、之を登用するのが何よりの急務である、君もその賢才の一人として採用されたのだ、即ち八百万の神達の一柱である」。栄一は辞職を思いとどまった。[15]

改正掛で度量衡基準、租税、駅伝法、貨幣制度、禄制改革、鉄道敷設案、諸官庁建築などについて討論審議し、案を作成し、栄一がそれらを取りまとめ、建議、照会を行い、新しい国家制度づくり全般に関与していった。この改正掛での議論審議は「すこぶる愉快」なことだったという。[16]また栄一が新政府に出仕した時に、政府は通商司のもとで為替会社を東京、横浜、新潟、京都、大阪、神戸、大津、敦賀に設置し、金融の円滑化をはかって殖産興業を目指していた。

同社は三井、小野、島田組など各地の豪商から資本を集めるという合本組織（株式会社形態）をとり、政府から貸与された太政官札も併せ、両替、洋銀、古金銀売買、為替、預金、貸付などの銀行的業務、紙幣発行を行なっていた。併せて合本組織の外国貿易にあたる通商会社や廻漕会社も設置し、殖産興業政策の一環として商工業振興を目指した。[17]しかし為替会社・通商会社は民間需要が少なく、諸藩との取引がほとんどで、参画した豪商同士は共同経営に慣れておらず、営業成績は振るわなかった。

民部省に入った栄一は、この為替会社・通商会社にも関与した。しかし両社の損失は膨らみ、政府も一八七〇年頃には失敗を認識し、栄一も後処理に奔走した。その際、東京、大阪などの商業者と会い、いろいろと業務についても話をした。
その商業者たちは、江戸時代の身分社会の旧習が抜けず、卑屈の風が残り、栄一は「在官の人に対する時にはただ平身低頭して敬礼を尽すのみで、学問もなければ気象もなく、新規の工夫とか、事物の改良とかいうことなどは毛頭思いもよらぬ有様であるから、自分は慨歎の余り、現職を辞して全力を奮って商工業の発達を謀」らねばならないと思うようになる。[18] 為替会社や通商会社などに代わる近代的な銀行、商業会社設立について考えをめぐらすとともに、官尊民卑の風潮を打破していきたいという思いを再び強く持ち始めていく。
そうした中で栄一は、吉田二郎（大蔵省出仕）に原案を作成させ、自身が修正して『立会略則』を編纂し始めた。[19] 一八七一年に大蔵省より刊行された同書は「通商会社」「為替会社」について解説し、それらの設立方法などの概略が記されたものだった。冒頭の主意には、政府は商業を「威権ヲ以テ圧制」してはならないとあり、政府の干渉が著しく、経営が行き詰まる既存の為替会社、通商会社の状況を打開しようという栄一の意図もうかがえる。[20]
一八七〇年頃の日本の通貨は、政府発行の太政官札、民部省札、為替会社紙幣、各藩発行の藩札、数多くの金銀銅の硬貨など各種の紙幣・貨幣があり、流通を混乱させていた。太政官札、民部省札は、一八七二年中に金貨兌換をすることにしており、もし兌換できなかった分は、翌年より六パーセントの利子をつける約束をしていた。しかしその見通しの目途はたっておらず、政府発行紙幣消却方法を創案する必要に迫られていた。[21] そこで、栄一はこれらの問題を解決するために、近代的金融制度、銀行制度確立に向け、伊藤博文らと議論を始める。伊藤の提案により、金融制度などの調査のため、伊藤自身が米国に派遣されることになった。栄一もこの件を改正掛で審議して取りまとめを行い、太政官への建議文案作成にあたった。一八七〇年閏一〇月、伊藤は、福地源一郎、芳川顕正、吉田二郎、木梨平之進、東京為替会社、横浜為替会社、大阪為替会社、廻漕会社からの代表社員からなる二一名とともに米国に出発した[22]。

栄一は改正掛長として、米国滞在中の伊藤、福地らから書簡を通じて送られてくる米国金融制度調査に関する情報を取り扱い、改正掛で調査したこととあわせ、検討、整理して大蔵大輔の大隈に具申する役割を担った[23]。

このように政府にあって、新しい諸制度づくりとともに銀行制度の取り調べや検討に尽力する中で、栄一は洋紙製造業の必要性も唱え始め[24]、さらに機械製糸場の議論[25]も政府内部で始めたという。機械製糸場に関しては、同年に栄一は杉浦譲や尾高惇忠らと官営製糸場設立の事務主任になって準備を進め、一八七二年に官営富岡製糸場が完成することになる。また、洋紙製造業の起業についても議論したが、それはなかなか進まなかった。

近代的銀行成立に向けて

一八七一（明治四）年二月、米国の伊藤博文からの書簡が届いた。伊藤の建議には、日本のこれからの金融制度は米国式の金本位制を採用し、国債発行を行い、ナショナル・バンク制度にならった銀行設立を行うべきであるとの提案が記されていた。この伊藤の建議の検討が、政府内部で進められていく。

多くの各種貨幣・紙幣の流通による現在の日本の混乱状況を打開し、金本位制を採用して新たな貨幣を鋳造し、旧貨幣の回収を行い、太政官札、民部省札を新貨幣の金貨と交換・消却することで貨幣統一をはかろうとしたのである。栄一は貨幣制度に関する調査を担当し、「新貨条例」草案づくりに尽力し、同年五月一〇日に同条例の公布をみた。両から円に貨幣呼称が改められ、新たに鋳造される本位貨幣として五種の金貨、補助貨幣として四種の銀貨、三種の銅貨が発行されることになった。[26]

同年六月に栄一は大隈や伊藤、吉田清成などと造幣事務のことで大阪造幣寮に出張した。その帰り道、新政府でのこれまでの経験を振り返り、将来の日本の経済のことをつらつら考えた。そうして「この末、政府においていかほど心を砕き、力を尽して貨幣法を定め、租税率を改正し、会社法または合本の組織を設け、興業殖産の世話があったとて、今日の商人ではとうてい日本の商工業を改良進歩させる事は成し能わぬであろう。ついてはこのさい自分は官途を退いて一番身を商業に委ね、およばずながらも率先してこの不振の商権を作興し、日本将来の商業に一大進歩を与え」たいという気持ちが膨らんだ。そこで同行していた大隈、伊藤にその志を述べ、政府を辞職したいと相談した。大隈、伊藤は栄一の志に賛成はしたが、少し見合わせるようにと説いた。[27]

同年七月には廃藩置県が行われ、栄一は廃藩の処理事務に追われ、ますます忙しくなった。八月一三日には栄一は大蔵大丞となった。[28]銀行制度の検討が進められる中で、伊藤の帰国後、伊藤が主張する米国のナショナル・バンク制度にならうべきとする意見に対し、大蔵少輔吉田清成より英国イングランド銀行のように中央銀行を設立すべきとする意見が出され、政府内部でも議論が交された。[29]米国の制度は統一的銀行を創出し、国内各地域経済の独自性が強い中で、経済統合を進めようとしていた日本の現状に合っていた。栄一は最終的には伊藤案を支持し、[30]一八七一年末、政府もそれを基礎に制度を創設することを決定した。

同年一二月一八日、大蔵大丞と大蔵省紙幣寮紙幣頭を兼任、[31]大蔵省内に設置された銀行条例編纂掛の事務を勧奨することになった栄一は、紙幣権頭芳川顕正とともに「銀行条例」編成実務を担った。[32]一二月二四日には、大阪出張中の井上に宛てた書簡で、栄一は「紙幣会社」（銀行）について、かねて取り調べていた条例成規を校正し、一八七二年早春より、正院へ赴いて決定し、追々「会社」（銀行）を創立するという計画を示している。さらに既存の為替会社なども「紙幣会社」に転業させるよう取り調べることなどを伝えている。[33]

また、伊藤が米国より送ってきた建議書（明治三年一二月二九日付）添付の「米国紙幣条例」（「全国通貨法」一八六四年版）を基本に、欧米の法律や銀行関係書籍なども参考にして条例の編成にあたった。[34]「米国紙幣条例」の翻訳には福地源一郎があたり、栄一は福地とともに、それを日本の実情に適応するように修正した。栄一は起草担当者として、モデルとなった米国の「ナショ

三井組の人々と栄一
（前列右より三野村利左衛門、栄一、三井高福、斎藤純造、永田甚七、後列右より、三井高喜、三井高朗）

ナル・バンク」を「国立銀行」と日本語訳することを決定し、一八七二年五月末に草案が成案した[35]。

「国立銀行条例」起草が進められていた一八七二年一月二五日、三井組の三井高喜、三野村利左衛門らは、井上馨より、参議の大隈、紙幣頭の栄一の同席のもとで、呉服業を分離し、バンク創立に専念するようにいわれている[36]。前年七月に三井組より、栄一が起草のもとで大蔵省に出されたバンク設立願は八月に許可されたが、九月頃には、いったんはバンク設立許可が取り消されていた[37]。

しかしその時、将来的に三井が単独で銀行設立をすることを否定しなかった。栄一ら政府関係者の間では、「国立銀行条例」完成の暁に、三井組に単独でバンクを創立させる意図を持っていたのである。一方でその翌年二月、小野組から「私名為替座」（バンク）設立願書が大蔵省に提出された。「バンク」名称使用は不許可とされたが、追って制定される銀行条例にもとづいたバンクを設立する見込みで家屋建築に関しては許可された[38]。大蔵省は小野組にも単独銀行設立に関しては否定せず、将来的に許可する可能性を示す回答をしたのである。

銀行設立の方針転換

政府では三井組、小野組がそれぞれ進めようとする単独銀行設立を容認する態度を示していた。一八七二（明治五）年四月一四日、大蔵少輔となっていた渋沢栄一邸に三井組幹部の三井高喜、三井高朗、三野村利左衛門、斎藤純造、小野組幹部の小野善右衛門、行岡庄兵衛、古河市兵衛が招かれ、三井・小野両組合同による「バンク開方御内話」がなされた。

政府は三井、小野各組単独銀行設立容認方針を転換し、両組合同によるバンク（銀行）設立を打診した[39]。両組はたびたび栄一のもとで規則類などを内々に見せてもらい、説明も受けたようだが[40]、とても容認しがたい内容だった。

五月二一日、大蔵大輔の井上馨は三井、小野両組を出頭させた。栄一も芳川とともに同席した。この席で三井、小野両組は不和を解消し、銀行設立に協力するよう勧告を受けた。井上、栄一らは当時最大の豪商だった両組に期待し、両組合同による新設の銀行に大蔵省の公金出納＝大蔵省為替方業務を移行させようとする意図を持っていた。両組にとっては死活問題ともなる官金取扱停止もほのめかして、この勧告を行なった[41]。結局、五月二七日には両組は合同で大バンクを建てることを決定し、六月一八日には共同で「銀行創立願書」を大蔵省紙幣寮に提出した[42]。

同年八月一五日、三井組・小野組合同で「三井小野組合銀行」を暫定的に発足した。九月二三日には、三井組が七月に完成させていた海運橋の三井組ハウスを同銀行に譲渡させた。譲渡にあたって三井組は抵抗し、栄一はその説得にあたった[43]。

栄一は三井小野組合銀行を同年一一月に公布された「国立銀行条例」にもとづく「第一国立銀行」として正式に創立させるべく、指導や助言を行う。そして同月、「第一国立銀行株主募方布告」（株主募集パンフレット）[44]を頒布するとともに、新聞紙上にも広告を出して、広く株主を募集し始めた。発起人には三井八郎右衛門、小野善助、三井三郎助、小野善右衛門、三野村利左衛門といった三井組と小野組の首脳、幹部の名前があるが、栄一の名前はない[45]。大蔵省にあった栄一は、同時並行的に進めていた抄紙会社創立と同様、陰にあって指導にあたっていたのである。

製紙業起業の主唱

一八七〇（明治三）年頃に少し話を戻そう。民部省に勤務していた栄一は外国人から洋紙製造事業について聞いたことがあった。その話は、先述のヨーロッパで新聞を見て驚いた体験などと結びつき、あらゆる事業を盛んにするには人々の知識を高める必要があり、そのためには書籍や新聞などの印刷物を普及し、安価で速く大量に印刷が可能な洋紙製造事業をなすべきと栄一は考

えた。(46)

一八七二（明治五）年二月、栄一は紙幣頭を兼任のまま大蔵少輔となった。(47) 大蔵省の事務は大蔵大輔の井上馨が全権を握り、栄一はその次官として補佐する立場だった。そうして銀行制度確立、銀行設立に向け尽力していた栄一は、かねてから主唱していた洋紙製造業起業を企図する。一八七二年五月、井上馨、上野景範らと連名で政府みずから行うか、政府保護のもとで民間が行うかたちで洋紙製造事業を興すべきだと建議した。(48)

栄一は社会的にまだ洋紙需要が低い状況においては、民間だけでは先駆的な大規模工場を建設し、経営を維持するのは困難で、政府自身によって、もしくは政府保護のもとモデル工場を設置するのが現実的と考えていた。政府保護策として政府内で使用する切手、印紙などの用紙受注を特権的に請け負うことも検討されていたようだ。

また同年五月には栄一が起草にあたった「国立銀行条例」草案が成案し、まもなくこの条例にもとづき「国立銀行」を創立しようという動きもあった。国立銀行が発行する予定の「国立銀行紙幣」は、当初アメリカに発注されたが、将来的にはこうした紙幣、公債証書などを国産洋紙で製造することも想定し、これらを新設の洋紙製造工場が請け負うことも視野に入れていたようだ。現実を踏まえながら、政府からの保護を受けることも検討し、理想とする洋紙製造工場設立を目指す栄一の姿がみてとれるが、政府の決定はなかなか出なかった。

そこで栄一は、江戸時代から為替・両替商を営み、当代きっての経済力を持ち、政府の御為替方だった三井組・小野組・島田組に、目先の利益は少ないものの、国家社会のために資本を集めて製紙業を起業すべきと説得した[49]。一方、横浜のウォルシ・ホール商会（亜米一《あめいち》商会）は製紙器械売り込みをはかって、三井組、小野組、島田組の各家と交渉を始め、各家が買い入れ、製紙事業を始めようと競争する動きもあったという[50]。そうした中で栄一は、維持・永続し、発展しうる公益に資する事業にするには、資本と人々を結び合わせる株式組織のような「合本組織」によらなければならないと説得し、三井組など三組を納得させた。三組所属の者及び栄一の代理として妹婿の渋沢才三郎が出資し、資本金一五万円で、合本組織として会社を創立することに決定した。

しかし島田組の惣領家島田八郎左衛門は、政府要職にあった土佐藩出身の後藤象二郎と懇意で、後藤は島田に製紙事業の起業を進めた。そして島田組単独で、ひそかにウォルシ・ホール商会と諸設備、機械契約を結んだ。

これに対し、約束を結び、共同で製紙会社を立ち上げようとしていた三井組、小野組は反発し、三組がともに行なっていた政府御為替方からも脱退したいと大蔵省に申し出た。大蔵省の栄一らは調整、島田組を諭した。島田組は謝罪して、ウォルシ・ホール商会とも交渉し、契約を取り消すことにしてこの問題は解決された[51]。

こうした問題は、当時豪商だった島田組などは「合本組織」というものが理解できず、まだなじみがなかった状況を反映していると思われる。当時の商家では基本的に家、同族をベースに経営が行われ、自家の利益を追求することが当然と考えるのが一般的であり、栄一がいう家や同族を超えて、他家と共同で事業を興す「合本組織」は新しい組織だった。

栄一は洋紙製造会社設立に関与し、「国家社会の為に此の事業を起す」という気概をもって[52]、三組間を調整しながら、三組の資本とそこに所属する人々を結び合わせ、共同で設立できるよう指導していった。こうして一八七二年一一月、洋紙製造会社の創立願書が、三野村利助（三井組）、古河市兵衛（小野組）名義で、大蔵省紙幣寮に提出された。その頃、政府では新たに紙幣、公債証書、印紙類を発行する動きがあり、願書の中でも諸官省で使用するすべての洋紙類の受注を求めている[53]。経営をなんとか軌道に乗せるために、政府用紙の受注を確保したかったのだろう。

（1）渋沢栄一述［一九八四］、『雨夜譚』（岩波書店）一四六ページ。
（2）同前一五四ページ。
（3）同前一五五～一六一ページ。
（4）同前一六一～一六二ページ。経営史家の佐々木聡によれば、明治元年一二月に駿府に入った栄一は、先に静岡藩が殖産興業による財政再建のため、三井組と駿府豪商たちと協議させていた国産物運上元会所計画に関係した人々との接触を通じて商法会所構想の具体化をはかっていったとの指摘がなされている。佐々木聡［一九九四］、「渋沢栄一と静岡商法会所」『渋沢研究』第七号（渋沢史料館）を参照のこと。
（5）渋沢栄一［一九一六］、「第一銀行頭取辞任理由」『竜門雑誌』第三三九号（竜門社）四五ページ。
（6）前掲『雨夜譚』一六一～一六五ページ。『渋沢栄一伝記資料』第二巻八一、二四二ページ。（静岡）商法会所の資本と人的構成、事業と業績については、前掲佐々木論文［一九九四］での分析がある。
（7）桑原功一［二〇一六］、「渋沢栄一と古河市兵衛の交流」『足尾を語る会』第二次・二〇一六版・通巻第一八号（同会）七ページ。
（8）前掲佐々木論文［一九九四］、六六ページ。
（9）栄一が勘定頭で商法会所取締の小栗尚介に宛てた書簡（明治二年七月一日付）が『渋沢栄一伝記資料』第二巻一七一～一七二ページに所収されている。それによれば、深川伊勢崎町に商法事務取扱の「手続伝習」に行き、また前日の六月三〇日、諸帳面類も静岡の商法会所規則にのっとって取扱い方法を決めたと記されている。
（10）『渋沢栄一伝記資料』第二巻一五五ページ。
（11）前掲『雨夜譚』一六六～一六七ページ。常平倉と改称されて以後の動きの特徴について、栄一が引き続き経営責任者として手腕を発揮し、八月二九日付で栄一が任命した一八名の掛に、商法会所時代からの豪商と、新たに小鹿村・勘太郎ら名主クラスの富農二名が加わり、「商法会所の藩と士および商人を中心とした勧業・共済の方針が農民層へと拡大した点」が挙げられている（前掲佐々木論文［一九九四］、六八～六九ページを参照）。
（12）前掲『雨夜譚』一六七～一六八ページ。
（13）「渋沢栄一日記　明治二年一一月五日条」（渋沢史料館所蔵）による。
（14）前掲『雨夜譚』一六九ページ。
（15）渋沢栄一［一九一〇］、「余が七十年の生涯を通じて忘れ難き先輩の一言」『実業之世界』第七巻第五号（実業之世界社）八ページ。
（16）前掲『雨夜譚』一七五ページ。改正掛のメンバーは多くが兼任で、租税司、監督司、駅逓司から出た。明治三年二月時点の改正掛メンバーについては、渋沢史料館編［二〇〇〇］、「一八七〇（明治三）年の改正掛メンバー」『渋沢史料館常設展示図録』（渋沢史料館）三四ページで紹介されている。有為の人材が必要であると、栄一は大隈重信に申請し、当時静岡藩にいた旧幕臣の杉浦譲、塩田三郎、赤松大三郎などを登用した。「杉浦譲書簡　渋沢栄一宛　明治三年正月二八日付」（渋沢史料館所蔵）からは、栄一が杉浦譲を推挙したこと、栄一が出仕を説いていた赤松大三郎への説得を杉浦に依頼していたことなどがうかがえる。なお改正掛については、渋沢史料館編［一九八五］、『第二回特別展 明治の知識集団民部省改正掛』（渋沢史料館）で改正掛の業務が紹介されている。丹羽邦男［一九九五］、『地租改正法の起源―開明官僚の形成―』（ミネルヴァ書房）一六三～一六五ページでは、改正掛が計画した民業の自主的発展を助長するという目的に立つ宝源局についても論じている。丹羽は、宝源局構想は明治七、八年頃から実施された殖産興業政策が近代工業の中心的部分を官業により移植しようとしたのに対し、民業奨励に終始したこと、しかしこの構想で示された諸政策は「後に政府によって実施されず、民間としての渋沢をはじめとする民間の努力によって実現をみた」と指摘し、ここに改正掛の包摂する近代化構想の特徴をみている。

(17) 第一銀行八十年史編纂室編［一九五七］、『第一銀行史』上巻（同室）三六～四〇ページによる。

(18) 前掲『雨夜譚』一八四ページ。

(19) 坂本慎一［二〇〇二］、『渋沢栄一の経世済民思想』（日本経済評論社）五九ページ。

(20) 渋沢栄一述［一九七一］、『官版 立会略則』（大蔵省）。尾佐竹猛［一九二九］、「官版 会社弁　官版 立会略則解題」『明治文化全集』第一二巻（日本評論社）七～八ページによる。

(21) 前掲『第一銀行史』上巻四六～四八ページ。

(22) 渋沢栄一［一九〇九］、「明治五年の財界」前掲『竜門雑誌』第二五三号九ページ。『渋沢栄一伝記資料』第二巻四八四～四八五ページ。

(23) 前掲『雨夜譚』一七九～一八〇ページ。

(24) 渋沢栄一談［一九一四］、「王子製紙株式会社回顧談」『百万塔』創立四十周年記念特別号（財団法人紙の博

物館）七六ページ。同誌同号は一九九〇年刊行のもので、渋沢栄一が口述・校閲し、井口正之が筆記した原本（公益財団法人紙の博物館所蔵）を翻刻したものが収録されている。
(25) 渋沢栄一［一九二八］、「生糸経済研究」第二号。『渋沢栄一伝記資料』第二巻五二〇～五二一ページ所収。
(26)『渋沢栄一伝記資料』第三巻一五〇～一五一ページ。
(27) 前掲『雨夜譚』一八二ページ。
(28)『渋沢栄一伝記資料』第三巻二二三ページ。
(29) 竜門社編［一九〇〇］、『青淵先生六十年史』第一巻（竜門社）四八〇～四八一ページ。高垣寅次郎［一九七二］、『明治初期日本金融制度史研究』（財団法人清明会）二四六～二四七ページ等による。
(30) 前掲『雨夜譚』二三三ページ。
(31)「太政官日誌」第一一三号、明治四年一二月一八日。『渋沢栄一伝記資料』第三巻二九一ページ所収。
(32) 前掲『雨夜譚』二三二ページ。前掲『青淵先生六十年史』第一巻四八一～四八二ページ。前掲『第一銀行史』上巻六〇ページ。前掲『明治初期日本金融制度史研究』二四七ページ等による。
(33)「渋沢栄一書簡　井上馨宛　明治四年一二月二四日付」（株式会社みずほ銀行所蔵）。
(34) 伊藤が米国より送付してきた「ナショナル・バンク」制度の建議書（明治三年一二月二九日付）に添付の「米国紙幣条例」の原典が「全国通貨法」（National Currency Act of 1864）であることは、立脇和夫［一九八五］、「BANKの訳語と国立銀行条例について」『長崎大学経済学部研究年報』1、一四ページによる。
(35) 前掲『雨夜譚』二三二～二三四ページ。前掲『青淵先生六十年史』第一巻四八一～四八二ページ。前掲『第一銀行史』上巻六〇～六五ページ等による。
(36) 財団法人三井文庫編［一九八〇］、『三井事業史』本篇第二巻（同財団）八〇ページによる。
(37)『渋沢栄一伝記資料』第三巻二一三～二一四ページ。前掲『三井事業史』本篇第二巻六一～六三ページ、六七～七〇ページ等による。

(38) 前掲『三井事業史』本篇第二巻一二四～一二五ページ。
(39) 同前一二六ページ。
(40) 同前一二九ページ。
(41) 前掲『第一銀行史』上巻七七～七八ページ。同前『三井事業史』本篇第二巻一二七～一二九ページ。
(42) 前掲『三井事業史』本篇第二巻一二九～一三〇ページ。
(43) 宮本又次［一九七〇］、『小野組の研究』第三巻（『小野組の研究』刊行会）二四〇～二四四ページ。
(44)「第一国立銀行株主募方布告」明治五年一一月、株式会社みずほ銀行所蔵。
(45)『東京日日新聞』明治六年一月七日（株式会社みずほ銀行所蔵）。
(46) 前掲渋沢談［一九一四］、七六～七七ページ。
(47)『渋沢栄一伝記資料』第三巻三〇九ページ。
(48) 同前第一一巻五ページ。
(49) 前掲渋沢談［一九一四］、七六～七七ページ。
(50) 抄紙会社「創立記事」壹、自明治六年九月至同七年一二月（公益財団法人紙の博物館所蔵）。『渋沢栄一伝記資料』第一一巻五ページ。
(51) 同前「創立記事」壹。成田潔英［一九五六］、『王子製紙社史』第一巻（王子製紙社史編纂所）二一～二二ページ。
(52) 前掲渋沢談［一九一四］、七七ページ。
(53) 前掲『王子製紙社史』第一巻二三～三〇ページ。

Ⅲ　明治初期の企業家行動〜銀行業と製紙業を中心に〜

抄紙会社の設立

一八七三（明治六）年二月、洋紙製造会社設立が認可され、正式社名は「抄紙会社」となった。[1]抄紙会社創立時、栄一は大蔵省在任中だったため、株主ではなく、創立願書添付の「申合略則」に示されていた経営体制には名前はない。しかし株主には、栄一の代理として渋沢才三郎が入り、[2]栄一は実質的な有力株主であり、創立の指導を行うとともに、創立後の経営も一任された。[3]

同年三月二三日には抄紙機械購入・技師雇入などに関し、抄紙会社側の藤田藤四郎、行岡庄兵衛、古河市兵衛、三野村利助とウォルシ・ホール商会側の代人アルビンとロスロフトが約定を結んだ際には、「正五位渋沢栄一」が立ち会って「承認」者として署名捺印をした。大蔵少輔としてこの約定を保証し、同社の経営に深く関与していた。[4]

栄一が関与して起草したと考えられる創立願書添付の「申合略則」冒頭には、維新を経て文明の世になっても、古いことに執着し、旧習になじんで、新しいものを嫌うような弊に陥ることなく、各自が「私利」の追求ではなく、今こそ勉励して志を興し、「協同之社ヲ結盟」し、おおいに西洋紙製造の技術を導入し、その製造を盛んにし、「国益ヲ謀リ、上洪恩ノ万一ヲ報シ、下各自ノ殖産ヲ資《たす》ケン」と抄紙会社設立の趣旨、意義を示している。[5] 抄紙会社は栄一が取り組み、最初に設立した合本組織による民間会社だった。

株主となる三井組、小野組、島田組は、江戸時代以来の商業慣習からすれば当然だったが、旧習になじみ各組の利益を追求しがちだった。それを「私利」追求と指摘、批判し、洋紙製造会社の設立が、各組が「私利」を超えて殖産興業に資し、「国益」をはかるものであると謳っているのである。

大蔵省辞職と第一国立銀行創立

一八七三（明治六）年、再びなされた各省から大蔵省への政費増給要求について、大蔵大輔の井上馨は拒絶する具申書面を政府に提出した。参議には大蔵省のことを熟知していた大隈がおり、調整を期待していたが、結局、この具申書面は却下された。井上は政府へ出頭し、具申書についいて陳弁したが、聴き入れられなかった。井上は栄一に「もはや大蔵省の事務には絶望した」

といい、今一度政府に出て一身の精神を大隈に吐露して、それでも採用されない時は潔く辞職するとの決意を示し、同年五月三日、再び政府に出頭したのち、栄一はじめその他の官吏を集め、大蔵大輔の辞意を述べた。続けて井上は、栄一をはじめ一同に、本職を辞すると決心した上はここを退出するが、後のことはよろしく頼むと言ってその場を去ろうとした。栄一は井上を引き留め、「思う仔細があるからこのさい貴君と共に辞表を呈しましょう」と述べた。[6]

ヨーロッパより帰国してから、栄一は官尊民卑打破を信念とし、政府にあるより民間にあって実業家として活躍したいと願っていた。栄一は井上とともに、金融制度の整備とあいまって、政府の収入と支出の均衡をはかる「量入為出」原則を確立し、紙幣兌換制を目指していた。[7]一昨年来、司法省、文部省などの各省からの経費増給請求に対し、増額不可を政府に上申したが通らなかった。一昨年の政府内部で財政均衡がはかられる見通しがつかない状況の中で、栄一も機会があれば辞職をしようと考え始めていた。それを今に至るまで留任したのは、井上とともに財政改良を成し遂げようと思い、尽力していたからだ。

栄一は財政改良が政府で行われないのなら、留任する意味もないと井上にきっぱりと述べ、同日一二時過ぎ、井上とともに大蔵省を去り、やがて辞表を政府に提出し、同年五月二三日、依願によって大蔵省出仕を免ぜられた。[8]

栄一が官を辞する際に、ともに官職にあって非常に親しかった玉乃世履が栄一をひどく諫めた。一時は「共に将来は国務大臣にならうといふ希望を懐いて進んで居た」という。そのため栄一が「突然官を辞して、商人になるといふのを聞き痛く惜まれ、是非にといつて引止め」た。玉乃には栄一が井上と連袂辞職したことが、内閣との喧嘩によって一時の感情による辞職とみえていたという。

栄一は辞職理由について、「私の辞したのは喧嘩ではない、主旨が違ふ。私の辞職の原因といふのは、当時の我が国は政治でも教育でも著々改善すべき必要がある。然し我が日本では商売が最も振はぬ。商業が振はねば、日本の国富を増進することは出来ぬ。これは如何にもして他の方面と同時に商売を振興せねばならぬと考へた。其の時までは商売に学問は不要である。学問を覚ゆれば反つて害がある。貸家札唐様で書く三代目といつて、三代目は危険であるといふ時代であつた。そこで不肖ながら学問を以て利殖を図らねばならぬといふ決心で商売人に変つたのである」と後年語っている。玉乃には論語を引き合いに出して説明した。趙普が論語の半ばで宰相を助け、吾が身を修めると言ったことなどを引いて、「論語で一生を貫いて見せる。金銭を取扱ふが何故賤しいか。君の様に金銭を賤しむ様では国家は立たぬ。官が高いとか、人爵が高いとかいふことは、然う尊いもので無い、人間の勤む可《べ》き尊い仕事は到る所に在る。官丈《だけ》が尊いので無い」と主張したようだ。

そして辞職願を出した五月、栄一は「論語の教訓を標準として一生商業を遣つて見やう」と決心した。(9) 幼い頃から親しんだ論語だったが、故郷を出て一橋家に仕え、渡欧し、静岡藩で商法会所を担い、政府に出仕して辞職するまで、「十年許《ばか》りの間は論語と絶交して居たといふ有様」であり、一八七三年まで「論語に就いて深い考を有《も》たなかった」という。しかし以降は、再び論語を読むようになり、中村正直（敬宇）などの高名な学者の講義も聞いたりして、論語を終生、座右の書としていくことになる。[10]

銀行組織を創る

一八七三（明治六）年五月、栄一が官を辞し、民間の立場となった際に、三井、小野両組からも銀行事務をとってほしいと誘いがあったという。[11] 官を辞しても引き続き栄一は「第一国立銀行」設立に向け、最終調整を行なった。そして同年六月一一日、取締役選挙及び銀行営業見込みを議題とした創立総会が開催された。[12] 株主が集まった創立総会には栄一も出席している。この総会では三井組、小野組所属の者より取締役が選任された。その際、栄一に取締役就任を求める意見が株主の岡田平蔵より出されたが、栄一はまだ政府から「御用滞在ノ命」が出ているという理由で固辞した。官を辞しても、まだ完全には表だった動きはできない状況だった。

しかしこの創立総会において、株主でもあった栄一は三つの提案をし、それを中心に議論が行われた。まず第一に、「国立銀行条例」に準拠することが前提であるが、「株主募方布告」にも示したように、業務に慣れ、一般の信用のある三井・小野両組で共同創立し、業務の精確をはかり、利益をともにする考えだから、これから銀行経営方法においても、三井・小野両組に対する信用を保ちつつ、「国立銀行条例・成規」に照らして事務を精確にし、経営方法を整理してはどうかと提案している。そして第二に、取締役選挙のことは株主の中から選任するのではなく、両組所属の者から衆議によって人選し、旧情を去り、公正に銀行事務を取り扱わせることがいいのではないかと提案している。

さらに第三の提案は、両組の営業は銀行に類似しており、その所属の者たちが銀行の役員となっても、自分の組の業務と銀行の業務を混同し、自分の組の利益に誘導しかねない、そのために別途、申合規則を作成し、選挙により、両組所属の者が取締役になった後、それを矯正し、事務を監督する役員について株主の中から適任の者を選任して、事にあたらせれば、その弊害を防ぎ、銀行の成立を成し遂げることができるはずである、というものだった。

栄一は、この提案を実現するための詳細取り決め事項である「申合規則増補」を矢継ぎ早に提示、一読して、先の提案とともに株主一同の了承を得た。

三井組・小野組以外の株主等（「外方株主等」）は創立証書、定款の浄書に調印して、創立総会は終了した。それから、先の栄一の三提案にもとづき、「外方株主等」を除き、栄一と三井・小野両組の株主等により会議を開催し、取締役を選任した。三井組惣領家の三井八郎右衛門、小野組惣領家の小野善助をはじめ、他に三井組から四名、小野組から三名が取締役になった。その後に取締役などが会議し、頭取、本店支配人など諸役職者を選定した。頭取には三井組惣領家の三井八郎右衛門と小野組惣領家の小野善助、副頭取には三井組大番頭の三野村利左衛門、小野組の小野善右衛門が就任するなど、三井組、小野組所属の者を中心に諸役職者が選任された。

創立総会の席上、「御用滞在ノ命」を理由に取締役に就任はしないと述べていた栄一だったが、その翌日、栄一は「総監役」という役職への就任契約を前日に決まった第一国立銀行の取締役との間で結んでいる。[13] この契約でも太政官からの「御用帯《マヽ》在ノ命アル者」であるため、太政官の命により本契約を履行できない可能性について記されているが、本契約の条文は栄一自身が起草し、加筆修正の上、成稿して契約を結んでいる。[14]

先の第三の提案にあった両組所属の者が取締役になった場合、それを矯正、監督する役員とは、みずからが就任することを想定した「総監役」のことだったと思われる。創立総会で株主一同の了承を得た「申合規則増補」の第四二条から第五〇条には「総監役」の職務内容規定が示されている。[15] また三井、小野両組からも誘いがあったことや、これらのことから、取締役には就かず、銀行にあっては第三者的に監督する立場の「総監役」を設置し、三井組・小野組を指導するために、栄一がみずから就任するという路線は、創立総会開催前までには事前の調整がおおよそできていたとみられる。「総監役」は「国立銀行条例」には既定のない例外的な役職であり、政府の了解、両組への調整等も栄一が奔走し、行われたとみられる。事前に両組と綿密な調整を行い、具体的な提案、諸規定を準備して創立総会に臨み、「第一国立銀行」創立を成し遂げ、栄一は一八七三年七月一日から一二月三〇日の期間契約を結んだ。[16]

そして大蔵省首脳の大隈の承認も得て、[17] 総監役に就任することになり、第一国立銀行の経営体制の整備を進めた。頭取・副頭取にそれぞれ両組から一名ずつ選出し、現実的にバランスを考えた人事をしたとはいえ、両組相互に競争心や警戒心があった。栄一は総監役となったことを相撲の「行司のような位地」に就いたと述懐している。[18]「私」に走ることを抑え、「公」の銀行として経営していくことに尽力したのである。

七月二〇日には、大蔵省紙幣頭の芳川顕正より第一国立銀行に仮開業免状が渡され、日本で最初に創立された近代的銀行・第一国立銀行は東京兜町の本店と横浜、大阪、神戸の三支店を開業することになった。[19]東京兜町本店において八月一日に開催された開業式の祝辞で、栄一は銀行業とは「流通ノ枢軸」「富殖ノ根底」であり、「私ヲ去リ、公ニ就キ」「協立ノ意念を拡充シ」「全国ノ人民ヲ裨益シ」、国を豊かにするものなので、その一助となってほしいと来場者に自身の思いを述べている。その言葉は銀行のあるべき姿を示したものだったが、総監役としての指導理念も示していた。[20]

大蔵省を辞職し、第一国立銀行に入ったことを「自ら好んで入った」と栄一は述べている。さらに「商工業といふものを発達させなければならぬ。商工業の発達を謀るには合本法に依る外は無い。自分は従来漢学も洋学も学び得たこともなし、又熟練し得た事も無い。何が、我が才能に通ずるかといふことは甚だ選み兼ねたけれども、先づ銀行業などは是から先丹誠して、一方には其の学理をも研究し、実務も練磨して行ったならば、或は遣れはしまいかと思ひ、又一つには其の時分の商工業者の一体の思入れが甚だ卑屈であって、一般の社会から大に卑下されて居た（中略）斯《かく》の如き微力斯の如き品格では、迚《とて》も国を富すことは出来ない。不肖ながら自分は幾らか他の模範にならうといふ理想を持った。そこで第一銀行に入ったのである」と語っている。[21]

「梅花のごとく」

第一国立銀行は純粋な民間の株式会社であり、私の会社として維持発展を目指す必要が当然あった。日本で最初の近代的銀行であり、本格的な体裁を整えた株式会社としても日本初だったこともあり、栄一はこの銀行を成功させ、社会に理想のモデルとして示し、銀行制度とともに社会への定着、発展をはかろうという意気込みをもって経営指導に臨んだ。

後年、同行設立からの歴史を振り返って「未熟ノ培養法ヲ以テ新開地ニ仕立テマシタノテスカラ、其咲出デタ花モ香ハシキ馨リヤ美麗ノ色ハ持チマセヌ、仮令梅花ハ其色淡泊ナルモ百花ノ魁ト云フ丈ハ御評判ヲ願ヒタイト存シマス」と語り、第一国立銀行を桜の花よりも先に咲く梅の花にたとえ、先駆的精神によって日本初の銀行経営を行なってきたことへの自負を示している。[22]

第一国立銀行開業時の業務内容は、特殊銀行業務として①正貨兌換できる銀行紙幣の発行、②官金出納事務、③政府の命による公債証書買入、交換事務、④破損政府紙幣引換事務を、普通銀行業務として①預金（当座預金、定期預金。普通預金は明治一三年開始）、②貸付、③為替、④貨幣地金銀売買、⑤両替、⑥保護預り（所有株券の預りのこと　明治六年一二月開始）だった。[23]

同行は、特殊銀行業務にあるように、正貨兌換可能な紙幣の発行権も持っているが、政府から紙幣兌換制確立の一歩として、またそれによる不換紙幣消却をはかり、金融の安定をはかるということも期待され、日本の金融政策課題も背負っていた。

栄一は日本の金融を確立させ社会全体に資金を循環させ、産業を興し、国を豊かにするためにも、この銀行経営を失敗するわけにはいかないと思っていた。「国立銀行条例」にもとづく、合本主義の会社として、銀行経営内容の公開、透明化も開業後にはかっていく。江戸時代以来の商人は、自家の資産や経営状況を公開する商業慣習はなかった。合本組織であるこの銀行は、開業して一ヵ月余の八月三一日、「第一国立銀行本店毎月実際報告」という初めての月次業務決算報告を作成している。[24] 本店の収支、資産状況を月ごとに把握しながら、問題点を把握し、改善につなげようとしたのだろう。こうした経営状況の公開は、出資者株主に権利、義務の自覚を持たせ、株主総会の席などにおいてみずからが銀行経営に知恵を出していくことを栄一は期待した。

また、栄一は開業当初から、社会全体に資金を行きわたらせ、産業を興し発展させるために、民間資金を集め、民間取引を盛んにしていくことを課題として考えていた。そのため民間預金を奨励し、取引を推進しようと、開業当初より、当座預金規約整備にも尽力している。

後年のことだが、一九二四（大正一三）年のある日、弁理士の森鴻次郎という人物が飛鳥山の渋沢邸に来訪し、親戚が持っていたという一八七四（明治七）年二月四日付の第一国立銀行の「当座預り金約則」[25]の贈呈を申し出た。これを見た栄一は第一国立銀行創立当時、当座預金の習慣は日本にまだなく「苦心シテ制定」した当座預金規約の一片だと感慨深げに語ったという。[26]

この「約則」の年月日は開業から半年以上の後であり、開業当初から預金は業務の一つだったが、はじめからその規約が整っていたわけでなく、経営をしながら、試行錯誤で改正しつつ、整備していったことがうかがえる。「国立銀行条例」にもとづいて発足したとはいえ、他の業務規約も業務を進めながら試行錯誤の上、決めていくという状況だった。

栄一は苦心をしながら預金の規定づくりに尽力するが、世間一般では銀行に対する理解・信用も低く、資金融資先となる民間産業も少なく、民間取引先を得ることがなかなかできなかった。明治維新を経たとはいえ、江戸時代以来の両替商が社会経済に大きな影響力を持っている現状には変わりなかった。そうした状況について当時の商売の中心地だった伊勢町、伝馬町あたりの商人からは、「古風の商家は（中略）改進的の商売人をば、（中略）山師といふやうな観念を以て迎へて、もう御役所へ出入をする、洋服を著、時計を持つ商売人ならば油断すな」というようにみられていたようだ。[27]また「日本橋辺の古風な大店の主人」は、擬洋風で建築された第一国立銀行の建物を見て、「あれは何んでも吉利支丹摩天連の法を行ふて商売するのだと思って居た」らしい。[28]さらに杉村甚兵衛をはじめとした有力な商人たちはなるべく、栄一ら「改進主義の商人」を、「今に潰れるだらう」と遠ざけるように心掛けていたという。[29]

「国立銀行条例」にもとづき（政府と連携して）設立した第一国立銀行において、栄一は合本組織の実践として、①株主出資名、出資額公開、②経営状況の公開、③株主の権利、義務意識の醸成に努めた。そうした取り組みに「守旧主義」の旧来の商業慣習で経営する杉村ら有力商人たちが警戒心を示し、忌避していたことがうかがえる。

それでも栄一は、どうにかしてそうした有力商人たちの守旧主義に、近代的銀行に集まる「改進主義」が「打勝つ時代にならなければ、自分の理想を実行することは出来ない」という思いを強く持って[30]、積極的に民間取引推進に向け営業活動を進めた。

民間取引業務として開業して、最初に小切手を振り出したのは大倉喜八郎、先収会社の益田孝、小野組の古河市兵衛らだったという[31]。大倉喜八郎は、越後国新発田の豪商の家に生まれ、幕末に江戸に出、戊辰戦争時に武器商売で財をなし、一八七二年に欧米を視察、翌年、貿易業の大倉商会を創立した。古河市兵衛は小野組に所属し、創立時から同行の株主になっていたが、役職に就くなどの経営への直接的関与は確認できない。しかし市兵衛は、小野組糸店が扱う鉱山や各種方面の商売を発展させようと志し、栄一がいる同行の融資を仰ぎ、資金の借り入れもし、事業の相談をするなど栄一との親交を深めていった[32]。

このように激動期の商業を革新的に切り開こうとした大倉や古河のような人物が同行の得意先となり、彼らが先駆的な商業に成功することで、次第に銀行の信用、社会への定着が進み、民間取引の推進をはかられた。栄一は保守派の商人たちと戦い、「新空気を吸った商人たちを作り、率先して合本組織に依る事業を創設し、範を大衆に示」すためにも「世のあらゆる事業」に関与していく[33]。それが新規取引先の創出にもつながっていった。

ただ、そのように年来考えてきた近代的銀行業の定着、発展をはかり、官尊民卑を打破し、民間金融を盛んにし、社会を豊かにするという理想の実現のために積極的活動をする一方で、銀行経営を軌道に乗せるために、開業当初は現実的な対応をとらざるをえないことも多かった。

すでに開業前の一八七三年六月、第一国立銀行は大蔵省との間で「大蔵省第一国立銀行金銀取扱規則」を大蔵省事務総裁・参議大隈重信、出納頭の馬渡俊邁、検査頭の安藤就高と第一国立銀行頭取三井八郎右衛門、取締役三井三郎助ほか二一人の間で締結している。

第一国立銀行側の締結者名に栄一は入っていないが、大蔵省辞職後のこの頃、銀行に入ることに関して大蔵省トップの大隈と連絡をとっていたと述懐しており、栄一が尽力して締結に至ったものと思われる。これにより同行は、大蔵省の官金出納、為替事務を取り扱うことができるようになった。さらにこの後、内務省・駅逓寮等の官金出納、為替事務も任じられた[34]。多額の官公金を取り扱えたことは、開業当初、民間取引がなかなか進まない中で、経営基盤を軌道に乗せる上で大きなメリットだった。栄一は幕府や藩といった政治権力と豪商の間に存在する偏った江戸時代の金融のあり方を批判し、社会全体に資金を行きわたらせようと民間取引の推進を理想としたが、まずは官公金に頼ることで経営基盤を整え、その上で理想に近づくという現実的な手法をとったのである。

栄一はその頃の経営の様子を「第一銀行の仕事を遣るに付いてとんと行支へたと云ふのは、第一に御得意がない、詰り三井とか小野とかいふ株主が我が金を出して銀行を組立て居るとは云ふもの丶、又其の人達が銀行の金を借りて行く」と述懐している[35]。第一国立銀行の二大株主が、同行の資金の貸出先となって経営をしている状況だった。その貸出の仕方も、無担保の信用貸しが行われていた。開業当初の、経営実務を金銭事務に慣れた両組に任すという現実的な方法はメリットもあったが、逆に問題も大きかった。頭取も両組から一名ずつ出ており、一つの銀行であっても、三井組・小野組から役職に派遣されている人々は、それぞれ自分の組へ利益を誘導しがちだった。監督者だった総監役の栄一も、指導はできても、両組の経営実務を掌握しきれない面もあり、また知りえて指導したところで、すでに事は済み、容認せざるをえない面もあったようだ。

先を見据えた人材活用

栄一は現実の壁にぶつかりながらも、第一国立銀行の重役に就任した三井組・小野組の人々に、近代的銀行のあり方について指導しながら、経営実務を遂行させていった。

取締役兼副頭取で三井組の重役だった三野村利左衛門、小野組の重役だった小野善右衛門などは、銀行に「ちょくちょく来て」、勤務していたようだ(36)。

そして絶えず出勤し、実務を担っていたという人物の一人に三井組の取締役兼為替掛永田甚七がいる。永田は江戸下谷西町出身で、幕末、幼少時に三井に入り手代にまでなった。一八六九(明治二)年、東京為替会社頭取並に就任し、翌年、伊藤博文らとともに渡米し金融状況を視察した(37)。伝統的な商家の三井家で出世を遂げた人物だが、近代的な銀行の先駆形態ともいわれる為替会社で業務の実践を積み、「国立銀行条例」のモデルとなった米国金融状況もみてきた人物だった。一八七三年、第一国立銀行創立の際に株主となり、取締役に就任し為替掛として実務も担う[38]。栄一も民部省時代、為替会社を管掌し、伊藤らの米国派遣実務にもかかわっており、三井組とも様々な交渉をしていたので、永田ともその頃から知り合っていたことが推測される。永田は、三井組から派遣された人物であるが、栄一は彼を信任し、側近的に活用していった。

栄一は民間取引を盛んにするために、預金、貸付取引とともに為替取引を円滑に進めようとした。第一国立銀行設立前、明治初期の為替取引状況は、為替方の三井・小野・島田組などが、政府の為替業務に絡めて、各組内の本支店間で閉鎖的に民間送金を行う程度だった。各組相互に為替約定を結ぶ状況ではなく、各組が競ってしまい、円滑な為替取引ができていない状況だった。

第一国立銀行は開業してすぐに本支店を通して為替業務を始めたが、当初は信用もなく、自行内でも大阪支店のほかは振るわず、他店、他行と為替契約を結ぶ状況ではなかった[39]。栄一はそれを打破しようと他店、他行とも相互に為替取引代行業務契約を結び、全国で為替取引の円滑化を進めようとした。

一八七四年八月には第一国立銀行本店・大阪支店と小野組長崎港出店との間で、日本初の為替代行取引を行うコルレスポンデンス契約が結ばれた[40]。そうした契約には栄一の意を受けた永田の尽力もあっただろう。以降、三井組とも契約を広げていくことは、永田と栄一との書簡からも読み取れる。年未詳だが、銀行為替掛としての業務がうかがえるものである。それによれば、大阪で為替取引契約をした件で、三井組のほうを調べて返報することを、永田は栄一に伝えている[41]。

第一国立銀行と三井組との為替取引契約をした件で、栄一と永田が双方間を調整している姿がうかがえる。

三井組にあって旧商業慣習にも通じながら、それに必ずしも拘泥しない、金融に関して新知識も持ち合わせた永田のような人物を育成・活用しながら、第一国立銀行は、小野組、三井組との間に為替代行取引契約を結ぶとともに、それを基盤に、後に他店や他行とも契約を広げていくことになったのである。

銀行員の当時の実情

取締役、重役だけでなく、第一国立銀行創業時の行員には三井組、小野組から派遣された者もいたようだが、自家の業務と兼務で、銀行には出勤したりしなかったりする者が多く、常勤者は少なかった。重役を別にすると、創業時、三〇人ほどで、行員に採用条件はなく、栄一などの縁故で引っ張ってきたという。だいたい、栄一がかかわった旧幕府の役人や静岡藩時代の知り合いが入ってきたようだ[42]。栄一は旧弊から抜け切れない行員の意識改革にも努めた。旧士族出身の行員たちとの意識の違いは出勤時の服装にも表れた。行員たちは袴姿での出勤だったが、栄一だけは洋服で出勤していたという[43]。

ところで、三井組、小野組に勤務していた中にも、銀行創業にあたって事実上、銀行専任の行員となり、栄一に抜擢されていった若手の人物がいた。例えば熊谷辰太郎は、出石藩主仙石氏の家臣の家に生まれ、一八七二（明治五）年に三井組に招聘された人物だった。一八七三年、第一国立銀行創立時に本店帳面方の責任者（課長）となり、銀行業務に専任したとみられる。彼は、開業前から大蔵省紙幣寮銀行学局に派遣され、同様に本店帳面方の責任者に就く野間益之助、本山七郎兵衛とともに、大蔵省のお雇い外国人アーラン・シャンドから簿記を学んだ。一八七五年に大阪支店に転じ、その後、神戸支店支配人、大阪支店支配人などを歴任した。栄一の意向を受け、関西方面における第一国立銀行業務を監督する役割を担った(44)。

また後の第一銀行頭取、佐々木勇之助もその一人だった。幕府海軍所で数学を学び、維新後に小野組に勤務する。一八七三年、一九歳頃、第一国立銀行創業時に勘定方になった。当時、勘定方の責任者（課長）には、三井組所属と推測される向井小右衛門と小野組の近藤忠蔵が就いていた。佐々木はそのもとで働く若い行員たちの一人だった。

栄一は普段から行員の勤務状況に目を配っていたが、その際に、佐々木を知り、注目していた。第一国立銀行では創業時から簿記導入をはかろうとしていた。シャンドを招聘し、行員から選抜して簿記伝習を受けさせることになった際、栄一は佐々木を選抜した。そして簿記に関して「非凡な理解力」を持ち、成績も非常によかったので、すぐに帳簿課長に抜擢したという(45)。

そのように栄一によって評価され、年齢などにかかわりなく抜擢し、育成された人物が将来の第一国立銀行の中心的存在となって活躍していくことになる。

初めての株主総会

江戸時代の商家では一般に資産、経営を公開しなかった。「国立銀行条例」では資産、経営報告を政府に行う義務が示されていたが、その起草にかかわった栄一は、出資者である株主にも経営への責任を自覚してもらうべく、第一国立銀行の資産、経営についての公開を進めようとした。その公開方法ともかかわって、収支の原因を把握しながら近代的銀行経営を行なっていくために、西洋式簿記導入をはかった。

当時一般的に用いられていたのは大福帳と呼ばれる帳簿で、得意先別に、日付、商品の種類、数量、販売代金、受領記録、経費、残高などの記載を行うものだった。この大福帳は、毎日の残高把握はできるが、商家のある時点での資産、負債、純資産や一定期間の損益（収益、費用、利益）といった全体把握ができなかった。このため、栄一は第一国立銀行創立当初より、簿記導入を推進し、先述のアーラン・シャンドを招聘、銀行内に稽古所を設置して行員たちへの簿記伝習を行なった。[46] 開業して約一カ月後には、「本店毎月実際報告」という簿記による経営状況報告がなされ、その年の一二月二〇日にはすべての銀行帳簿を西洋式簿記へ改正した。[47]

一八七四（明治七）年一月二一日、開業後初めての開催となる第一国立銀行株主総会に栄一は臨んだ。取締役の決議により、株主から栄一と他に島田八郎左衛門（島田組）、副田欣一（横浜）が「裁判役」（議長役）に選ばれた。[48]

栄一は、頭取に代わって一八七三年開業以降、半期中の事務の詳細を説明し、「考課状」を読み上げ、「報告計表」を説明し、これらを株主一同に回覧した。経営状況を公開し、株主一同に経営の進め方について満足かどうかを聞き、「満足」である旨の回答を得た。さらにはこれら経営状況を示す「考課状」などを刊行して、広く一般にも公示することを提案し、株主の同意を得た。また栄一は昨年、取り扱った事務についてもすべて演説している。

「国立銀行条例」にもとづいた日本で最初の本格的な合本組織(株主組織)である第一国立銀行の経営状況を株主一同に示し、また公にも示そうとしたことは画期的であり、江戸時代の商家との違いを示すことになった。

抄紙会社開業

一八七三(明治六)年五月に大蔵省を辞職した後の栄一は、第一国立銀行創立、開業指導と並行して、すでに創立させていた抄紙会社の開業に向けた指導にも取り組んだ。

抄紙会社は、「当分之取扱人」三野村利助、古河市兵衛を中心とした暫定的な経営体制をとっていた。栄一は非公式な形で、事実上その上位者として経営指導をした。創立されたばかりの抄紙会社の課題は、同年三月の約定にもとづき、開業に向け、ウォルシ・ホール商会を通じて、抄紙器械の購入と外国人技師を雇用し、工場地選定を行うことだった。

栄一は経営指導をする一方、株主への合議を重視した。その方法は例えば会社全体にかかわる株主同意を求める事項(抄紙機械付属機械等、約定取決め代価外のものを注文する件等)・事務的連絡事項に関しては、栄一自身が指示を出して、三野村・古河が株主一同に事前に通達を出し、株主から同意を得た旨の報告が栄一になされ、それにより実行した結果を、栄一から株主一同に直接、文書を提示し周知させた。そうして一同の同意をはかったのである。[49]

同年一〇月、同社が先に抄紙機械購入のことなどで約定を結んだウォルシ・ホール商会より、栄一と面談したいとの依頼があった際にも、栄一は同月一九日、株主一同に評議を求めた。その上で抄紙会社を代表して栄一は横浜に赴き、ウォルシ・ホール商会頭取のジョン・ジー・ウォールスとその兄のトーマス・ウォールスに面談し、抄紙機械の件で直接交渉をした。[50]

その席で、ウォルシ・ホール商会側は、近日、英国の会社より抄紙機械が日本に来着するが、英国人職工が日本で組み立てることになり、機械の取扱責任はウォルシ・ホール商会が代理人となることを告げた。そして機械を納入する英国の会社とウォルシ・ホール商会が共同出資する形で、抄紙会社とともに「組合」をつくり、川崎あたりの適地に製紙工場を設置しないかと栄一に持ちかけた。この提案は、抄紙会社創立趣旨にも謳ったように、洋紙の国産化をはかり、洋紙輸入増加による国の損失を防ぎ、殖産興業を進めるという創立目的と相容れず、栄一には到底受け入れられるものではなかった。

栄一は「組合」を結成しても、外国人と日本人とは違いもあって「真ノ同株主」とはなれないと断っている。その後、栄一は、自分の考えのみで答えたので、会談内容をまとめ、抄紙会社株主一同へ通知、確認をとった。製紙機械や技術者は外国に頼らざるをえなかったが、あくまで外資を受け入れず国内資本での開業を栄一は目指したのである。

そして同年一二月五日、栄一は株主一同に提案を行う。抄紙会社では、ウォルシ・ホール商会に注文した製紙機械が、一八七四年七月頃に到着予定となり、機械の設置までに古布類購入を進めること、株主からは株高の五分宛《ずつ》を集金し、「当分之取扱人」三野村利助・古河市兵衛担当で、なるべく低価格で古布類を購入したいと提案した。株主より集めた株高の五分宛の出金は、必要となるまで第一国立銀行に預け、同行と約定を結べば、金子《きんす》の入用がなくても、相応の利息もつくし、必要な時に随意受け取りもできるし、便利であると、同意を求めた。(51)

この提案をした栄一は、その約定を「当分之取扱人」三野村利助・古河市兵衛が、今後の詳細を詰め、第一国立銀行と結ぶことも提案しており、二重的な経営体制となっていた状況を整理し、彼らを中心とした経営体制の明確化をはかろうとする意図もあったようだ。また彼らに古布類購入を担当させた意図は、彼らが所属する三井組、小野組の全国的ネットワークを利用し、古布類を集めることができることを期待したものと考えられる。

栄一の提案をきっかけに、一八七四年一月三一日、第一国立銀行において開催された抄紙会社の株主集会において、第一国立銀行と抄紙会社の利附当座預金に関する議決が行われた。経営体制に関しては、栄一が先に提案していた三野村、古河を中心とした事務取扱体制は当日示されず、抄紙会社が正式に栄一に会社事務を委託することが決まった。この集会を経て、栄一は同社「頭取代」として経営体制を整備していくことになる。(52)

抄紙会社は当初、第一国立銀行の一室を借りて事務を行なっており、同年一〇月には同銀行敷地内の元租税寮出張所を借りて仮事務所を設立し、「抄紙会社」表札も掲げた。[53] 栄一のもとで、第一国立銀行の経営基盤整備と抄紙会社開業準備が、三井組、小野組の人材を中心に同時並行で推進されたのである。

頭取代として開業準備を本格化

一八七四（明治七）年三月、横浜にあった景締社（活版印刷・製本事業）から抄紙会社に合併の希望が示された。景締社は先駆的な印刷・製本事業に取り組んでいたが、当時の社会一般では洋紙印刷製本された書籍などの需用は少なく、経営難の状況にあった。

抄紙会社頭取代となった栄一は事業を盛んにし、人々の知識を高めるために、洋紙製造の必要性とともに、製造した洋紙によって書籍や新聞などの印刷物普及をはかるべきと考え、また現実的に「紙も漉くが必要に応じては印刷も請負ひ製本もするといふものでないと、其の頃の会社では完全な営業は出来ないと感じたから」、この合併話を受け入れ、旧景締社を抄紙会社横浜抄紙分社（印刷・製本工場）とした。[54]

同年五月、前年の契約で機械購入とともに雇用することになっていた機械・建築技師として、フランク・チースメンという当時二六歳の人物が英国から来着した。彼はエジプト総督直轄の抄紙場で勤務していた経験があり、ウォルシ・ホール商会を通して招聘され、三カ年雇用の契約を結んだ。給料は月給二六五円四一銭と日本人職工の月給の約五三倍の高給取りだった。その後、製紙技師として、横浜にいたトーマス・ボットムリーという当時四四歳の人物を同商会の仲介で三ヵ年契約で雇用した。彼も年給三〇〇〇円の高給だった。彼ら外国人が宿泊できるホテルもなかったことから、やむをえず抄紙会社開業に向けて事務や打ち合わせに使っていた第一国立銀行本店の二階・三階を借用し、彼らを仮住まいさせた[55]。

この頃の栄一は多忙を極めた。「自分一人では一切の世話がやり切れぬ」し、新規の事業ばかりの「抄紙会社の方は用務も多端で且つ手数もかかる」ので、サポート役として一八七四年七月、抄紙会社では支配人として株主ではない谷敬三を採用し[56]、栄一のサポートをしていた書記が谷の直接的な指揮のもとで経営事務にあたるようになった。

開業に向けた中心的実務は、第一国立銀行から派遣された同行役員と兼任の「株主惣代」も協力するが、専門的に経営を担う支配人・谷を中心とした体制に移行させていくことになった。

谷は一八四一（天保一二）年、蘭医学者・坪井信道の子として大坂で生まれ、栄一とほぼ同い年だった。江戸・金座役人の谷家の養子となり、維新後、大蔵省造幣寮（大阪）に出仕したときに、同じ大蔵省にいた栄一と知り合った[57]。抄紙会社の工場地選定、工場開業に向けた準備実務を担うことができ、信頼のおける人材を求めていた栄一にとって、化学の造詣も深く、機械にも通じ、知己でもあり、さらに井上馨の推薦もあった谷は適任者だった。そこで抄紙会社に来てもらい、実務を任せることにしたのである[58]。

抄紙会社の工場地選定

栄一は当時を振り返り、「何事も無経験の創業だから随分に苦しみ抜いたが、中にも工場敷地の選定に就いては殊更ら苦心した」と語っている。[59] 抄紙会社の工場地選定の条件として、栄一が考えたのは①製紙に必要な清冽な水があること、②平坦な土地であること、③原料や製品、機械類の輸送の利便性があること、④抄紙会社を近代産業のモデルとして、工業思想を世の中に普及するためにも、情報発信力の高い東京市街地に近い場所に設置することだった。[60]

栄一自身も、東京周辺で候補になりそうな土地を実地踏査した。帯に短し襷《たすき》に長しといった場所ばかりだったが、そんな時に、東京近郊の滝野川村（現東京都北区）で、鹿島万平という人物が機械紡績工場を営み、機械の動力に水力を利用し製糸を行なっているという情報を得た。急遽その周辺地域を調査してみると、鹿島紡績工場がある滝野川村の隣村王子村（現東京都北区）には工場敷地としても適当な平坦な土地があった。また近くに三宝寺池（現東京都練馬区）を水源とする石神井川が流れ、玉川上水を水源とする千川用水も来ていた。それらの水が製紙に利用できるかどうか、栄一は抄紙会社の社員に実地踏査に行かせるとともに、みずからも上流までの実地踏査を二回ほど行なった。結果、石神井川も千川用水も製紙に適していると判断した。[61]

また当地は、製紙原料になる破布や機械類、製品などの輸送面でも、地の利を得た場所だった。石神井川は、下流で荒川（現隅田川）に合流し、荒川は東京湾につながる。調査時には、抄紙会社は三井組が政府から管理委任を受けていた旧幕府の浅草御蔵の借受約定を同組と結び、七月二日までには破布や機械類などを運び入れていた（一八七四年末より浅草御蔵より深川借用倉庫へ破布などを移管）[62]。

浅草御蔵は隅田川に面していた。その上、栄一らの調査時に鹿島紡績所工場になっている土地に、江戸幕府が大砲製造所建設に着手したことから、石神井川下流部の川幅を切り広げる工事がすでに行われており[63]、破布だけでなく、機械類など物資を運ぶことも可能となっていた。

このように諸物資輸送の利便性も高い地[64]でもあり、すでに整備されていたインフラを活用できるというメリットもある場所だった。また栄一が重視していた、同社を近代産業のモデルとして工業思想を世の中に普及するためにも、さらに情報発信力の高い東京市街地に近い場所に設置するという選定条件から考えても、まさに適地だった。

工場見込み地の傍にある飛鳥山は、江戸時代から桜の名所としても有名で、石神井川沿いには料理屋もならび、江戸からも日帰りで来ることができる場所である。幕末維新期の混乱で、最盛期に比べれば訪れる人々は少なくなっていたようだが、今後、多くの東京都市部の人々の来訪が期待できる場所だった。栄一も「王子の地は世人も知る如く東京に近いことが何よりの便利である。（中略）出来ることなら一般都人士に縦覧を許し、機械工業の模範を示すと共に、未だ眠りより目覚めざる工業思想を鼓舞奨励したいとの希望もあった」と語っている[65]。

こうして一八七四年八月までには、王子村が工場候補地として選定された。八月二一日、栄一は谷と工場地所実地調査のため、王子村に赴いた。栄一は昼までに兜町の自宅に戻ったが、谷に関係村々と交渉にあたらせ、その意向を探らせた。なかには交渉の場に現れない村もあった。

用地買収には、工場が設置されることで生じる水利関係問題の調整も必要であり、この日には約定決定をすることはできなかった。しかし工場候補地のある王子村の大谷倉之助、熊谷源左衛門ら、また鹿島紡績所の鹿島万平が抄紙会社工場誘致のため積極的に地元調整にあたった[66]。王子村は小さな村で、農業以外にも名所となっていた村内の飛鳥山への遊覧者などに飴菓子を売ったり、飲食店を開いたりして生計をたてるものも多かった。維新の混乱で遊覧者も減って、他地域に流出する者も多く、同村組頭の熊谷は、地域の活性化をはかるべく、抄紙会社工場を誘致し、会社に用地と用水の提供を行い、村人の雇用や用水費用の負担を求めようとしていた[67]。

こうした地元の動きもあって、同月二三日には地所談判が決着し、二六日には抄紙会社から栄一や谷、チースメン、ボットムリーらが王子村へ出張、水利も含め工場地を見分し、地所買入談判が行き届き、合意をみた[68]。

用地買収と並行して水利関係に関しても地元との交渉、調整が進められた。抄紙会社工場に利用する用水は結局、鹿島紡績所で使われた千川用水流末を石神井川に掛樋して、川の上をまたいで北側の三カ村用水へ導水し、抄紙会社工場へ引水する形をとった。二三カ村用水に加用水がいかなくなるため、三カ村用水のうち、王子村分の水と替水して調整を図ることにして、水利に影響が及ぶ二三カ村組合、三カ村組合、王子村と抄紙会社の間で九月に、議定書が締結され[69]、工場建設が開始された[70]。

一八七四年中には工場候補地調査、選定を進める一方で、外国人技師の人件費、工場地買収費、工場建築費、製紙機械購入、運搬、組立費など、当初見込んでいた以上に予算がかかることがわかった。その上、発起人（株主）の間で苦情が起き、当初の株金払い込みを求めても、それに応じない者も出てきた。[71]同年三月には、発起人で株主となっていた勝間田誠三郎が株を手放すこともあったが、[72]一〇月、株主も当初の一二名から一五名となって、資本金一五万二二五〇円となった。しかしその翌月、諸機械代金としてウォルシ・ホール商会に支払った額は一〇万八〇七〇ドル余の巨額に上り、資金不足が目にみえた。[73]

しかもそうした頃に、同社と第一国立銀行の大株主だった小野組が破綻することになる。その処理を進めつつ、栄一は「百方奔走して漸く其の事も片をつけ」、一二月には資本金を二五万円に増資するなど「兎に角滞りなく着手した事業は進めることにした」という。[74]また第一国立銀行からの資金調達も行なった。[75]

小野組の破綻

一八七四（明治七）年二月、政府は政府諸省、府県の為替方を務め、租税金の為替送納業務に携わり、預かった官公金を運用していた小野組、三井組、島田組に、毎年取り扱う金額の三分の一の担保を差し出させることを定めた。同年秋頃、多忙を極めていた栄一の耳に小野組破綻の噂が入った。大蔵省時代の上司の井上馨からも栄一に忠告があったという。[76]

小野組は預かった官公金を運用し、第一国立銀行からの借入金も用い、投機的な事業にも手広く参入していた。栄一もそうした事情は知っていたが、その対応に非常に悩んだ。「既に銀行からは少なからぬ金を貸出して居る。其金を用捨なく取立てれば銀行は満足であるが、夫れでは小野組が潰れてしまう、とても私にはそんな事は出来ない。どうしたものかと三井の人達とも相談をして見たが、宜《よ》い考も浮ばない、私は此間に挟まって毎日々々思案して居たがどうしても分別がつかなかった[77]」と後年語っている。

第一国立銀行から小野組への貸付はほとんど無担保で一三八万円余（同行資本金の半分以上）に達し、貸付金回収をすれば小野組が潰れてしまうだろう。それによって第一国立銀行も危なくなるかもしれないが、回収すれば同行の危機を回避することができる可能性は高い。近代的銀行、銀行制度を社会に根付かせるという公的な立場に徹するのならば回収策をとるべきだが、栄一は私情に流され、資金回収に踏み切ることができなかった。そして「政府の役人をして居ったらこんな苦しみはなかったらう」とも思ったという[78]。しかし小野組は、一八七四年一一月には本店を閉め、為替方を辞職し、事実上破綻することになる[79]。

破綻にあたって第一国立銀行は、小野組の小野善助、番頭の古河市兵衛が所有する同行株券、米、新公債、秋田院内鉱山・諸建築・諸機械、産出した銅などを抵当物として押さえた。数万円が滞貨として残ったが、栄一は大蔵省にも交渉し、小野組より回収した旧公債証書、通貨を大蔵省より下付してもらうなどの救済も受け、第一国立銀行の損金を一万九〇〇〇円余にとどめた。

この額の元利四六カ年分を無利息三〇カ年据え置きとして同組に貸し付けることにし、同組への貸付金処理を行なった。小野組は、事実上破綻はしたが、潰せないという自身の情誼も完全に捨てずに小野組の家名維持にも配慮した。

こうして栄一は、みずからの私情より「公」に就くことに徹し、「公」的存在として基盤を固めねばならない第一国立銀行の経営危機を乗り切った。

三井組との駆け引き

小野組と同様に官公金取り扱いを担う三井組は、政府からの突然の担保金全額納入厳達に対し、オリエンタルバンク（東洋銀行）などからの借り入れにより破綻をまぬがれた。

第一国立銀行設立以前から、単独での銀行の設立を望んでいた三井組は、同行を実質的に三井の銀行にしようと動き始めた。小野組の破綻で、行内にライバルがいなくなったのをチャンスと見たのか、三野村利左衛門は一八七四（明治七）年一二月二〇日、栄一に対し、同行の全株を三井組に移譲させることなどを提案した。[80] これに対し、栄一は「不都合」と断り、三井の「私」銀行化を阻止し、「公」の銀行を確立すべく改革案を練った。

こうした状況の中、栄一は大蔵省紙幣寮紙幣頭の得能良介に宛てて陳情書を書く。いったん書き終え、その後何度も推敲を重ね、削除や訂正を施し、一二月三一日付の陳情書を書き上げ、新年が明けた一月四日に正式に提出した。そこには、小野組が破綻したことで、第一国立銀行株主のほとんどが三井組所属のものとなり、たとえ株主総会で決定したとしても、三井の考案と変わりなく、この「銀行ハ全ク三井一家ノ別店」に等しく、「私ヲ営ム」ことになるおそれがあるという現状が訴えられていた。そして「公社」としての銀行を確立するために、新たな取り決め・制度を作成し、政府保護のもと、銀行を永続させ、確実なものとするため、減資、銀行と三井との取引を一般方法に改正、貸付金方法改正、支店の整理、諸役員の転免、発行紙幣準備金制限減少などの九ヵ条の改革案を提示し、支援を求めるものだった。[81]

栄一の陳情、提案を受けた得能は、大蔵省本省に①銀行と三井組との区域の明確化、②小野組出資の株高を資本金より除き、減資を実行、③総監役の廃止と栄一の頭取就任を株主に勧奨することを明記した意見書を提出した。それに対する指令が出ない中、得能は、英国人アーラン・シャンドに第一国立銀行の検査をさせ、組織改正案を提出させた。そして本省に再度意見書を提出した。[82]その意見書は裁可を経て、一八七五年六月二七日付で紙幣頭の得能の名で同行に対し、銀行創業当初はやむをえず容認してきたが、いまもって情実に流され、名目だけの役員を置き、銀行営業の発展ができていないので、「国立銀行条例・成規」にもとづき申合略則を改正し、営業目的を確立するため、改正方法を策定するよう求めた達書を示した。[83]

栄一の頭取就任とともに、銀行改革を断行し、第一国立銀行の実質的な三井の「私」銀行化を止め、「公ニ就」く銀行にしようとする、栄一の改革案を後押しする意図を込めた達書だった。

銀行制度上の問題解決にあたる

小野組破綻処理も含め、銀行改革に向けて、栄一が各方面に奔走する中、銀行制度上の問題も浮かび上がってきた。「国立銀行条例」にもとづいて設立されていた国立銀行では、発行紙幣をいつでも額面の金貨に交換することができた。そのため、第一国立銀行では創業から一八七四(明治七)年に入ったあたりは、大きな問題は起きなかったが、同年五月頃から次第に世界市場で金貨が高騰してくると、紙幣を金貨に引き換える者が多くなった。

これにより、銀行の準備金貨を補充しなければならなくなり、同年六月以降、国立銀行紙幣発行が困難になった。発行紙幣の流通が行われなければ、銀行の経営が悪化しかねない。こうした状況をみた栄一は、これが銀行制度上の問題であると認識した[84]。この問題は、第一国立銀行だけの問題ではなく、当時成立していた他の三行にもかかわる問題だった。一八七五年三月八日には、第一国立銀行、第二国立銀行、第四国立銀行、第五国立銀行と連署して紙幣頭の得能宛に正貨兌換制を改め、政府紙幣で引き換えられるようにすることを公布し、また国立銀行条例・成規も改正してほしいと嘆願した[85]。

こうした銀行制度改革にも取り組みながら、銀行内の組織改革に向けた準備も進めていた栄一は、同年八月一日、第一国立銀行本店において開かれた臨時株主総会に臨んだ。総会に出席した株主は三二人、遠国、病気のため名代人を出した株主は五四人、欠席は一九人だった。出席した株主は第一国立銀行の実務を中心的に担っている人々がほとんどだった。一方、名代人を出し、出席しなかった株主の中には、三井組惣領家の三井八郎右衛門はじめ、三井諸家の当主だけでなく、栄一と同行創立に尽力した三野村利左衛門といった三井組の実力者も含まれ、少し異様な出席状況だった(86)。

栄一は、経緯を改めて述べ、みずから立案した銀行営業目的とその改正方法として、①破綻した小野組所有株を中心とした整理に伴い、資本金二五〇万円を一五〇万円に減資、②発行紙幣金貨兌換制の改正を政府に懇願、③得意先当座貸借を画一厳正にし、これまで三井組に対し行なってきた特例を廃止、④貸付金方法の厳正化（担保品附貸付を中心にして、一人の取引高一五万円を限度とする）、⑤為替事務の拡大、を提示し、銀行役員の選挙について、その要点を詳細に演説した。そこで栄一が示した銀行経営を担任する取締役人事案は、三井元之助、永田甚七、深川亮蔵、西園寺公成だった。その際、「国立銀行条例」に照らせば、取締役一名が欠員となるので、もし株主一同から望まれるならば、自分はあえて断らず、取締役になることを述べ、自分を含めた五名中でさらに公選して頭取を選挙すると述べた。

これに対し、非三井系の西園寺公成らが中心となって栄一の提案に異議がないこと、取締役となることを希望する旨を述べ、株主一同が合意をし、栄一も承諾した。西園寺は、栄一が頭取となるなら取締役になると述べた。それに答え、栄一はすでに取締役となる上は、もとより「頭取ノ任ヲ辞スルニ非ス」と頭取就任を辞さなかったが、条例にもとづき、新任の取締役集議の上で決めるのが適正な処置と述べた。

また栄一の提案で、三井八郎右衛門、三野村利左衛門は銀行経営は担任させないものの、銀行中、大株主なので、検査掛の取締役に選任された。結局、当日欠席の深川亮蔵が取締役就任を承諾しなかったため、新任の取締役である栄一ら四名により大株主の中から選任することになった。そして三井組から斎藤純造が取締役に新任となり、取締役の合議によって栄一は頭取に就任した。

栄一は、紙幣頭の得能とも連携しながら、従来固辞してきた取締役に就任し、第一国立銀行の経営を直接指揮しうる頭取に就任する覚悟、戦略でこの臨時株主総会に臨んだとみられる。栄一の意図は、得能への陳情書にもあったように、小野組破綻のような轍を二度と踏まないこと、そのことともかかわり、第一国立銀行の三井の「私」銀行化を阻止し、「公」に就く銀行に育成しうる経営体制を築こうとしたことにあった。

結果的には栄一を除けば、他の取締役六名のうち、五名は三井組関係者で占められた。しかし三井八郎右衛門、三野村の二名は経営を担任しない検査掛であり、経営を担任する取締役のうち、永田は三井組だが、栄一が側近として信頼していた人物であり、非三井系の人物として西園寺が配された。栄一単独頭取の経営体制で、銀行内の改革を進めていくことになったのである。

頭取として改革に着手

総監役では直接経営指揮にあたれず、貸出状況の実態などが把握できないようなこともあったが、頭取として名実ともに実権を持ったことで、栄一は直接、経営指揮にあたることができるようになった。

小野組の処理に目途はつけたが、なおも完全に整理は終わっていなかった。まだ銀行に対する社会的信用が確立されておらず、営業も十分には展開できない状況の中で、もし経営の立て直しに失敗すれば、銀行が社会に根付かず、銀行をやろうというものも出なくなり、近代金融制度確立にも弊害が生じるおそれが出てしまうということが危惧された[87]。

ただ栄一は小野組破綻後の整理にあたっては、この危機を逆に利用し、銀行の信用を示すチャンスという思いも持っていた[88]。一八七五（明治八）年一一月二四日、小野組抵当株と減株希望者の株等を整理し、一〇〇万円の減資を大蔵省に申請し、許可を得ることをはじめ、先の八月の臨時株主総会での決議に沿って改革が進められていった[89]。その後、一八七六年一月の株主総会までに為替取引、預金取引先の拡大がはかられた。一八七五年九月には、預金者に発行する振出手形の制度改正もはかった。また同年中に、当時、代金取立割引手形に習熟していなかった日本の商人の多くが現金取引をしていたが、金融の円滑化をはかるべく、割引手形方法を広げようと計画をたて、手形雛形について紙幣寮に伺いを出した[90]。

ちなみにこの年から、上州で生糸荷為替の試行を始めている。当時、上州産の生糸は最良といわれ、輸出されていた。しかし上州には、まとまった資本を持つ富商がいないため、生糸売買が滞ることがあった。外国人から資本を借用し、外国人へ供され、「御国損」となっていた。そこで資本の少ない商人との間で、第一国立銀行が生糸荷為替を行うことで、取引を円滑化させようとしたのだ[91]。一八七六年六月には、生糸の盛んな岩代、福島でも行おうと大蔵省紙幣寮に上申、許可を得ている[92]。

「国立銀行条例」改正を求める運動

頭取となった栄一は、江戸時代以来の旧商業慣習に馴染んだ日本の商人の意識を変えていこうと、第一国立銀行における営業制度改革を行い、国にも提示、許可をとりながら、日本の金融改革、近代的な金融制度の定着をはかることを加速させた。

第一国立銀行本店（1875年以降）

そして一八七五（明治八）年八月の臨時株主総会決議でも示された、発行紙幣金貨兌換制の問題解決にも取り組んだ。その決議以前から、紙幣頭の得能とも相談しながらすでに解決に向けた取り組みを進めていた。先述のように同年三月の第一国立銀行をはじめ四行連署で、得能宛に正貨兌換制を改めるよう求める嘆願を行なったのである。

これを受け、得能は国立銀行救済のため、紙幣寮貯蔵の予備の政府紙幣から七一万円を支出し、各銀行の営業状態に鑑み、相当割合で無利息貸下げをして、同額の国立銀行紙幣を抵当にして国債寮に納めさせることを大蔵省に稟議し、第一国立銀行にも意見を求めた。

それに対し、同年七月、栄一は三つの具体的な対処案を示した。そのうち、第二策として提示した、紙幣寮は各銀行が受け取っていた紙幣の半額分を新紙幣にて各銀行に貸下げし、これと同額の紙幣を各銀行より引き上げ、将来、金貨との兌換ができる見込みがつくまで無利息で据え置くという案が、得能提案とともに採用され、同年一二月、紙幣頭得能は第一国立銀行はじめ四行に、暫定的にその旨を伝達した。(93)

一方で栄一は、発行した国立銀行紙幣を、第一国立銀行みずからが政府紙幣で引き換え、さらには発行紙幣を額面以上に高く買い取るなど、回収に努め、政府紙幣だけで取引を行うようにするといった暫定的な対応をとることで、同行経営を維持した。(94) しかし抜本的な制度改正を行う必要性を感じた栄一は、銀行内の経営体制の改革とともに、政府へ改正を強く求めることを考え始めた。

抄紙会社工場の完成

第一国立銀行の経営改革を進める一方で、栄一は抄紙会社の工場建設現場に足を運び、視察した。当時としては珍しい本格的な煉瓦建築でもあり、竣工前から、例えば一八七五（明治八）年四月には栄一が同行して、大蔵卿大隈重信など要人の視察も行われていたりした(95)。

栄一によれば「東京附近では初めてのものであったから、世人の評判は中々にゑらかった」という(96)。製紙機械類も順次運び入れ、工場内に設置し、同年六月には王子村に竣工をみた。破布の収集はすでに進めており、同年五月には製紙原料となる破布選りにかからせ、工場完成とともにすぐに製紙を行えるよう準備を整えていた。工場が完成し、すぐに蒸気機関を使い、元車を動かし、破布鍋の使用も開始した(97)。洋紙を初めて抄いたのは同年七月のことだった(98)。

製造に取り組んだものの、栄一は、集められてきた本当に汚れた真っ黒な破布から白紙の洋紙ができるのか半信半疑だったという。コウゾやミツマタでないと紙にはならないのではないか、第一、染めつけてある破布の色を落として白くすることができるのかと不思議に思い、少し心配もしたという(99)。専門技師のボットムリーを主任にして、日本人職工をつけ、製紙を試みてみると、機械は稼働するものの、紙がなかなか出てこなかった。少しずつ出たと思ったら、すぐに切れてしまうという状況で、栄一は非常に心配し、ほとんど隔日くらいに王子工場に赴き、製造状況を見た。あまりにすぐに切れてしまうので、栄一は気持ちも萎え、あきれ返ってしまった。

いったいなぜこうなるのか。栄一はボットムリーを詰問した(100)。「君は経験ある外国の紙漉き技師である。それであるから相当の給料を以て傭入れたのである。当時傭ふた時に私は君に何と曰った。此の機械は横浜の『亜米一』ウォルシ・ホール・コンパニーに約束して、買入れた機械である。フォーゾニアマシーンと云ふ英吉利に普通行はれて居る所の最良の機械であると言われた。果して左様であるかと君に問うたら、君は其の時答へて、お説の通り完全なものであると答へた。然らば君は永い間の経験を基として其の事に従事し、且つ原料も水も薬品も皆君の好む所に従って具備してありながら、此の紙が機械に乗って抄出せぬといふのは如何なる訳か。それとも君の技術の未熟であるといふことを証明したのか。何故紙は出ぬのであるか」。

ボットムリーは「職工が悪いのだ。職工が命令を用ひぬから結局こんなことになって来たのである」と答えたが、栄一が納得するはずもなく、「職工が君の云ひ付け通りにせぬといふことは無い筈である。想ふに此は君の技術が巧みで無いからであろう。従って原料の製造が悪いとか、若しくは薬品の調合が宜しくないとかいふことから紙が都合よく出ないのではないか」とボットムリーを責めた。ボットムリーは「一週間待って呉れ、一週間待ってそれで工合好く出来ないなら、拠《よんどこ》ろないから自分は会社を退く。（中略）放逐されても敢て怨とは思はぬ」と述べたという。栄一は多額の資金を投資し、工場、設備も整えたにもかかわらず、紙の製造ができない状況の中で思い悩みながらも、ボットムリーに任せるしかなかった。

叱責のあと、紙は完全なものにはならなかったが、少しずつ延びだすようになった。抄紙会社本社を王子工場内に設置し、第一国立銀行内仮事務所を東京分社（印刷工場）とするなどして社内組織内整備も進めた頃（一八七五年八～九月頃）には、紙らしいものができるようになった。しかしその紙は、渋紙のような、荷包みするような粗末な厚紙だった。低価格でしか販売できず、とても利益が出るようなものでなかった。

一八七五年下半期までには、段々と営業経費等が嵩み、その額はおよそ四万円以上の巨額に上った。栄一は自分が主唱して進めてきた事業だが、三年も経ってこの結果に、誘って出資してもらった人々に、ほとんど「面目ないと言はうか、赧然《たんぜん》に堪えぬと言はうか。俗に云ふ穴があらば這入り度い」という心境だった。しかし需要は今後増えるにちがいないのだから、一時の困難に遭遇したからといって、この「事業の目的」が悪かったわけではないと心を取り直し、現場に発破をかけるとともに、製造できるようになった時のために、政府や民間への洋紙販売先の開拓にも努めた。

そして同年一〇月、初めて白紙を漉き出すことができた。第一国立銀行の経営面でも相談をしていた大蔵省紙幣寮や米国博覧会事務局が、同年一一月に抄紙会社製造の洋紙を買い取ってくれることになった。[101] また民間でも、日報社から新聞用紙の受注を受け、同年一二月に新聞用紙製造を試みた。[102] 当時の日報社社長には、栄一がヨーロッパから帰国した際に会って、現地で感じた「新聞の重宝」について語り「是非日本にも出来るやうに」したいと抱負を語った福地源一郎が就いていた。[103]

こうして洋紙製造会社の経営に明るい兆しがみえてくる中で、同年一二月一六日、王子村の同社本社・工場で、株主はじめ会社関係者、王子村や周辺村々の人々、工場建築請負、破布納入業者などが出席し、開業式を挙行した。「一般都人士に縦覧を許し、機械工業の模範を示」し「工業思想を鼓舞奨励し」、近代産業のモデルとして社会に示すという栄一の意志を反映し、当日午後と翌一七日は一般見学者の入場も許可し、工場内の見学をさせている。[104]

支配人の谷敬三は開業式も無事終了し、同年一二月一八日、栄一に開業式の様子について、王子村に群衆が訪れ、いまだかつてない繁昌・雑沓を極めたことを書簡で報告している。併せて過日に栄一が自分をほめてくれたことへのお礼も記している。[105]栄一はこの節目にあたって、自分を支え、一八七四年七月以来、現場を取り仕切ってきた谷の功労を賞していたのだった。

第一国立銀行改革途中に生じた問題

抄紙会社開業式を無事に終え、一八七六（明治九）年の新年を迎えたが、今度は第一国立銀行経営において栄一は大きな問題に直面した。大蔵省が第一国立銀行に対し、金銀出納事務委託を停止し、金銀を即座に完納するように命じたのだ。大蔵省預金がほとんどだった同行の政府関係預金は、一八七五年末でも民間預金の二倍半を占めており、それらが引き揚げられることは、銀行経営上、大問題だった。栄一はすぐに大蔵卿大隈重信や紙幣頭得能良介に完納期限猶予を説くなど奔走した。[106]

一八七六年三月初め頃には、得能に対して何度も推敲を重ねた[107]陳情書を書き送った。それには、官金を即座に完納するような達書に対し、もし仮借なく完納を迫るなら、栄一は目的を「銀行鎖業に転じ」と、第一国立銀行を閉鎖することに転換し、速やかに実行すると迫りながら、完納猶予を陳情した。[108]栄一の切実な訴えを受け、得能も本省内の調整をはかり、完納期限は六月までに延期されることが約束された[109]。ちょうどその時期の同年三月、栄一はみずからの思いを込め、対幅の書にして「耐而約成事妙訣」「勤与倹良図創業」（耐テ約スルハ事ヲ成ス妙訣、勤ト倹ハ良ク創業ヲ図ル）と認めている[110]。

同年六月三〇日、第一国立銀行は約束通り、大蔵省に預り金銀を完納し、開業以来、務めてきた同省の金銀出納取扱御用を終了させた[111]。

抄紙会社開業後の困難

抄紙会社は、一八七五（明治八）年一〇月に政府との間で結ばれた諸官省用紙、紙幣、公債証書類の原紙などすべての製造請負特約にもとづき、同年末、大蔵省紙幣寮の「御用紙」を受注するなど経営は順調だった。特に紙幣製造を請け負うことは、同社の経営維持発展の上で重要だった。しかし一八七六年に入り、第一国立銀行に対するのと同様、抄紙会社に対しても、大蔵省は方針を転換した。当時、大蔵省紙幣寮紙幣頭として、大蔵省が金銀出納事務委託廃止に方針を転換し、危機に陥ろうとしていた第一国立銀行の困難打開のために尽力してくれていた得能は、一国の紙幣製造を一民間会社に任せることは贋造のおそれもあり、機密上、危険であると主張していた。こうした主張をきっかけに、政府は紙幣製造も含めた抄紙会社との特約をすべて反故にし、紙幣製造は政府直轄工場を設置し紙幣製造を行うことにした。

これにより、大蔵省紙幣寮抄紙局（後に紙幣局抄紙部、印刷局抄紙部と改称）が、抄紙会社の敷地三百余坪を分割させて買い上げ、用水取水権の半分の譲渡も受け、同年二月、同社隣接地に工場を完成させ、四月、大蔵省紙幣寮抄紙局（工場）が開業された。さらには同年五月、抄紙局と抄紙会社と名称がまぎらわしいことから、同社は政府から社名変更を命じられ、「製紙会社」と改名した(112)（以降、「製紙会社」と表記する）。

政府特約を反故にされてしまい、印刷局からの受注も少しは受けたが、開業したばかりで、製造技術も十分とはいえなかった製紙会社の経営見通しは危うくなった。洋紙の民間需要はまだ少なく、栄一は、取引先は「一、二の洋紙商と二、三の新聞社だけで、販売の困難は実に想像の外であった。故に当事者の身の上は所謂《いわゆる》板挟みの形で、一方には紙を抄造するに苦しみ、一方では販路を拡張するに勉《つと》むるといふ有様であった」と後年に語っている。

一八七六年上半期は株主への配当をすることもできず、栄一は株主と会社との板挟みで悩みながら打開策を模索した(113)。

第一国立銀行の経営改革

一八七六（明治九）年六月、第一国立銀行は先述のように大蔵省預り金銀を完納し、同省金銀出納取扱御用を終了させた。このことは経営上、痛手ではあったが、栄一はそれを逆手にとって、官金に依存する経営体質から脱却し、創業時から念願してきた民間取引の推進に経営比重を高めていこうという意識を強くした。

栄一は前年より、「国立銀行条例」の抜本的な制度改正を政府へ求める運動を、他行と連携して進め、紙幣頭得能良介にも相談していた。得能は現実的に兌換制度が行われていない状況を調査し、同条例改正に向けて大蔵省内で調整をはかってくれた。

こうして政府でも同条例改正を行い、同年八月に布告することが決まった。国立銀行は払込資本金の一〇分の八の銀行紙幣を発行できるようにし、その四分の一相当の政府紙幣を引換準備金として用意することになり、銀行紙幣は政府紙幣をもって交換（兌換）できるようになった。

改正以前、世界的に金貨が高騰する中で、兌換を求める動きが加速し、第一国立銀行は正貨が不足し始め、発行した国立銀行紙幣回収を行なっていた。実際に同紙弊を発行できず、金融循環が悪くなり、経営にも大きな影響が出ていた。しかし同条例改正によって金融が円滑化し、銀行経営も安定することが期待できた。そうした中で、栄一は同年七月、第一国立銀行本店で開かれた一八七六年上半期の第一国立銀行株主総会に臨んだ。官金業務がなくなっても、これまで着実にやってきた民間取引業務を展開していけば、銀行を維持していけると演説した。続けて、創立以来のこれまでの銀行の歩みを振り返り、当初考えていた銀行の維持発展の方法が失敗したといっても、なおよくこれを永続させることができるのは「実ニ各株主ノ幸福」であって、また「始終従事スル役員ノ勤勉弥縫スル所ノ功」によるだろうと述べた[114]。

この総会で栄一により示された業務拡張、営業規定改革案と経費節減方針は承認され、「国立銀行条例」改正を待って、将来の目的として全力を民間取引に傾注して、銀行業務の拡張を進めることが決議された。[115]

製紙会社経営における僥倖

一八七六（明治九）年四月のことである。明治天皇が騎馬で飛鳥山付近を訪れ、王子村の料理屋・扇屋での昼食後、その近くに開業したばかりの大蔵省紙幣寮抄紙局を経て、製紙会社も天覧に供した。[116] 案内をした栄一は、この日のことを「抄紙会社の創業史上特筆大書すべき事柄で、独り会社の栄誉ばかりでなく、工業界全体も亦《また》親しく其の事に当って居た自分等まで、如何ばかり聖恩の隆握に感奮せざるを得なかった。陛下が斯くばかり工業上に御軫念《しんねん》を置かせられたことを拝察すれば、自分等は如何なる苦辛を甞《な》めても此の事業を成功させねばならぬといっそうの努力奮励の心を起した」と語っている。[117]

明治天皇の天覧を受け、栄一は製紙会社の経営にいっそうの奮起尽力をしたが、同年上半期は経営が軌道に乗らず、悩んでいた。ところがその製紙会社の経営に僥倖が舞い降りる。当時、政府は全国で地租改正を進め、所有地に対して地券（土地所有権を証明し、地租賦課のための地価を証明する証書）を発行していた。そのため、地券用紙が大量に必要となった。そして八月に大蔵省紙幣寮から地券用紙を受注することができたのである。[118]

製紙会社は技術的には未熟で、薄い紙の注文には当惑するほどだったが、この地券用紙は美濃半紙くらいの大きさで品質のよい厚紙で、これなら「お手のもの」だった。それゆえこの特需はまさに「救ひの神であった」と栄一は回顧している。[119] 経営を軌道に乗せるチャンスをつかんだのである。

本邸の深川への移転

第一国立銀行は栄一が頭取に就任して以降、一八七五（明治八）年下半期決算において、純益金が前期に比べ三万円も増え、株主への配当も一株あたり一円五六銭増加させることができた。[120] 製紙会社も同年中に工場が完成し、洋紙製造もできるようになり、開業式も終えた。一八七六年七月には、第一国立銀行は業務拡張を打ち出し、同年八月には製紙会社が地券用紙の受注という特需を受け、積極的な業務展開を進める経営体制をとることができた。

前年の一八七五年八月に、栄一が頭取に就任した際に新たに作成された第一国立銀行の「申合規則」では、創業時の「申合略則増補」に明記してあった「最寄ニ住居」規程はなくしていた。栄一はすでに、銀行最寄に住居し続けなくてもいいことになっていたが、一八七六年四月一八日には深川福住町四番地の近江屋喜左衛門宅を購入、修繕を行い、同年七月一七日（もしくは八月二六日）に第一国立銀行構内の兜町二番地宅より移転した。[121]

栄一が深川に移転した理由については、商品流通の発達した深川が倉庫地の確保や商取引相手との交渉及び相談の場として重要な役割を果たす地域性を持っていたこととの関連性が考えられている。[122] また深川はかつて、（静岡）商法会所時代から同会所支店を設置した場所でもあり、栄一にとっては馴染み深い土地だった。それだけではなく、一八七四年末から翌七五年に、抄紙会社では開業前から深川地域の松業町や福住町・清住町・佐賀町など各所に次第に蔵・倉庫を借用・展開し、破布・器械類を保管するようになっていた。

一八七五年に完成した抄紙会社の本社・王子工場とそうした深川の倉庫群が、隅田川、石神井川を通じて結ばれた。第一国立銀行内抄紙会社仮事務所は、東京分社（印刷工場・兜町）となったが、ここも楓川—日本橋川—隅田川を通じて、また横浜分社（印刷工場）も隅田川・東京湾を通じて深川地域と結ばれた。深川地域に原料の破布をはじめ、製品（洋紙類）の在庫保管も可能だったろう。深川地域はそうした製品在庫を適宜、東京分社や横浜分社といった印刷工場にも水運を通じて送る利便性の高い地として抄紙会社にとっては重要な地だった。

さらには一八七五年、栄一の頭取就任以降、第一国立銀行も経営諸改革実行の中で民間取引にシフトし、貸付厳正化の一環として担保品附を主とした取引を中心にし、一八七六年七月以降、全力で民間取引に傾注していく動きも、担保物品を保管しうる倉庫が展開する深川地域の重要性を高めていく。

そうした同年七~八月頃、栄一は兜町邸から、抄紙会社の「深川福住町一〇番地倉庫」と同じ町内にある深川福住町に移転、本邸とした。[123] 後年に、百花に先駆けて咲く「梅花」のようだったと譬えた第一国立銀行、抄紙会社（製紙会社）の両社[124]は、栄一にとってはそれぞれ近代的銀行、製造会社のモデルを社会に示すという気概、絶対に失敗できないという大きな責任感を持って経営にあたった会社だった。その移転は両社ともに、創業期の基礎的な組織づくり、経営基盤の安定の目途を一定程度成し遂げた時期だった。

深川に自邸を移転した栄一はさらに両社の積極的な経営展開をし、発展させていくだけではなく、日本に近代的経済社会を確立させるべく、両社をモデルとして、他の銀行や諸会社の設立を指導し、それらを有機的に結びつける活動を広く展開していくことになる。

(1)抄紙会社「創立記事」壹、自明治六年九月至同七年十二月（公益財団法人紙の博物館所蔵）。成田潔英［一九五六］、『王子製紙社史』第一巻（王子製紙社史編纂所）三〇ページ。
(2)同前『王子製紙社史』第一巻二三ページ。
(3)渋沢栄一談［一九一四］、「王子製紙株式会社回顧談」『百万塔』創立四十周年記念特別号（財団法人紙の博物館）に翻刻所収。四宮俊之［一九七二］、「抄紙会社創業期の資金調達」『明治大学大学院紀要』第一〇集（明治大学大学院）。桑原功一［二〇一四］、「抄紙会社『頭取代』—『株主惣代』経営体制の成立と渋沢栄一～明治七年一月の会社事務委託をめぐって～」『渋沢史料館年報 二〇一二年度』（渋沢史料館）等も参照。
(4)同前桑原論文［二〇一四］二七ページ。
(5)「申合略則」『明治六年　株主会議要件録　王子製紙会社』（公益財団法人紙の博物館所蔵）。
(6)渋沢栄一述［一九八四］、『雨夜譚』（岩波書店）一九七～一九八ページ。
(7)土屋喬雄［一九八九］、『渋沢栄一』（吉川弘文館）一五〇～一五一ページ。
(8)前掲『雨夜譚』一九八～一九九ページ。
(9)大蔵省辞職の際、玉乃世履に諫められた話は、渋沢栄一［一九一三］、「論語と予（其一）」『竜門雑誌』第三一〇号（竜門社）一三～一四ページによる。

(10)同前一二～一四ページ。
(11)前掲『雨夜譚』二三六ページ。
(12)『渋沢栄一伝記資料』第四巻七ページによる。以下、特に注記のない限り、一八七三(明治六)年六月一一日開催の第一国立銀行創立総会関係の記述(同日開催の取締役会議も含)は同書七～八ページによる。
(13)同前二〇～二二ページ。
(14)「(第一国立銀行と渋沢栄一の総監役就任契約書草案　明治六年)」(株式会社みずほ銀行所蔵)。
(15)『渋沢栄一伝記資料』第四巻一五～一六ページ。
(16)同前二〇～二二ページ。なお総監役就任契約書の第二条に、頭取、取締役が交替した場合でも、新任の頭取、取締役と協議により、任期を終えても契約を永続することができると示されている。
(17)前掲『雨夜譚』二三七～二三八ページ。
(18)同前二三八ページ。
(19)『渋沢栄一伝記資料』第四巻四六～四七ページ。
(20)同前四八ページ。渋沢史料館編［二〇一五］、『私ヲ去リ、公ニ就ク―渋沢栄一と銀行業―』(同館)二七ページも参照。
(21)渋沢栄一述［一九〇九］、「青淵先生の二大決断」前掲『竜門雑誌』第二五四号二二～二三ページ。
(22)『渋沢栄一伝記資料』第四巻五四二～五四三ページ。
(23)第一銀行八十年史編纂室編［一九五七］、『第一銀行史』上巻(同室)一五四～一七四ページ。
(24)「第一国立銀行本店毎月実際報告(明治六年八月三一日)第一国立銀行頭取・小野善助、取締役・斎藤純造」(株式会社みずほ銀行所蔵)。
(25)「当座預り金約則(明治七年二月四日)第一国立銀行」(株式会社みずほ銀行所蔵)。
(26)「(『当座預り金約則』の渋沢栄一への寄贈由来書)大正一三年七月一〇日」。前掲『私ヲ去リ、公ニ就ク―

渋沢栄一と銀行業―』二九ページ参照。
(27)井口正之編［一九一三］、『渋沢男爵実業講演』坤（帝国図書出版）三八〇ページ。
(28)前掲渋沢談［一九一四］、八四ページ。
(29)前掲『渋沢男爵実業講演』坤三九二ページ。
(30)同前三九二～三九三ページ。
(31)『渋沢栄一伝記資料』第四巻五九～六〇ページ。
(32)桑原功一［二〇一六］、「渋沢栄一と古河市兵衛の交流」『足尾を語る会』第二次・二〇一六年版・通巻第一八号（同会）八～九ページ。
(33)渋沢栄一［一九一二］、『青淵百話』坤（同文館）七〇八～七〇九ページ。
(34)『渋沢栄一伝記資料』第四巻三四～三八ページ。
(35)前掲『渋沢男爵実業講演』坤三九一～三九二ページ。
(36)『渋沢栄一伝記資料』第四巻二六ページ所収の「佐々木勇之助氏座談会筆記」による。
(37)同前第二八巻五四九ページ。
(38)同前第四巻八ページ。
(39)明治財政史編纂会編［一九二七］、『明治財政史』第一三巻（明治財政史発行所）四一九ページ。前掲『第一銀行史』上巻一七三～一七五ページ。
(40)同前『明治財政史』四一九ページ。『渋沢栄一伝記資料』第四巻一五三～一五四ページ。
(41)「永田甚七書簡　渋沢栄一宛　年未詳一月二一日付」（渋沢史料館所蔵）。
(42)『渋沢栄一伝記資料』第四巻二七～二八ページ所収の「佐々木勇之助氏座談会筆記」による。
(43)同前二七ページの「佐々木勇之助氏座談会筆記」による。
(44)三田商業研究会編［一九〇九］、『慶應義塾出身名流列傳』（実業之世界社）五一三～五一四ページ。『渋沢

栄一伝記資料』第四巻八、九、五五一ページ。
(45)『渋沢栄一伝記資料』別巻第四、六一〇ページ。同書別巻第六、四五四ページ。青潮出版株式会社編［一九六三］、『日本財界人物列伝』第一巻（青潮出版）四二五〜四三四ページ。
(46)『渋沢栄一伝記資料』第四巻一五七〜一五八ページ。
(47)同前三七ページ。
(48)同前六四〜六五ページ。以下、本株主総会に関する記述は同書による。
(49)前掲桑原論文［二〇一四］、二七〜二九ページ。
(50)前掲「創立記事」壹。渋沢史料館編［二〇一三］、『渋沢栄一と王子製紙株式会社〜国家社会の為に此の事業を起す〜』（渋沢史料館）六〇ページ。以下、この一〇月一九日の横浜での栄一とウォルシ・ホール商会の会談についての記述は同資料、同書による。
(51)前掲桑原論文［二〇一四］、二九〜三一ページ。
(52)同前三一〜四〇ページ。
(53)前掲『王子製紙社史』第一巻四二〜四三ページ。
(54)前掲渋沢談［一九一四］、八一ページ。
(55)同前八一〜八二ページ。
(56)同前八二ページ。
(57)同前。大川平三郎［一九二八］、「青淵先生と製紙事業─偉大なる其の人格」前掲『竜門雑誌』第四八一号八七ページ。
(58)同前渋沢談［一九一四］、八二ページ。
(59)同前。
(60)同前八三ページ。

(61)同前。
(62)神山恒雄［一九九〇］、「王子工場物語（一）創業期の王子製紙と輸送」『百万塔』第七七号（財団法人紙の博物館）。桑原功一［二〇一五］、「明治初期における渋沢栄一と産業振興―抄紙会社・第一国立銀行と深川福住町邸の関わりからみる―」『武蔵野』三五四号（武蔵野文化協会）による。なお、現在の「隅田川」は当時、荒川と称されていた。一九三〇（昭和五）年に通水した荒川放水路（現在「荒川」）開削以降に「隅田川」と呼ぶようになったといわれる。一九六五年、河川法制定により、公式に「隅田川」となった。ただし本文中では、混乱を避けるため、「隅田川」呼称で、以後は表記統一した。
(63)北区史編纂調査会編［一九九六］、『北区史』通史編近世（東京都北区）五七九ページ。「（抄紙会社の通船により崩れた石神井川岸の修復助成の嘆願書）明治七年一二月二五日／堀ノ内村副戸長堀江仁右衛門他二名より抄紙会社宛『稟議書』抄紙会社」公益財団法人紙の博物館所蔵）。前掲『渋沢栄一と王子製紙株式会社』六三ページ。
(64)前掲神山論文［一九九〇］では「王子製紙が工場立地条件として水運を重視した」点を論じている。
(65)前掲渋沢談［一九一四］、八三ページ。
(66)前掲「創立記事」壹。
(67)前掲『北区史』通史編近現代、八七～八八ページ。
(68)前掲「創立記事」壹。
(69)前掲『北区史』通史編近現代、三八～三九ページ。肥留間博［一九九一］、「王子工場の水はどこから来ていたのか（上）」『百万塔』第八〇号（財団法人紙の博物館）四六～四七ページ。
(70)王子製紙株式会社「社事要録」第一巻（公益財団法人紙の博物館所蔵）。
(71)前掲渋沢談［一九一四］、八五ページ。
(72)前掲『明治六年　株主会議要件録　王子製紙会社』。前掲『渋沢栄一と王子製紙株式会社』九ページ。

(73) 前掲渋沢談［一九一四］、八五～八六ページ。
(74) 同前八五ページ。
(75) 前掲四宮論文［一九七二］による。
(76) 井上馨侯伝記編纂会［一九三三］、『世外井上公伝』第二巻（内外書籍）五三一～五三四ページによる。
(77) 渋沢栄一［一九一〇］、「余の精神上に一新紀元を画したる故伊藤公の忠言と第一銀行を今日あらしめたる井上侯の親切」『実業之世界』第七巻第六号（実業之世界社）九一ページ。
(78) 渋沢栄一［一九〇九］、「明治五年の財界」前掲『竜門雑誌』第二五三号一一ページ。
(79) 小野組破綻問題については前掲『第一銀行史』上巻や前掲『私ヲ去リ、公ニ就ク─渋沢栄一と第一国立銀行』等を参照。
(80) 小野組破綻以降の第一国立銀行をめぐる三井組の動向に関しては、財団法人三井文庫［一九八〇］、『三井事業史』本篇第二巻（同財団）一八三～一八五ページによる。
(81) 『渋沢栄一伝記資料』第四巻一四四～一四六ページ。
(82) 渡辺盛衛編［一九二一］、『得能良介君伝』（印刷局長 池田敬八）二三一～二三五ページ。
(83) 「紙幣頭得能良介達書　第一国立銀行宛　明治八年六月二七日付」は「第六回株主集会決議件々　明治八年七月一一日」に所収（株式会社みずほ銀行所蔵）。
(84) 前掲『雨夜譚』二三九～二四〇ページ。『渋沢栄一伝記資料』第四巻一九九ページ。
(85) 大内兵衛・土屋喬雄編［一九六四］、『明治前期財政経済史料集成』第一三巻（明治文献資料刊行会）四三四～四四三ページ。
(86) 『渋沢栄一伝記資料』第四巻一六八～一八九ページ。以下、一八七五年八月一日、第一国立銀行本店において開かれた臨時株主総会に関する記述は同書参照。
(87) 前掲『雨夜譚』二四〇ページ。

(88)『渋沢栄一伝記資料』第四巻一九〇ページ。
(89)同前一八九ページ。
(90)同前二〇二～二〇三ページ。
(91)同前二〇三ページ。
(92)同前。
(93)同前二〇〇ページ。
(94)前掲『雨夜譚』二四〇ページ。
(95)「抄紙会社記事」第二、従明治八年一月至一二月三一日（公益財団法人紙の博物館所蔵）。
(96)前掲渋沢談［一九一四］、八四ページ。
(97)同前八五～八六ページ。
(98)前掲「抄紙会社記事」第二。
(99)前掲渋沢談［一九一四］、八六ページ。
(100)以下の栄一とボットムリーのやりとりは、同前八六～八八ページの栄一の回想を参考にした。
(101)前掲「社事要録」第一巻。前掲「創立記事」壹。
(102)前掲「抄紙会社記事」第二。前掲渋沢談［一九一四］、八九ページ。
(103)渋沢栄一［一九二〇］、「新聞の思ひ出」前掲『竜門雑誌』第三九〇号三九ページ。『渋沢栄一伝記資料』第五二巻四九七ページ。
(104)前掲『王子製紙社史』第一巻八〇～八九ページ。前掲渋沢談［一九一四］、八三ページ。
(105)「谷敬三書簡　渋沢栄一宛　明治八年一二月一八日付」（渋沢史料館所蔵）。
(106)前掲『第一銀行史』上巻二三六～二三七ページ。
(107)「渋沢栄一陳情書草案　紙幣頭得能良介宛　明治九年三月初旬頃」（株式会社みずほ銀行所蔵）。

(108)『渋沢栄一伝記資料』第四巻二一二～二一四ページ。
(109)同前二一一ページ。
(110)渋沢栄一書「対幅『耐而約成事妙訣』『勤与倹良図創業』明治九年三月二六日」(渋沢史料館所蔵)。
(111)『渋沢栄一伝記資料』第四巻二一七ページ。
(112)前掲『王子製紙社史』第一巻九五～一〇二ページ。
(113)前掲渋沢談[一九一四]、八九ページ。
(114)『渋沢栄一伝記資料』第四巻二二五～二三〇七ページ。
(115)同前二三一ページ。
(116)宮内庁編[一九六九]、『明治天皇紀』第三(吉川弘文館)五八九ページ。
(117)前掲渋沢談[一九一四]、八九ページ。
(118)前掲「社事要録」第一巻。
(119)前掲渋沢談[一九一四]、八九～九〇ページ。
(120)前掲『第一銀行史』上巻二五八ページ。
(121)「明治十一年寅歳九月更正深川福住町戸籍」(渋沢史料館所蔵)によれば七月一七日である。『渋沢栄一伝記資料』第二九巻六一二～六一三ページによれば八月二六日である。
(122)江東区編[一九九七]、『江東区史』中巻(東京都江東区)九一ページを参照。
(123)前掲桑原論文[二〇一五]による。
(124)前掲渋沢談[一九一四]、一〇八ページでは(栄一が第一国立銀行を梅花にたとえたことは先述したが)王子製紙会社についても「百花中梅花たるの位置を占め得ると云ふことは争ふ可らず事実」と述べている。

Ⅳ　多角的な事業展開の光と影

栄一を詣でる人々

「改正国立銀行条例」布告により、発行銀行紙幣の正貨兌換の必要がなくなり、銀行設立にあたっての資本金基準額が引き下げられるなど国立銀行設立要件が緩和された。

同じ頃、華士族に支払われていた家禄が廃止され、発行される金禄公債証書を銀行が発行する紙幣の引当てにしてもよいことになった。家禄廃止に伴い公債証書を発行された華士族がすぐにそれを費消してしまうと生活に困ることになるので、生活を維持させる方法として公債証書を元手に銀行を設立、経営していこうという動きが出てきた(1)。

第一国立銀行は創業期、何度も経営危機に陥ったが、頭取栄一はそれを打開し、経営基盤を確立させた実績から社会的信用を得るようになっていた。そのため、各地で銀行を設立しようとする際には、その方法や業務内容などについて、栄一に相談に来る人々が数多くいた。

例えば旧津軽藩士たちも一八七六（明治九）年に家禄が廃止され、金禄公債証書を下付されたが、それを機に、公債の運用をはかろうと銀行設立計画をはじめた。そこで旧津軽藩家老の大道寺繁禎が代表して上京し、銀行設立の先駆者である栄一のもとを訪れた。大道寺は仙台平に羽二重の紋付羽織という、旧藩家老としてのいでたちで栄一に面会した。その姿を見た栄一は「旧藩時代と世は全然変つたから、心をとり替へねばならない。仙台平、紋付羽織では銀行経営は出来るものでない。銀行は民衆から小額の金を集め、資金の需要者に融通するもので、ほんの僅かの利鞘で商売するものであるから、親切叮寧《ていねい》に一般人に応接せねばならない。故に従来の格式とか風習を全部すて、心は士であつても商人として銀行を経営せねばならない。若《も》し真に銀行創立を御希望なら若い者を二三人上京せしめ、当行に見習させよ」と話したという(2)。

同銀行設立にあたり、発起人代表の大道寺や青森県当局は当初、県下から一五万円を集め、それを第一国立銀行に合資して弘前に支店を設立したいという希望を持ち、栄一に相談していた。栄一は一地方に併資希望者がいるから、第一国立銀行で増資して同行支店を開くというのは理論的にも通らず、また支店設置後の営業の目途もたっていない中では厳しいと率直に述べた。

ただ現在の第一国立銀行株主から株を買い取り、青森県下の株主を増やし、また青森県の出納御用を委任されれば、支店を設置し営業を維持できるかもしれないと助言もした。しかし、それとても現状としては難しく、独立して銀行を設立し、そのときは東京などの取引先は第一国立銀行で世話をし、為替などの約定も結んで経営を支援すると一八七七年五月には伝えている。[3]

同年七月になると、「青森県下銀行創立方法大意」を認めて、大道寺ら発起人に送り、増資の面で株主同意を得ることが難しいと第一国立銀行支店設置は断った。しかしそれに代えて、第一国立銀行で取り組んできた独立銀行設立方法、業務を示すとともに第一国立銀行による支援策を提示している。例えば第一国立銀行支局を新設銀行に設置し、役員を派遣し、常に補佐して青森県の為替事務を担任させ、米穀その他の物品を対象とした地方荷為替などは連携するとしている。その「大意」には面会時、栄一が大道寺に勧めた若者を第一国立銀行で業務実習させることも盛り込まれた。[4] その後、若者が上京し、第一国立銀行で実際に簿記などの事務を習い、その後も栄一は銀行設立指導にあたり、一八七九年一月、第五十九国立銀行（現青森銀行）が開業する。

このようなかたちで、一八七六年の「国立銀行条例」改正以降、各地から栄一に銀行設立相談に訪れる者が相次いだ。当初、栄一も喜んで面会し、その方法や銀行業務について部下とともに懇切に説明し対応した。しかし頻繁に銀行設立希望者が多く訪ねて来るので、栄一も多忙なだけに、対応しきれないこともあったようだ。銀行設立をしようという人々に参考にしてもらおうと、解説書を編纂し配ったり、『中外銀行説一斑』という出版物を一八七八年、製紙会社の東京製紙分社で印刷し、発行したりもして、銀行設立を啓発していった。[5]

こうして第五十九国立銀行のほかにも、一八七六年から七九年にかけて、第十六国立銀行（岐阜）、第十九国立銀行（長野・上田）、第二十国立銀行、第二十三国立銀行（大分）、第六十九国立銀行（新潟・長岡）、第七十七国立銀行（仙台）などの設立を指導、開業後も支援をした。そうして新たに設立された国立銀行とは、コルレスポンデンス契約を結び、為替代行業務ネットワーク化をはかり、金融の円滑化を進めていった。[6]

創立以来の製紙会社の損益を解消

一八七六（明治九）年八月に地券用紙を受注した製紙会社は、これまでの経費損耗を次第に減らすことができるようになった。さらに翌年一月に西南戦争が起こり、新聞販売が増加し、新聞紙の需要が高まった。すでに新聞紙製造を始めていた製紙会社は、地券用紙の製造請負とともに、生産額を増やしていった。受注前の一八七六年上半期決算では損金が四万七〇八三円余だった。受注を受け、一八七七年上半期決算では損金を解消し、純益金三八六七円余を出すに至った。製紙産額も一八七六年上半期から一八七七年上半期に二倍以上の伸びをみた。一八七七年七月までには損失金を解消し、残益も出るようになった。[7]

同社の経営が良化する中で、栄一はまもなく三年契約満期を迎える機械技師フランク・チースメンや抄紙技師のトーマス・ボットムリーら外国人の処遇について考えた。このまま雇用をし続ければ多額の給与がかかり、経営上、負担が大きくなるので、「日本人だけで出来得る様にどうしてもせねばならぬ。日本の工業は日本人でやるのが当然である」と思った。そして雇用継続はさせず、一八七七年二月、製紙機械の点検や調整などにあたっていたチースメンが満期を迎えたのを機に退社させ、五月から嘱託で横浜製鉄所雇のイギリス人アルチボールド・キングに随時機械の視察を依頼することにした。同月にボットムリーも満期となり退社させ、すべて日本人のみで業務を遂行することにし、おおいに業務を推進させるため、操業時間も一八時間から二四時間とした。その頃（一八七六年末時点）の抄紙会社は、職工計三七四人（男工一一一人、女工二六三人）を抱えるようになっていた[8]。

雇用外国人たちがみな帰国した一八七七年五月以降のこと、栄一が住む深川地域ではコレラが流行し、妻の千代が非常に怖がったこともあって、抄紙会社工場にもほど近い亀山という地に避難した。この地には帰国した雇用外国人たちが住居としていた同社の洋館が空き家となっていたので、栄一はここで半年ほど仮住まいをして活動した[9]。

同年九月、西南戦争が終結すると、もともと民間一般の洋紙需要は多くなかったため、受注も減った。さらに安価な輸入用紙が国内市場に多く入ってきており、大蔵省抄紙局抄紙部が一八七九年から印刷用紙を製造し、市販までも行なって、製紙会社経営は圧迫を受けた。

そうした状況の中、栄一は「是非共輸入紙に勝る程の品物を内地で造り、将来必ず来るべき大需用の機会に十分なる供給を為し得るだけになさねばならぬ」、そして「世の進歩を誘導啓発させる程の覚悟を以てかからねばならぬ」と思った。そのためにはいっそうの技術研究が必要であり、欧米で現在行われている洋紙製造技術の調査研究をしなければならないので、適した人材を派遣しようと考えた[10]。

しかしその人材は理論とともに、それを現場で実践できるように技術習得をなしえる人物でないとならない。そうした人材がいないかと栄一も悩み、社内で相談もした。その時にまだ一九歳で抄紙方長だった大川平三郎を派遣してはどうかとの意見がでた。平三郎は栄一の妻・ちよの姉・みちの次男で、一八七二年に栄一の書生となり、七五年三月に栄一の推薦で抄紙会社に絵図引工として就職した人物だった。

この頃、平三郎自身アメリカへの派遣を希望しているとのことも栄一は聞いた。平三郎は製紙会社に対し、同社の現状を論じ、アメリカで直接技術を学ぶべきと主張する建白書も提出していた。開業の頃から現場で外国人に就いて製紙技術も学び勉強家であるというが、栄一は平三郎がまだ若く、英語もできるのか心配だったので、とにかく本人に会ってよく能力を試験してみようと決心した。面接は三井物産会社の建物で行われた。試験官は英語に堪能な益田孝三井物産社長に頼み、栄一と二人で面接した。益田は平三郎が部屋に入ってくると、様々なことを英語で質問した。それに対し、意外にも平三郎はそれに答えることができ、益田は年少者には珍しく英語が熟達しており、この人なら適任と述べた。

栄一はその時、「自分は恥ずかしいことには部下として使って居た此の青年の能力を此の時まで知らなかった」と言っている。栄一は、抄紙会社での勤務を終えた平三郎が夜、チースメンやボットムリーに就いて英語の勉強をし、上達したということも聞き、そのような篤志家なら大丈夫と判断し、平三郎を抜擢し、一八七九年七月、アメリカに派遣することにした。(11)

平三郎は、アメリカのホリヨークのビーブ・エンド・ホルブロック会社紙漉工場へ入って研究し、麦藁を利用する製紙技術に注目した。そこでヒントを得て、日本には稲藁のほうが安価で大量に入手しやすいため、藁パルプ六割に破布パルプ四割を配合する製紙法を考え、王子本社に順次報告をした。その報告を受け、栄一ははじめ、「藁が紙になるなどとは夫れこそ切支丹の法ではあるまいかと其の時代は思って居」たという。半信半疑で支配人の谷敬三と相談しながら、王子工場で試験製造を行うことにした。[12]

一八八〇年一〇月に平三郎が帰国すると、栄一は本人に会ってアメリカの製紙業の状況をさらにつぶさに聞き、副支配人に抜擢した。[13]その頃までに地租改正事業はほぼ終了し、製紙会社は地券用紙製造受注もなくなり、普通印刷用紙製造を主に行うようになっていた。そうして明治一〇年代にかけて、新聞雑誌や各種出版書籍などが数多く出るに従い、洋紙需要は次第に増え始め、洋紙市場が拡大していったのである。栄一は輸入洋紙との競争を念頭に同社の経営を進めたが、結果的には一八八〇年までには各地に設立されてきた国内製紙所と競争することになってしまい、値下げ競争を行うあまり、相互に損失が生じ各社の経営が悪化した。

そこで栄一が主唱して、一八八〇年六月に東京府下の製紙業者と洋紙商を集め、同業者会議を開催、同年一二月には各社が製紙技術を改良し、事業を拡張するとともに、海外からの輸入用紙との競争に打ち勝つことを目的とした製紙所連合会（後の日本製紙連合会）が結成された。[14]その後も普通洋紙価格の低落傾向は続き、さらに一八八一（明治一四）年政変後の松方デフレ政策の中で、一八八二〜八三年にかけて物価が下落し、製紙会社の厳しい経営が続いた。[15] そうした状況にあって、洋紙製造のスピードをあげ、製造コストを下げ、販売競争力を高めなければ会社維持ができない。そのために平三郎を中心に、稲藁パルプ製造技術の研究推進をはかり、一八八二年頃にはその技術によりしっかりとした洋紙が製造できるようになった。[16]

清国にも学ぶ

製紙会社では栄一は大川平三郎を抜擢した。海外へ派遣し、帰国してからは副支配人にして、調査研究、新技術開発を積極的に進めさせていた。第一国立銀行においても、創業期より、例えば一八七四（明治七）年に経費を支出して種田誠一を米国に銀行業務を学ばせるために派遣している。栄一は種田が得た知識を参考にしていたようだ。[17] また栄一が主唱し、銀行業者が商議にかかわる議論をし、親睦を深めることを目的とした銀行同盟択善会（後に東京銀行集会所。現在、東京銀行協会）が一八七七年に結成されると、そこでは商議にかかわる議論だけでなく、外国の金融事情についての調査研究を行い、提示し、同業者同士で議論したりもした。

同年七月には第一国立銀行において第一回択善会が開催され、この場で栄一は参加した銀行家たちを前に、自分は銀行業に昼夜熱心に取り組む中、「常ニ善範ヲ網羅シテ我ニ益セシコトヲ欲シ」たと述べている。[18] そうして栄一は、銀行業の模範となる情報を積極的に集め、調査研究を進めていたが、その一端につき、続けて、大蔵卿の内命により清国に派遣されたある人物による中国銀行業実情の調査報告を読み、みずからも清国に行った際、その事情を視察し改めて驚嘆したと語っている。さらに当時の日本では、「ロヲ開ケハ極メテ支那ヲ嘲」っているが、清国の銀行は米国英国を模倣したものではなく、独自の一機軸をたて、その規画精整事業は壮大で欧米に劣らず、日本の「銀行ノ上ニ出」ていると評価している。[19] 経済史家の靏見誠良が指摘するように、欧米の銀行にも学ぶ一方で、モデルとなるものは偏見を持たず参考にしていこうという柔軟な姿勢を持っていたのである。[20]

そして先述のように、一八七八年に栄一はみずから監修し、米国から帰国した種田誠一に口述させた米国銀行事情と栄一自身が感銘を受けて著述した清国上海の銀行事業を大澤正道に筆録、編纂させた『中外銀行説一斑』を発行し、銀行家や銀行設立希望者の参考にも供する活動を行なった。[21] 大澤は第一国立銀行行員で、栄一の文筆関係を中心とした秘書的な業務を担うとともに栄一の金融調査研究を支えていた人物だった。同年六月の択善会では栄一みずからが監修し、大澤が編集した札差（江戸時代、浅草御蔵付近に店舗を構え、幕府の旗本・御家人に支給される蔵米の受取と売却を請け負うことが本来の業務。支給予定の蔵米を担保に旗本や御家人に対して高利貸し業も営んでいた）の歴史冊子「札差沿革小誌」を銀行家である参加者に配付し、江戸時代の金融の特質、手形取引や為替取引、倉庫制度などについて勉強会を行なったりもした。[22]

このように種田や大澤といった人物をブレーンとして、栄一は勉強会、出版という調査研究活動を金融・銀行業の方面においても熱心に進めていた。

商業制度づくりにも精励

明治末期のこと、栄一は日本への銀行制度の導入を振り返り、江戸時代の金融を「一種の種子」とたとえている。そしてその「種子」に肥料をやるようにして「他所の良い仕組」、つまり欧米の金融の仕組みを移して育成し、兌換制度や手形取引の円滑化などを達成させ、「良い花が咲いた」と語っている。[23] 栄一が、模範とする欧米などの金融制度をそのまま日本に頭からかぶせてしまうのではなく、日本の金融制度や商業慣習を土台に考え、それらと摺り合わせ、定着させていく上で、いかに努力していたかがよくわかる。そしてその摺り合わせのために、栄一は欧米などの諸外国の金融制度だけでなく、江戸時代以来の日本の金融制度、商業慣習の調査研究も行なっていった。

例えば栄一は、手形割引を導入し、日本への漸次定着をはかろうとしている。靏見誠良は、一八七七（明治一〇）年五月には大蔵卿の大隈に宛て第一国立銀行が提出した「売掛代価割引手形」法の開始についての伺書を照会し、そこに示された方法は「（1）東京、大阪在住の商人で売掛債権を期日前に現金化したいものは、売掛の明細を記し、さらに期日に名宛人が代金を銀行に支払わないときは、銀行に対し連帯して支払う義務を負う旨を記した手形を作成すれば、期限六カ月以内に限り、銀行が割引形式でその代金を前払いする、（2）銀行はその手形を名宛人のもとへ送り、名宛人は手形面に必ず支払う旨の引受奥書を記入する」というものだったと指摘する。さらに靏見は「このような代金取立は、西欧の手形法では為替手形という精錬された形ではたされてきたのであるが、（中略）このようなすこぶる冗漫な文言と形式をとらざるをえなかったのは、在来の商慣行である売掛け＝延売買を西欧流の手形割引に架橋しようとしたためだった」ともいう[24]。

この手形割引は、択善会でも議論がなされた。その後、政府と交渉しながら、一八七八年に手形裏書の書式が初めて定まる。一八七九年には第一国立銀行では割引取扱規則を定め、取引先の便宜をはかるなど、他銀行に先駆けて、手形取引を進めている[25]。こうして旧来の商業慣行を読み替えたりして欧米の制度との摺り合わせをはかりながら、新たな銀行間の決済システム構築に取り組んだ。

以上にみられるように、栄一は独自に調査研究を進めたことも、択善会といった同業者間で共有し、意見をまとめ、政府にも働きかけながら新制度などの実践をはかっていった。一八七八年には、大倉喜八郎ら商業者たちと「商人の輿論」をつくり、意見を発信する場として東京商法会議所（現東京商工会議所）を設立したが、ここでも調査研究活動を進め、それにもとづき議論を行なったり、政府に働きかけながら新たな商業制度づくりや実践をはかろうとした[26]。

第一国立銀行の躍進

一八七七（明治一〇）年の西南戦争の際、戦費調達のため政府紙幣が増発され、また国立銀行が相次いで設立されたことで、国立銀行紙幣も多く発行された。そのため一八七九年以降、紙幣価値が著しく下落し、一八八一年までに米価をはじめ諸物価も騰貴し、商況も活発となり、日本経済はインフレによる好景気を迎えた。銀行業もそのもとにあって発展する。第一国立銀行も金融繁忙により、預金減少傾向がみられる一方、貸出金を増加させた(27)。

この時期、栄一は横浜、大阪、京都、神戸支店のほかに盛岡、仙台、石巻、秋田と東北地方に第一国立銀行支店を展開するとともに、一八七八年から韓国にも進出し釜山、元山にも支店を設置している(28)。

先述のように、手形割引など日本にはなかった慣習の定着をはかろうと、政府にその法整備を働きかけ、第一国立銀行で先駆けて実践したり、設立が相次いだ他行とのコルレスポンデンス契約を促進したり、新たな金融取引にも積極的に取り組んでいった時期である。しかし積極的展開ばかりでなく、好景気の反動が遠からず来ることを察し、堅実強固な営業方針をとって、慎重に経営を進め、銀行の基盤をさらに固め、将来的に維持することにも腐心し、積立金増加にも努めた(29)。そうした中で、金利が高騰し、需要増大、消費が増加することにより、輸入が輸出を超過し正貨が流出するという金融危機の様相を呈し始めた。

その頃、栄一は第一国立銀行の荷為替取引状況をみる中で、棉糸《めんし》、棉布の輸入が増加していることに気づいたという。横浜に入ってきた荷物を関西方面に送るには多くの場合、荷為替で行なっていた。荷為替を早くから試みていた第一国立銀行がその多くを取り扱っていたため、栄一は、木綿の取り扱いが多くなっていることに注目した。そこで木綿の取引状況について調査してみると、日本で製造する品物よりも外国から輸入されてくる品物のほうが品質がよく、価格が安いので、これは自然と輸入が増加するに違いない、何とかしなければならないと考えた。そして輸入増、貿易不均衡を打開するために、一八七九年、栄一は大規模紡績会社の設立を大阪の藤田伝三郎、小室信夫らとはかり、計画をたてた[30]。銀行業は「商人の枢軸に立」ち「実地の取扱以外に大体の経済上に心を用」いなければならないと考えていた栄一[31]は、銀行の取引から経済動向を感知し、すぐに紡績業の起業に動いたのだった。

近代的産業ネットワークモデルの構想

一八七〇年代末頃から、栄一は頭取として経営基盤を固め、事業の拡張を進めていた第一国立銀行と製紙会社を軸に、それぞれ他の銀行、製紙業関係会社とネットワーク化をはかりつつ、新たな事業を創出しようとした。

先述のように一八七六(明治九)年七月(もしくは八月)に、栄一は兜町邸から深川福住町邸(現東京都江東区永代)に移転した。深川には江戸時代に諸藩の蔵屋敷が多く、そこには米蔵が置かれ、米などが保管されるようになっていた。日本橋界隈の問屋なども商品を保管する蔵、肥料などを所有し、物資の保管地、やがては取引の場、そして商業地としての性格も持つようになり、そうした性格は維新後も引き継がれた[32]。

深川は隅田川河口部で東京湾に面し、全国からの物資の集散地となっていた。小名木川、新川、江戸川、利根川と関東内陸部とも河川でつながっていた。江戸時代から物流の拠点として水運に利用できるよう堀や川、河岸施設など、インフラも整備されていた。栄一が移転した深川の屋敷地はもともと近江屋喜左衛門宅だったところで、敷地内に蔵が建ち並んで、道路を隔てて大島川が流れ、そばに河岸があり、水運を利用した物資運搬の便のよい場所だった[33]。

栄一はこの邸宅の蔵を、従兄の渋沢喜作が営む廻米問屋・渋沢商店や地元の商人に貸し出し、家業として蔵貸業を営み始めた[34]。また銀行の事業拡張をしていく中で近代的倉庫業の必要性も考え始め、一八七七年一一月に各行銀行家が集まって開催された第五回銀行同盟択善会に、第四回の同会開催時に委託を受けて起草した、大蔵省への「貸倉場創設之儀ニ付願書」案を提出し、討議を求めた[35]。

栄一の案では、輸出入の均衡を失い、商業不況をきたしている現状を踏まえ、生産を盛んにし、その輸送の便をはかる必要があり、ヨーロッパ各国の貸倉方法を参考に、政府が全国各地に貸倉を設置し、米穀などの物品保管、売買貸借などの便をはかり、倉庫証券を発行、流通させる近代倉庫制度を創設することを求める願書だった。しかし出席者の中村清行からは、貸倉のことをいうのは貢租を米で納める方法を願うためなのかという質問が出た。中村の「貸倉」イメージは、まだ江戸時代的で米穀を保管する場所としての認識であり、当時米価が下落していたこともあって、米穀を保管する場所を各地に設置し、すでに金納化されていた貢租を江戸時代のように米納でもいいように願うためのものとしてとらえたように思われる。

これに対して栄一は、そうではなく、人民のためにその貯蓄、運搬、売買等を促進するために貸倉を設置するのであると答えた[36]。栄一のイメージする「貸倉」は、単に物品を保管するためのものではなく、その物品をしっかりと信用保管することによって、物流を促進し、銀行とも連携しながら、倉荷証券を発行、流通させることで金融も促進させるという近代的倉庫だった。

この場で決議はとれなかったが、一二月に、政府において近代倉庫制度を創設し、銀行の一業務として倉庫業を担う許可を求める願書を、択善会会員が連署して大蔵省に提出した[37]。しかし栄一らの提示した構想に政府はなかなか動かず、実現をみなかった。そうした中で、旧慣習的に担保の米穀を取引相手の倉庫に預けることを続けていた第一国立銀行では、その米穀を横流しされるという事件が起きた。頭取の栄一は銀行経営上、改めて近代的な倉庫業の必要性を痛感した。

銀行内で保険業を開始

栄一は金融と物流のかかわりを考える中で保険の必要性も感じていた。先述のように、第一国立銀行では、明治八年から生糸荷為替出張取り扱いを上州方面で、翌年には福島でも始め、宮城では米穀荷為替取り扱いを始めた。

当時、上州、東北地方には鉄道が敷設されておらず、生糸や米穀輸送は海運に頼っていた[38]。荷為替は荷主が荷物を送り出す際、それを担保に銀行から資金を貸し、荷物が送り先に到着すると金を払うので、もし風浪の危険があり、万一難破することがあれば、荷主だけでなく、第一国立銀行にとっても多大な損失を招くことになる。もちろん運送において荷物破損の保険をかければ、多大な損失を免れることができる。(39) しかし当時、国内には保険の制度が整っておらず、栄一は保険業の必要性を説いていったが、一般にはまだ理解されず受けいれられなかった。普通の商業者に相談すると、「そんなことが何んで出来ますか」と言われ、よく話も聞いてもらえなかったという。(40)

また、あるとき栄一は、大蔵卿の大隈重信邸に招かれ、福沢諭吉とも同席し、福沢と将棋をさした。さしあいながら、福沢は栄一に「商売人にしては割合強い」と言う。栄一も「ヘボ学者にしては割合強い」と言い返しながら、話題が海上保険のことに及び、栄一はその必要性を福沢に説いた。それを聞いた福沢は、海上保険は時期尚早であり、「結局渋沢は利己主義から主張するのである」と、利益を第一に考えているにすぎないと批判した。しかし一緒にいた大隈は「是非やらねばならぬ。保険を実施しないと金融が疎通せぬ」と述べ、栄一の説に賛同したという。(41)

さらに別日、やはり大隈邸で予算の打ち合わせか何かで栄一は岩崎弥太郎と同席し、海上保険のことが話題にのぼった。栄一は岩崎に銀行業に保険がないと困ると考えるがどう思うか質問した。岩崎は「今保険事業を奨めて見たところが、資本を出す人もなかろうし、又保険を付ける人も充分にあるか否やを疑ふ」、それゆえ時期尚早であると答えた。栄一は反論し、「君は総ての事に至って迅速に着目して、又其事を決行なさる御人であるが、此事に付いて蜘蹰《ちちゅう》するのは、寧ろ危み過ぎたことである。私はどうにか出来得ることであると思ふ」と述べたという。(42)

一般の商業者たちはもちろん、福沢や岩崎のような先覚的な人物も反対する中、栄一は出資者をどう集めようかと非常に苦慮したという。(43)しかし保険業の必要性を強く感じていた栄一は、まず第一国立銀行の業務として取り組もうとし、同行本支店間荷為替物品に限って海上保険業務である「海上受合」の方法を創案し、大蔵省の許可を経て一八七七(明治一〇)年五月、業務を開始した。(44)

栄一は、海上保険業務の性質は「銀行本分ノ職務」ではないと考えていたが、国内に同業がないため、銀行内に設置した海上保険業務部門で独立採算制をとらせ、保険業を維持し、推進発展させていった。(45)その後、栄一が益田克徳や旧鉄道組合員と設立計画を進めていた海上保険会社は一八七八年一二月に政府から創立を正式に許可された。一八七九年六月には第一国立銀行において発起人一同が集会し、蜂須賀茂韶《もちあき》、伊達宗城《むねなり》ら五名が取締役となり、蜂須賀が頭取に就任した。しかし保険業が日本では新規事業であるので、栄一は岩崎弥太郎とともに相談役を依頼され、就任した。資本金は六〇万円とし、五分の四は発起人より集め、五分の一は各地の商業者より集めることとし、創立証書、定款を策定し、会社名称を「東京海上保険会社」として日本橋区南茅場町二三番地に本社を設置することとなった。一八七九年八月、第一国立銀行の海上保険業務を引き継ぎ開業した。(46)

同日開催の取締役会議では、蜂須賀が頭取を辞退したため、伊達宗城が頭取に就任するとともに、会社経営実務を担う支配人以下の役職者を選定した。支配人には創立準備段階より栄一に委託され実務を担っていた益田克徳が就任した[47]。開業後すぐに開催された択善会において栄一は、銀行家たちが出席する中で益田克徳を紹介、克徳に東京海上保険会社創立のことを説明させた。その後、同年中に行われた択善会においても海上保険事業を拡充して、自他の営業を安全にさせることは今日の急務であり、銀行業においても注意すべきことであると演説し、金融発展のためにも海上保険業の必要性を主張、理解を求めている[48]。

倉庫会社の設立とその後の経営悪化

金融や物流の発展に欠かせないとして、一八八二(明治一五)年七月、栄一は出頭総代人となって安田善次郎らと「倉庫会社」創立願を東京府に提出した。さらに同年一〇月、栄一が出願総代人となって安田らと姉妹会社の「均融会社」創立願も東京府に出した。定款、諸規則も整えた株式組織であり、栄一、安田をはじめ、当時の東京・横浜の有力者が株主となっていた[49]。

開業前の九月、東京銀行集会所の定式会において栄一と安田は倉庫会社を創立することを述べ、会社の性格、営業内容を説明し、同社への出資、加盟を求めた。これを受けて栄一、安田がそれぞれ頭取を務める第一国立銀行、第三国立銀行のほかにも三井銀行など二一行が参加し、銀行業と連携し、営業を開始、金融と物流の促進を目指した[50]。

同年に栄一が設立した倉庫会社・均融会社は、江戸時代の蔵貸業とは異なり、委託商品を保管し、預り証券を発行し、その売買、抵当の用をなし、手形取引を拡充しようという近代的倉庫業を目指していた。商業者も次第に、その金融の便利さを理解し、倉庫会社に貨物を委託する者が次第に増加した。しかし、金融の利便さを求めるあまり、倉庫会社と均融会社を同一視して、「貸付専業者」と誤った理解をするようになった。[51]

一八八四年、松方デフレ期にあって、オリエンタルバンク（東洋銀行）横浜支店が閉店するなど、金融機関の閉鎖があいついだ。倉庫会社・均融会社が営業利益の多くを得ていたという横浜での生糸取り扱いも、横浜正金銀行が低利貸付を営み始めたことで、打撃をうけた。しかも倉庫会社と均融会社を同一視し、「貸付専業者」との誤った認識が広まるということは、金融不安が高まる中で、社会的に、また社内株主からも、同両社に対し厳しい目が注がれることになり、経営が危ぶまれることにつながった。そして均融会社は早くも一八八四年八月に休業に追い込まれた。[52]

また、商業者が金融の利便さを求めて両社を利用しようとする風潮が強まる中で、一八八五年五月に事件が起きた。深川のある米問屋が、海運会社から内金のみで受け渡しを受けていた荷為替付米穀を「倉庫会社」に預け、同社から発行された預り証券を得た。しかし実際には、その米穀は蔵保守を兼ねていた米問屋が預り、その蔵の鍵もその問屋が預っていた。「倉庫会社」が直接保管せずに、蔵を借りて預り、荷物を保管するといったやり方は、江戸時代的な蔵貸業と同様な慣行のままだった。そうした慣行を背景に、米問屋が本来「倉庫会社」が所有する米穀に対して発行された預り証券を銀行に抵当に入れ、資金を借用してしまうという不正が一八八五年五月

1883年頃の栄一

に発覚して、東京の米穀商間で信用恐慌が起きたのである。この信用恐慌は、関係する倉庫会社・均融会社への信用不安にもつながり、栄一が主導しながら倉庫会社と連携する銀行、海運会社の間でも相互信用が動揺し、さらにそれら三者を支える地方荷主にも損失が出るなど影響が広がっていった[53]。

そしてこの事件をきっかけに同年六月、倉庫会社も休業に追い込まれた。一方で栄一が設立に関与し、支援していた共同運輸会社経営も三菱との競争の中で疲弊していた。栄一は倉庫業、海運業両方面でみずからかかわる会社の立て直しに奔走する。同年には共同運輸会社と郵便汽船三菱会社との合併を決断、日本郵船会社が創立され、開業の運びとなっている[54]。

物流発展化構想の挫折

一八八五（明治一八）年の新年を迎え、栄一は東京商工会の代表として益田孝とともに内務省内に設置された東京市区改正審査会委員となり、東京湾築港計画の審議に参画している[55]。東京市では東京湾築港について議論が行われ、江戸時代以来の深川の機能を活かし、隅田川河口の深川、霊岸島地区を広げる河港策と、隅田川と切り離し、品川沖を埋め立てる海港策が議論されていた。

栄一、益田らが参加する審議会では同年、深川地先を埋め立て河港化する案をまとめている。その中で益田が、世の中は水運から陸運、つまり鉄道、道路の時代へと変わりつつあるとして水運の無用を主張した。そうした主張を、明治初年から鉄道事業に積極的に関与し、すでに日本鉄道会社の筆頭理事委員の役職に就き、鉄道事業発展に尽力していた栄一も理解できたであろう。しかし栄一は、四〇年、五〇年先はわからないとしながら、深川の米蔵の重要性を説き、当分は水運の利便性のほうが高いと主張した。江戸時代から発展してきた水運をベースにした物流網を活用・再編し、深川地先を埋め立て、隅田川河口を河港化し、数多く蔵が建ち並ぶ深川を物流拠点にすべきという考えを持っていた(56)。

先述のように共同運輸会社と郵便汽船三菱会社との合併を決断した栄一は、同年八月、休業状態に陥っていた均融会社を廃業させ、倉庫会社のみとし、同社の事業拡張によって経営再建を進めた。そして日本郵船会社が設立、開業すると、まもなく一八八六年一月には、倉庫会社の維持・再編をはかって、栄一らは政府に対し、「倉庫会社御保護願」を提出した。倉庫会社利用者は、同社が均融会社と一体だったので、金融の便利を得ようと利用していたが、均融会社がなくなり、金融の便が得られなければ利用しようとする者も少なくなり、経営が厳しくなっていたことも背景にあった(57)。

また倉庫会社だけの営業だと物品を預かり、蔵敷料を得るのみだったが、その蔵敷料は旧商業慣習上、極めて低価格であるのが通常だった。倉庫会社のみが値段を上げるわけにはいかない市場であり、打開策が見出せなかった。

そのため、谷干城農商務大臣に、倉庫会社の資本金を一〇〇万円に増やし、営業純益年八朱に満たない時には、満たない分を一〇年間政府に保証してもらいたい、本支店の設立が許価される地域には、同業種会社の設立を許可しないようにしてほしいなどの保護を願い出ている。この保護願いの内容をみると、本店を東京に、支店を横浜、四日市、石巻、秋田、酒田、新潟など商業枢要の地に置こうとしている。横浜、四日市、秋田、新潟には第一国立銀行支店もあり、金融との関連も意図していた[58]ことがうかがえる。

このときの栄一は、近代的倉庫業を定着させるまで、政府の厚い保護のもと、東京を拠点とし、まず東日本の近代倉庫網整備をはかり、深川地先を埋め立て、隅田川河口を港化し、東京湾の築港、東京の商業都市化を進め、金融業、保険業、海運業を一体的に結びつけ、その定着のもと、全国の金融―物流発展につなげていこうとしていたと考えられる。

結局この願いは聞き届けられず、近代倉庫業としても先駆的だった倉庫会社は一八八六年内に解散、失敗に終わってしまった[59]（後に一八九七年、澁澤倉庫部〈一九〇九年に澁澤倉庫株式会社となる〉の創立をみることになる）。

また、この時期の製紙会社に関してはこんな逸話がある。一八八三年、ヨーロッパにおける木材パルプの新たな製造法開発の報が入った。栄一が会長を務める製紙会社はその技術研究のため、翌年五月、大川平三郎を再び海外へ派遣し、英国、ドイツの工場で木材パルプ製造方法を視察させた。この製造方法を発明した英国・パーチントン工場を視察するのに二〇〇〇円もの多額の謝礼金が必要となり、大川は電報で急ぎ会社に問い合わせた。これに対し、会長の栄一は即座にその技術を習得して帰るようにと返信し、同年一二月、製紙伝授料として為替で四一五〇円余(英貨四二五ポンド)の送金を行なったという。一八八五年九月、大川が帰国すると、早速、王子工場で木材パルプにより紙を製造する実験を進め、新技術開発が着実に進められた[60]。また栄一が相談役を務めていた大阪紡績会社も一八八三年の操業以降、翌八四年四月には一万五〇〇〇錘のミュール機すべての運転をみて、同年六月に開業式を迎え、事業を着実に発展させていった[61]。

一八八〇年代前半までに渋沢栄一は銀行を軸に、金融、保険、海運、物流、製造業に多角的に取り組み、その会社の設立、育成、指導にかかわったのである。

(1) 渋沢栄一述[一九八四]、『雨夜譚』(岩波書店)二四二〜二四三ページ。
(2) 『渋沢栄一伝記資料』第五巻二八二〜二八三ページ。
(3) 同前二七〇〜二七一ページ。
(4) 同前二七一〜二七三ページ。
(5) 同前第四巻二九三ページ。渋沢栄一著述・種田誠一口演・大澤正道筆録[一八七八]、『第一国立銀行蔵版中外銀行説一斑』全(製紙分社)による。

(6) 第一銀行八十年史編纂室編［一九五七］、『第一銀行史』上巻（同室）三三五〜三四〇ページ。
(7) 『渋沢栄一伝記資料』第一一巻四六ページ。
(8) 王子製紙株式会社「社事要録」第一巻（公益財団法人紙の博物館所蔵）。渋沢栄一談［一九一四］、「王子製紙株式会社回顧談」『百万塔』創立四十周年記念特別号（財団法人紙の博物館、一九九〇年刊）九〇ページ所収。
(9) 『渋沢栄一伝記資料』別巻第五、五四一ページ。
(10) 前掲渋沢談［一九一四］、九〇〜九一ページ。
(11) 大川平三郎派遣の経緯については、同前九一ページ。竹越与三郎編［一九三六］、『大川平三郎君傳』（大川平三郎君伝記編纂会）一一三〜一一五ページ。成田潔英［一九五六］、『王子製紙社史』第一巻（王子製紙社史編纂所）一五一〜一五二ページによる。
(12) 前掲渋沢談［一九一四］、九一〜九二ページ。
(13) 前掲『王子製紙社史』第一巻一五六ページ。
(14) 前掲渋沢談［一九一四］、九四ページ。
(15) 『渋沢栄一伝記資料』第一一巻七四ページ。
(16) 前掲渋沢談［一九一四］、九二ページ。
(17) 『渋沢栄一伝記資料』第四巻六八〜七三ページ。前掲の渋沢・種田・大澤［一八七八］による。
(18) 日本銀行調査局編［一九五九］、『日本金融史資料』明治大正編第一二巻（大蔵省印刷局）八ページ。
(19) 同前。
(20) 靎見誠良［一九八四］、「明治初期手形割引制度の移植と手形条例の編纂—手形流通における伝統と革新—」『経済志林』第五一巻第四号（法政大学経済学会）六ページ。
(21) 前掲の渋沢・種田・大澤［一八七八］による。

(22) 福地源一郎編集［一八七八］、『銀行集会　理財新報』第二号（日報社）。渋沢史料館編［二〇一五］、『私ヲ去リ、公ニ就ク―渋沢栄一と銀行業―』（同館）五ページも参照。
(23) 『渋沢栄一伝記資料』別巻第五、一二七～一二八ページ。
(24) 前掲靏見論文［一九八四］、六～七ページ。
(25) 前掲『第一銀行史』上巻三五七～三六四ページ。加藤俊彦［一九六三］、「第一国立銀行」加藤俊彦・大内力編著『国立銀行の研究』（勁草書房）七八ページ。
(26) 渋沢史料館編［二〇一四］、『商人の輿論をつくる！～渋沢栄一と東京商法会議所～』（同館）一ページ。
(27) 『渋沢栄一伝記資料』第四巻四二一ページ。前掲加藤論文［一九六三］、六二～六四ページ。土屋喬雄［一九八九］、『渋沢栄一』（吉川弘文館）一六七ページ。
(28) 前掲『第一銀行史』上巻五〇四、四一四～四一七ページ。
(29) 『渋沢栄一伝記資料』第四巻三九九ページ。
(30) 同前第一〇巻五～七ページ、八～九ページ。
(31) 渋沢栄一［一九一〇］、「京都徒弟講習所に於て」『竜門雑誌』第二六五号（竜門社）三五ページ。
(32) 江東区編［一九九七］、『江東区史』中巻（東京都江東区）二六八ページを参照。
(33) 前掲『江東区史』中巻九三～九五ページ。なお利倉久吉編［一九三一］、『澁澤倉庫株式会社三十年史』（利倉久吉）六～七ページに、明治三〇年頃の深川福住町渋沢邸周辺の様子が記されている。
(34) 「約定書写（栄一所持ノ蔵所ヲ渋沢喜作江貸渡スニ付）明治九年一二月」（渋沢史料館所蔵）。「貸倉五拾戸前余元代価調　明治一九年二月調」（渋沢史料館所蔵）。渋沢史料館編［二〇一二］、『澁澤倉庫株式会社と渋沢栄一～信ヲ万事ノ本ト為ス～』（同館）論考・資料編一五～一六ページ。
(35) 『渋沢栄一伝記資料』第一四巻二七八～二七九ページ。
(36) 同前二七九～二八〇ページ。

(37)同前二八五ページ。
(38)同前第四巻三五八～三五九ページ。
(39)同前第七巻五七四ページ。
(40)渋沢栄一〔一九一二〕、「我国保険事業の濫觴」前掲『竜門雑誌』第二八二号一六ページ。
(41)『渋沢栄一伝記資料』第七巻五七四ページ。
(42)前掲『竜門雑誌』第二八二号一六ページ。
(43)同前。
(44)『渋沢栄一伝記資料』第七巻三五七～三五八ページ。
(45)同前三六一ページ。
(46)同前六〇三ページ。
(47)同前六一五ページ。
(48)同前六一八～六二〇ページ。
(49)同前第一四巻二九五～二九六ページ。以後の倉庫会社、均融会社にかかわる記述は以下による。社団法人日本倉庫協会編〔一九七〇〕、『日本倉庫業史 改定版』（同協会）二一七～二一八、二二三～二二九ページ。社団法人日本倉庫協会編〔二〇〇五〕、『新版日本倉庫業史』（同協会）一四～一五ページ。前掲『江東区史』中巻二七〇ページ。前掲『澁澤倉庫株式会社と渋沢栄一』六～八ページ。由井常彦〔二〇一二〕、「倉庫業の創設者としての渋沢栄一と安田善次郎」前掲『澁澤倉庫株式会社と渋沢栄一』論考資料編三～九ページ所収。曲田浩和〔二〇一五〕、「近代倉庫業の成立と実業家たち～渋沢栄一の物流思想～」渋沢史料館編『渋沢史料館企画展 澁澤倉庫株式会社と渋沢栄一 関連講演録』（同館）所収も参照。
(50)『渋沢栄一伝記資料』第一四巻三一二ページ。
(51)同前三三七ページ。

(52)同前三三四ページ。
(53)同前三三六、三三九ページ。前掲『日本倉庫業史 改定版』二三〇～二三二ページ。前掲『新版日本倉庫業史』一四～一五ページ。前掲『澁澤倉庫株式会社と渋沢栄一』本編七ページ。
(54)『渋沢栄一伝記資料』第八巻一二六～一三八ページ。
(55)同前第二八巻一九～二〇、二七～二八ページなどによる。
(56)東京築港に関する議論については、藤森照信［一九九〇］、『明治の東京計画』（岩波書店）一八八～一九〇ページ。前掲『江東区史』中巻八七～八八ページ。前掲曲田講演録「二〇一五」、一七～一九ページによる。
(57)『渋沢栄一伝記資料』第一四巻三三七ページ。
(58)同前三三七～三三八ページ。前掲『澁澤倉庫株式会社と渋沢栄一』本編八ページを参照。
(59)同前『渋沢栄一伝記資料』第一四巻三三九～三四〇ページ。
(60)前掲渋沢談［一九一四］、一〇四ページ。
(61)東洋紡績社史編集室［一九八六］、『百年史 東洋紡』〈上〉（同社）二六ページ。

V　民間事業育成に力を尽くす

企業勃興期の栄一の行動

一八八六（明治一九）年、政府紙幣の正貨兌換が実施されるようになり、通貨が安定し、商況が回復に向かい始めた。金利が低落するにつれ、有価証券が騰貴し、新規事業の勃興、設備投資が促進された[1]。

この時期は空前の企業設立ブームが起き、鉄道、紡績を中心とした軽工業が発展していく。大阪紡績会社の成功をみて、それに続き、各地に紡績会社が相次いで設立されていった。大阪紡績会社では一八八六年には二号工場を落成させる一方、栄一の提案で清国からの原綿輸入が検討され、一八八七年に副支配人川邨利兵衛が清国江蘇省揚子江沿岸、浙江省などの綿産地を視察している。翌年には川邨はサイゴン、カンボジア、シャム（タイ）の綿産地を視察している。一八八九年には第三工場を完成させるとともに、農商務省書記官佐野常樹のインド綿花事情調査に川邨を同行させた。[2]

栄一は一八八八年、勤務地である第一国立銀行の近く、日本橋川沿いに新たに本邸を新築した。同年一二月六日には栄一は深川福住町より、再び兜町に本邸を移転し、[3]企業勃興のこの時期、兜町を拠点に多くの会社の設立・育成に関与していった。

また、製紙会社などすでに設立・経営指導にあたっていた会社の育成に努めるとともに、紡績業では三重紡績会社設立（一八八六年）、陸運では一八八七年三月に直江津より新潟までの鉄道敷設請願、一八八六年〜九〇年にかけては両毛鉄道、水戸鉄道、日光鉄道、北海道炭礦鉄道、参宮鉄道など各地方の鉄道会社設立、海運では浅野総一郎の浅野回漕部の設立（一八八七年四月・貨物運輸回漕業）に関与した。ほかにも一八八七年には、帝国ホテル、日本煉瓦製造会社や東京人造肥料会社などの設立にも積極的に関与した。[4]その際、第一国立銀行の金融支援、人的協力や、同行において会議もしばしばなされた。

官営でなく民営で

一八八五（明治一八）〜八六年頃、日本が文明諸国に対峙するためには、公官庁へ洋風建築を取り入れるべきとの議が政府でなされた。

一八八六年二月、臨時建築局を設置し、井上馨が総裁になった。ドイツ建築家のウィルヘルム・ベックマンを招聘、顧問官として事業着手にあたらせた。ベックマンは建築材料の中心となる煉瓦石は東京付近産出のものでは品質が粗悪で製法も手工を主とし十分ではなく、不朽の建築をすることはできないと問題点を指摘し、煉瓦に適した良土を求め、欧式にならって一大機械工場を新たに設置する必要があると井上に報告した。これを受け、当初、官営煉瓦製造工場を設立しようとしたが、民間で事業目的を達しようという方針に替え、井上は栄一に相談した。

井上は、製品は年七朱の利益を加算した額で臨時建築局が買い上げること、機械製造煉瓦は日本における新規事業であるので、外国人技師を政府で雇用し派遣することという二つの条件を提示した。

一八八七年一〇月、日本煉瓦製造会社が設立され、理事長には池田栄亮が、理事には栄一、益田孝らが就任した。臨時建築局で雇用され同社に派遣された製煉瓦技師ナスチェンテス・チーゼは、ベックマンとともに工場候補地選定にあたった。

原料となる土質の純良、工場設置場所として広大な土地を確保できる地として上敷免《じょうしきめん》（現埼玉県深谷市）を選定した。運輸条件としては、東京から遠く必ずしも便利な土地とはいえなかったが、政府から提示された製造煉瓦を利益分をのせてすべて買い上げるという好条件もあって選定した。(5) 上敷免に決定するまでには、同社設立準備段階で千葉県下での工場設置案もあり、理事長となる池田、理事・支配人に就くことになる隅山尚徳が推進し準備を進めていたが、栄一は「強而埼玉県下（上敷免―引用者注）へ振替」えた。その理由について「将来其村々之為余程利益と相成候事と相信」じているからと述べている。[6]

そうした思いの栄一は、広大な工場地を設置するにあたって、必要となる工場地買収など上敷免周辺の地元村々との調整事務に奔走する。

上敷免は栄一の生家がある血洗島村にも程近く、栄一は工場地購入にあたっては地元（沼尻村）出身の韮塚直次郎、地元の名望家金井正治らに地元村々との調整にあたってもらった。栄一は諸井恒平（のちに同社支配人に就任）らとともに韮塚らと綿密に調整をはかった。

韮塚らの尽力で地元村々から「煉瓦製造所創設候而も差支無之」との連絡が栄一のもとにあった。地元の同意を得たわけだが、書面に創設に差し支えないことのみしか書かれていないことに不安を覚えた栄一は、万一、機械などを建設し、煉瓦製造を始めた後、煉瓦原土採掘などで苦情が出るおそれがあるので、他日の面倒が起きないよう念を入れてほしいといっている。[7]

煉瓦原土採掘は無償ということで話を進めていたが[8]、そのあたりで支障が出るのではないかという危惧を持ったようだ。工場地の買収交渉だけでなく、実際に製造するにあたって必要となる原土採掘など、工場を設置することで生じるおそれのある地元とのトラブルを未然に防ぐことにも気配りをしていた。[9]

しかし栄一が危惧していたように、煉瓦製造工場創設の了解が得られたあと、地元村々から支障が訴えられ、協議もできない状況になってしまった。同年の一一月五日付書簡で栄一は金井、韮塚に宛て、「一段御奮発」して協議をまとめてほしい、同意をしていない沼尻村の説得のた

め、大沢新五郎に直接一書を送るので、大沢にも直接会って説得してほしいと願っている。(10)

地元との工場建設の調整が難航する中で、同年九月、日本煉瓦製造会社創立を支援していた井上が条約改正交渉に失敗し、外務卿を辞職するとともに、臨時建築局総裁も辞職し、同局は内務省に移管された。それを機に、諸官庁を洋風建築で集中的に建設する計画は行き詰まり、日本煉瓦会社への政府からの特権も反故となった。

東京から離れた上敷免という立地で運輸上の条件に欠点があっても、政府の保護があれば採算がとれる見込みだったにもかかわらず、この危機に直面し、同社は事業を中断し解散するか、あくまで存続させるかの選択に迫られた。

栄一は「不撓前往ノ説」を主張し、「苟《いやし》クモ国家経済ノ為メニ此ノ新事業ヲ経営セントスルモノ、何ンソ政府保護ノ有無ニ因テ当初ノ志望ヲ二三ニスルカ如キコトアルヘケンヤ、建築局ノ関係如何ノ如キ亦《また》深ク顧慮スルヲ要セジ」と述べたという。国家経済のためにこの新事業を経営しようとしているのに、どうして政府保護があるかどうかで、当初の志を左右することがあろうか、臨時建築局がどうなろうと深く悩むことはない、たゆまず前進あるのみと主張、説得し、社内の意見を一致させたのである。

こうして工場建設に向けた準備も着々と進め、一八八八年、日本煉瓦製造会社上敷免工場建設が着工し、翌年九月に至って完成した。(11)

東京人造肥料会社設立

栄一は一八八六（明治一九）年、第一国立銀行の用事で神戸に出張した。その時、ちょうど農商務省技師高峰譲吉が神戸に出張中で、偶然に一夕をともにし、いろいろと談話をした。その時、高峰は、英国に留学して、過燐酸肥料の製造を学び、一八八四年、米国ニューオーリンズの工業及び綿百年期万博に出張し、出品されていた巨大な燐礦を見て、日本で使用すれば有益であると、私費をもって購入し、各地の有志に分けて利用してもらったところ成績がよかった。そのため、過燐酸製造事業を起こしたいと考えていた。そこで高峰は、欧米の事例を引きながら、日本でも肥料を改良すべきで、人造肥料（化学肥料）が必要であると栄一に語った。

栄一は若い頃、生家で農業をやっていたこともあり、肥料の購入や施肥の時期などを経験的に熟知していた。一八六九年からは、静岡の商法会所を通じ、深川の肥料商と取引し、干鰯などの肥料を購入するなどし、また一八八〇年代に入って以降も深川の肥料商と連携をとりながら、倉庫業、海運業を金融業とあわせて展開してきた。そのように、肥料を実際に使用したり、商業で取り扱ったりしてきた栄一は、肥料に強い関心があり、その知見にも自信を持っていた。それゆえ、高峰から化学肥料の話を聞いたときに、にわかに受け入れられず、自然物である肥料の有効性を主張し「畳水練、雑誌の上の学問ではいけない」と反論した。それに対して高峰は、丁寧に栄一に説明するとともに、あなたは製紙会社や大阪紡績会社などの製造会社に経験があるので化学肥料製造にも尽力すべきと説得した。

それを聞いて栄一は深く感じ入り、東京に戻ってすぐに、益田孝、大倉喜八郎、浅野総一郎らに相談、高峰も招いて協議を行なった。栄一らは従来の肥料は自然物であり、人口の増加に比例して農産物の増収を期待することはできない、日本の将来の発展と人口増加に伴う食糧問題解決のため、耕地面積が狭い日本においては合理的施肥により農産物の増収をはかるのが最大重要事という共通認識を持つに至り、早速、化学肥料製造会社設立に向けて動いた。[12]

一八八七年二月、第一国立銀行において人造肥料会社創立に関する株主臨時会議が開催され、栄一は渋沢喜作、馬越恭平と創立委員となり、技師には高峰譲吉に就いてもらった。[13]同年四月、栄一は創立委員三人で連署して東京府に東京人造肥料会社設立を出願、同月中にその許可を受けた。[14]同年五月、東京府南葛飾郡大島村に土地などを購入し、一八八八年に辰野金吾監督のもと順次、製造場・試験室・倉庫など諸施設を竣工させていった。同年二月末より米国より届いた諸機械の据え付けが始まり、同年三月より外国半製原料で肥料製造を始め、多少の注文に応じて、かたわら窒素原料も製造しはじめた。同年一一月までに米国からの諸機械の据え付けを終え、機械の運転を始め、燐石を粉末として屑物を蒸解し、窒素原料を細末にするなどを始めた。[15]

しかし栄一が考えていたようには事は進まず、施肥方法についての知識不足から、単純なミスも多かった。例えば水が多い田がある越中の高岡地域に窒素肥料を送ったが、この肥料は粉なのでみな流れてしまった。そんな時、技師の高峰に「大いに叱られたり、世間に笑はれたことが度々」だったという。[16]

栄一らも高峰と相談しながら経営に尽力し、少しずつ事業を進めていった。そうした中、一八九〇年、高峰より、みずからが発明、特許を得た醸造法が米国の大手酒造会社において採用されることになり、米国で発展させるため、渡米したいという話があった。

これには栄一は不平を述べ、「日本に一つの新事業（化学肥料製造業―引用者注）を起したのは、君の勧めに依つて私が会社を造つて此処に至つたのである、此成功を見る前に去ると云ふことは甚だ信誼を欠」くことではないかとなじり、高峰の渡米を止めようとした。

これに対し高峰はこの化学肥料製造「事業も数年の間には必ず相当な発達を遂げる、見込は立つて居る（中略）自分の目的の亜米利加に於て事業の経営を試みたい」と述べた。

栄一は益田孝にも説得され、もはや前途の見込みもつき、今後も高峰の方針を継承し経営すれば失敗はない、しかし日本人の発明したことを外国で発展させるのは千載一遇の快事で、他人をもって代えることができないことであると納得し、高峰の渡米に賛成した。[17]

恐慌に対する認識

一八八六（明治一九）年以来の好況の中で、一八八九年上半期に鉄道補充公債、海軍公債などが相次いで募集され、下半期には金融は逼迫、金利も騰貴した。同年、凶作により米価が騰貴するとともに米の輸入が増加、一八九〇年には世界的な恐慌が起き、生糸などの輸出も滞り、入超となって正貨が流出するなどし、株も暴落した。好況の中で相次いで設立された会社の中には倒産するところも多かった。

この恐慌下、同年三月頃、栄一は東京府下の商業者を中心に実業奨励のため設立された経新倶楽部において、会員の求めに応じて金融逼迫状況について意見を述べた。

栄一は「今日の金融逼迫は、国力の衰弱に因て来せしにあらずして、国力増進の途端に起れるものなれば、深く憂ふるに足らず、所謂《いわゆる》人間ならば病の為めに衰弱して発熱したるものにあらずして、運動の過度に依りて発熱したるものと云ふを得べし」という現状認識を示した。さらに「猥《みだ》りに通貨を増して救治せんとするは予が甚た危ぶむ所なり、故に今日斯の金融逼迫を救治するは、予は実業者自ら救ふの覚悟を定め決して政府の力に依頼するの不可なるを信ず、去れと将来を恐怖して持株の売逃げを為すと云ふが如きことなく其の既往に成立せる事業は、忍堪して成効を期すべし、而して新たなる事業の如きは姑《しば》らく勘考して時機を見合するに如くなしとす、要するに今日の救治策は我々自ら恐怖の念を抱かず、飽までも忍堪を旨とし、又自ら猥りに走らず、飽までも自重を専一とすること最も急務なるべし」と説いた。(18) そして栄一は、そうした認識でみずから関与している会社の指導にもあたった。

一八九三年の商法改正

一八九〇(明治二三)年から続いていた不況下で、九二年に世界的に銀が暴落、実質的に銀貨国だった日本では、前年から物価が上昇し輸出が促進され、金融緩和に向かった。一八九三年に入ると、いっそう景気回復の方向へ向かっていた。

そんな中、同年五月に、栄一が委員長を務めていた東京人造肥料会社工場の大半が焼失するという事件が起きた。着実に進めていた事業はここに頓挫し、今後の対応について、六月に臨時株主総会が開催され、栄一は火事の一件を報告した。

一部の株主たちは悲嘆にくれ、これを機会に会社を解散すべきという議も提出されたが、栄一はその提案を断固退け、「元来我々がこの事業を始めたのは、決して利益のみを目的としたのではない。其の主眼は国家の為めになる事業であり、農村振興上必要なものであると考へ、而《しか》も将来必ず有望な事業となると信じて計画した仕事であるから、如何なる災厄に遭つてもこの事業を成就させねばならぬと予《かね》てから決心してゐたのである。他日社業成功の暁には、今回の火災による損失の如きは相償ふこと容易なるは信じて疑はない。然《しか》し尚諸君が飽くまで解散を望まれるならば、最早詮方のないことである。私一人でも諸君の株式全部を引受け、借金をしても此の社業を継続経営して、必ず事業を成し遂げる決心である」と語った[19]。

併せて製造工場を再建し機械を修理すること、一万五〇〇〇円を上限に一時借入をなすことなどの再建案も株主たちに提示した。熱誠をもって会社の存続を訴えた栄一の再建案を、出席株主たち一同は承認し、再び会社事業を継続することになった[20]。

この年、商法改正がなされ、栄一が関係する会社でも新制度に合わせ定款を改正するなどし、新たな経営体制をとった。東京人造肥料会社も社名を「東京人造肥料株式会社」とし、栄一は、委員長を改め取締役会長に就任し、経営指揮を行なった。同年末までに工場が再建築され、製造品の需要も着実に増加し、翌年下期には一割の配当をなして軌道に乗っていく[21]。

日本煉瓦製造会社も商法改正に伴い、一八九三年、社名を「日本煉瓦製造株式会社」とし、九四年、栄一は理事長改め取締役会長に就任し、翌年には社債を募集し上敷免工場と日本鉄道の深谷駅間に鉄道を敷設することに決し、同年七月に開通させ、輸送問題解決をはかっている。その後も負債を抱えての経営だったが、一八九八年一月の株主総会では、初めて年一割の配当を行うことができるようになった[22]。

また栄一が会長を務めていた製紙会社では、一八九三年九月、株主臨時総会が第一国立銀行本店において開催され、定款の改正案を議決し、取締役に栄一はじめ岩下清周、藤山雷太、谷敬三、大川平三郎の五名、監査役に斎藤専蔵、浅野総一郎の二名を選挙した。そして栄一は取締役会長に就任、専務取締役には谷敬三、大川平三郎がともに就任した[23]。

定款及び組織改正後も栄一のもとで創業以来、経営実務を統括してきた谷、技術方面を統括してきた大川が引き続き経営実務の中枢を担うことには変わりがなかった。ただ取締役には三井から派遣された藤山雷太、岩下清周（ともに三井銀行）が就任し、同社の経営に新たに参画することになった。同年一一月、商法が改正され、製紙会社は「王子製紙株式会社」と社名を改称した[24]（以下、王子製紙と称す）。

一八九四年に日清戦争が勃発し、軍事工業、海運業のほかは、一般的に景気は落ち込んだ。しかし翌年四月、日本が勝利して戦争が終わると、下半期には好況となって一八九六年にはさらに景気がよくなった。三井財閥の改革、工業化路線を進めていた三井銀行副長の中上川《なかみがわ》彦次郎は三井が所有する第一銀行の株の売却を進めるとともに、王子製紙の経営権掌握を企図した。

王子製紙が積極路線を推し進めていた頃のエピソードと思われるが、次のような話がある。栄一は中上川に会い、同社増資の相談を行い、賛同を得た。王子製紙の経営実権を三井財閥が完全に掌握することを企図していた中上川は、増資の代わりに三井の代表者を重役として派遣したいとの条件を示した。栄一はすぐに承諾した。これを受け、中上川は栄一に岩下清周か藤山雷太を差し上げたいと言うと、栄一は藤山を指名し、藤山が王子製紙に入ることになったと伝えられる[25]。このエピソードは王子製紙が一八九六年、天竜川沿岸の静岡県磐田郡佐久間村中部《なかべ》に新工場を建設すること、資本金を一一〇万円に増資することを決定する際の話と思われる。

藤山はすでに取締役となっていたが、増資にあたって三井からの資金協力を得て、同年六月、創業時から経営実務を統括していた谷敬三と交替して、専務取締役に昇格した。こうして同社内は取締役会長の栄一のもとで大川と藤山の両専務体制となった[26]。

これ以降、三井による王子製紙の経営権掌握を目指した藤山派と、大川派の間で葛藤が高まっていったという[27]。その後、一八九八年八月、社内で起こった同盟罷工（ストライキ）を機に、栄一は取締役会長として、大川の降格人事を決断した。翌九月、栄一は会長を辞し、谷と大川も退社、経営権は完全に三井に移った。栄一は後年、この時のことを「会社が独力でいけるといふので、私が世話をよすことにしました」と語っている。こうした言葉には「会社」の維持・発展を考え、「会社」を「私」のものとせず「公」のもの、公益に資するものとする栄一の思いが込められていたと思われる。[28]

第二次企業勃興期を迎えていた一八九六年、栄一は東洋汽船株式会社の設立に尽力し、同社が創立された七月には、監査役に就いた。このほかにも、一月には日本精糖株式会社相談役、二月には東京銀行集会所委員長、六月には王子製紙株式会社より分離独立した東京印刷株式会社相談役に、東京人造肥料株式会社取締役会長に就任、九月には汽車製造合資会社監査役に就任するなど、従来よりかかわりをもっていた会社、新設会社各社の重役に相次いで就任している。

またこの前後、一八九四年から九九年にかけて磐城鉄道、北越鉄道、掛川鉄道、西成鉄道、函樽鉄道、台湾鉄道、岩越鉄道、京阪鉄道など各地方の鉄道会社設立計画に発起人や創立委員、創立委員長として関与した。計画が頓挫してしまった掛川鉄道などもあったが、地元の実業家と連携し、設立に向けて尽力したのである。[29]

（1）『渋沢栄一伝記資料』第四巻四七三ページ。
（2）同前第一〇巻八五～九一ページ。
（3）同前第二九巻六一六～六一八ページ。
（4）渋沢青淵記念財団竜門社編［一九八五］、『渋沢栄一事業別年譜』（国書刊行会）三一、三四～三五、五四、五九、七四ページ。同書は『渋沢栄一伝記資料』第五八巻を改題の上、復刻したものである。

(5)竜門社編［一九〇〇］、『青淵先生六十年史』第二巻（同社）二二九〜二三二ページ。日本煉瓦製造株式会社社史編集委員会［一九九〇］、『日本煉瓦一〇〇年史』（同社）八〜一四ページ。
(6)「渋沢栄一書簡　金井元治、韮塚直次郎宛　明治二〇年一一月五日」。『渋沢栄一伝記資料』第一一巻五二三ページ所収。
(7)「渋沢栄一書簡　韮塚直次郎宛　明治二〇年四月六日」。同前五二二〜五二三ページ所収。
(8)同前第一一巻五二六ページ。
(9)前掲「渋沢栄一書簡　韮塚直次郎宛　明治二〇年四月六日」。
(10)前掲「渋沢栄一書簡　金井元治、韮塚直次郎宛　明治二〇年一一月五日」。
(11)前掲『青淵先生六十年史』第二巻二三二〜二三三ページ。
(12)『渋沢栄一伝記資料』第一二巻一五九、一六七ページ。
(13)同前一五三、一五九ページ。
(14)同前。
(15)同前一五三〜一五四ページ。
(16)同前一六七ページ。
(17)同前一六六〜一六八ページ。
(18)同前第二三巻七ページ。
(19)同前第一二巻一七三ページ。
(20)同前一六八、一七一〜一七二ページ。
(21)同前一六九、一七三、一七八ページ。
(22)同前第一一巻五四九、五五三ページ。
(23)王子製紙株式会社「社事要録」第一巻（公益財団法人紙の博物館所蔵）。

（24）同前。
（25）『渋沢栄一伝記資料』第一一巻一〇〇ページ。西原雄次郎編〔一九三九〕、『藤山雷太伝』（藤山愛一郎）一八七～一八八ページ。竹越与三郎編〔一九三六〕、『大川平三郎君傳』（大川平三郎君伝記編纂会）一八一～一八二ページ。藤山雷太の王子製紙入社の経緯に関する記述は同書による。
（26）前掲「社事要録」第一巻。
（27）『渋沢栄一伝記資料』第一一巻一〇一ページ。前掲『藤山雷太伝』一八八～一八九ページ。
（28）公益財団法人紙の博物館所蔵の「日誌（従明治三一年一月　至同年一二月）」参（王子製紙株式会社）による。「明治三一年以降　取締役会議事録」第貳号（王子製紙株式会社）も同館に所蔵されている。『渋沢栄一伝記資料』第一一巻九三ページも参照。
（29）前掲『渋沢栄一事業別年譜』三六、三七、三九ページ。

Ⅵ　実業界の世話役として生きる

第一銀行に改組

一八九七（明治三〇）年三月二九日、貨幣法が公布（同年一〇月一日施行）され、金本位制が実施された。すでに一八七一年の新貨条例（のちに貨幣条例と改称）は金本位制をとっていた。しかし一円銀貨の発行もしたために、事実上、金銀複本位制になっており、一八七八年五月に貨幣条例を改正、正式に金銀複本位制になった。一八八一年からの松方デフレ政策により紙幣整理が進められ、日本銀行の設立により正貨兌換が開始され兌換制度が確立された。条例によって兌換券を銀貨と定めたために、表向きには金銀複本位制でありながら、実際には銀本位制になる。一八九一年頃から世界的に銀貨は下落し、物価上昇、外国為替相場が下落し、日本経済が国際的な銀価格変動の影響を直接受けてしまうことになり、日本の貿易発展の障害になった。

一八九三年一〇月、貨幣制度調査会が設置された際、栄一も委員になった。そこで栄一は、現行の事実上の銀本位制が金本位制の国々への輸出に有利に働き、同時に輸入防壁の役割も果たしており、放棄する理由はないと、現実主義的な観点から一貫して反対の立場をとったことが知られている[1]。

また日本の中心的産業だった紡績業の輸出市場が銀本位制の清国だったことからも、金本位制への転換に反対する意見が経済界を中心に多かったが、一八九五年、日清戦争の勝利によって賠償金など二億両（テール）＝三億七二六〇万円を得ることで金準備が可能となり、九六年、第二次松方正義内閣のもとで金本位制採用が強く推進され、九七年、日本は金本位制に移行した。これにより、日本の近代資本主義は一応の確立をみて、欧米先進諸国を中心とした世界と直接的に対峙することになった。

こうした時期に、栄一が頭取として主導する第一国立銀行が普通銀行に転換する。日本銀行開業翌年に「国立銀行条例」が再改正され、国立銀行は営業期間を開業許可日から二〇年までとされたことから、第一国立銀行は営業満期をもって普通銀行（商業銀行、預金銀行）に転換することになった。満期までに発行した紙幣消却も終え、同行が営業満期を迎えたのは一八九六年九月二五日で、その翌日、株式会社第一銀行として、改めて発足し、営業を継続することになった[2]。

一八七六年の行内組織改革の際、重役から三井色が薄れ始めたが、三井資本の占める割合はその後も高く、明治二〇年代後半になっても、三井の所有株は全体の約四五〜五〇パーセントを占めていた[3]。重役としては、三井からは三井八郎次郎のみとなり、頭取の栄一以下の重役は第一国立銀行系とみるべき人々となっていた[4]。その後も減少傾向にあって、中上川彦次郎三井銀行理事の経営方針もあり、第一銀行が発足した一八九六年一二月末には、三井全体の持株比率は二一パーセント、九七年六月末には一七パーセントに低下し、九九年にはすべてを手放すこととなる[5]。

第一銀行発足にあたり、栄一は引き続き頭取に就任した。発足の翌月一〇月一七日、飛鳥山の渋沢別邸に、内閣の大臣や銀行業者、諸会社の役員などを招待し、園遊会が開催された。ここで栄一は演説を行い、設立の頃からを振り返り、同行を〝梅の花〟にたとえ、先駆的精神によって日本初の銀行経営に取り組んできたことを語った[6]。

第一銀行に改組した頃から、行員に帝国大学、高等商業学校の卒業生を採用することが始まったといわれる。栄一は第一国立銀行創業期に銀行業務修得のため種田誠一を行費で留学生として米国に派遣した後は、行員の海外派遣などは行わなかった。改組後の一八九七年四月、銀行業務取り調べのため、西園寺亀次郎を一年間、欧米諸国に留学させた[7]。折から日本が金本位制へ移行し、日本の国際社会での経済的な位置も大きく変化しようとする中で、欧米諸国の銀行業務を把握しようという意図があったと推測される。

男爵に叙せられる

第一国立銀行時代から、頭取だった栄一は、銀行業界の中で指導的な役割を担ってきた。財政経済上の重要問題が起こるたびに、政府はまず第一国立銀行にはかり、栄一が奔走し、銀行業界を指導するということが行われていた。(8)銀行業だけでなく、諸事業の指導にもあたってきたことは、これまで見てきた通りである。

一九〇〇（明治三三）年五月九日、栄一は男爵に叙せられた。五～六月にかけて第一銀行、東京商業会議所、浅野総一郎、深川区名誉職・有志者、埼玉県有志者、京浜実業家有志など栄一が関係する会社、団体、個人などにより、祝賀会が相次いで開催された。五月一八日に開催された東京商業会議所主催の祝賀会では、同会議所側からの祝賀で「維新以降、君か主《もつぱ》ら我邦商工業界の指導者たる位置を占め、百般事業の経営に就て直接又は間接に力を効し（中略）商工業の発達の為め貢献せられたるの功労は、本会議所の偉なり」と栄一を称えた。(9)

これに答えて、栄一も「官を辞して銀行業に着手したるが、単に銀行事業のみにては当初の希望を達するに由なきを以て、独り銀行事業のみならず各種の事業に従事して、遂に今日あるに至りしが、爾来世運の進歩と共に商工業亦大に進歩し、商工業者の位置亦比較的大に進歩するに至りしは、敢て不肖が尽力したる結果とは言はざるも、不肖が掛冠の当時に於て心窃に期したりし所亦強《あなが》ち無稽の妄想ならざりしを見るなり」と述べ、実業界の基礎を築いてきたことへの自負を語った。(10)

同月二八日には東京銀行集会所において、東京銀行集会所、東京交換所、東京興信所、銀行倶楽部四団体が連合して、栄一の男爵授爵祝賀会を開催した。栄一は子息の篤二、武之助、正雄、秀雄とともに招待され出席した。

二〇〇名にのぼった来会者を前に、栄一は感謝とともに「只聊《いささ》か実業と云ふものを大に発達をさせたいと云ふ観念からして、聊か銀行の目的を立てた上に於て、三十年を経過した今日で申しますと、大に進んだと云ふ証拠は、玆《ここ》に御集りの諸君は皆実業社会の枢軸を執るべき銀行者で、斯の如く学問もあり経験もある人が続々集まられたと云ふことは、私の希望の如く満足したと云ふて宜いのでございます」と述べた。そして最後には自分が男爵に叙爵されたことを、こうして称えてくれるのは「先づ第一着として銀行家諸君に取りて大に喜ふこと」と語った。自分の栄誉というより、銀行業を支える「銀行家諸君」の栄誉であることを強調したのだった。(11)

実業界から、一八九六年に岩崎久弥、岩崎弥之助、三井八郎右衛門が男爵に叙爵されたのに続き、栄一が叙爵されたことは、実業界の社会的地位向上、官尊民卑の風潮が改まってきた象徴的な出来事でもあった。銀行制度、株式会社制度が発展し、日本の近代資本主義が一定の確立をみて、民間の力が社会的に認められ始めたということも意味した。

しかし東京商業会議所主催の男爵授爵祝賀会答辞で、栄一は「更に翻て我商工業界の前途を観るに、商工業者は比較的に進歩し居れりと雖《いえど》も、政治界に比すれば尚ほ及ばざること遠く、現に此程も某伯爵は、商業会議所の決議は尚ほ註釈を借らざれば世間に公示すること能はず云々と批評せられたることさへあり、品位の低きこと斯の如きは我国商工業界の為め真個に悲しむべきことにして、吾々は自今益々智識を養成して、行動を慎重にして、吾々商工業者の地位を高むるに努力せざる可《べか》らず」[12]とも語り、なおも官尊民卑の風潮が強く、今後も商工業者の地位向上に努めていかねばならないと訴えている。

このように、この頃の栄一は社会的にもいっそう重きをなしていた。

大蔵大臣にならなかった栄一

第一国立銀行はじめ国立銀行は、紙幣発行権を持つとともに商業銀行としての機能も持ち、事業金融も兼営していた。日本銀行創立の際に松方正義は、事業金融を切り離し、長期金融専門銀行を設立する方針を定め、日本銀行を商行金融の中央機関とし、「興業銀行」を殖産興業金融の中央機関としようという意図を持っていた[13]。第二次松方内閣のもとで、「興業銀行」設立計画が進められ、一八九六（明治二九）年四月、日本勧業銀行法の公布となって具体化されていった。同法公布後、農工業などの改良発達をはかるために、長期低利の金融機関として設立しようという目的で日本勧業銀行の設立に向けた準備が進められていく。

栄一は、以前より求められて、様々な場面で財政経済政策にもかかわっていた。そうした中、第一銀行改組後間もない同年一二月に、栄一は内閣より日本勧業銀行設立委員を命じられた[14]。同月より翌年にかけて、八回にわたる設立委員会が開催され、栄一も出席し、意見を述べた。激論となった一口当たりの貸付金額の制限については原案の払込資本金の五パーセントよりも制限を厳しくすべきという意見と制限を撤廃すべきという意見の対立がある中で、栄一が第一国立銀行経営経験から制限説を支持したことにより原案が採用されるという場面もあった。同行は一八九七年六月に創立され、八月には開業した。[15]

このほか、一八九九年九月に開業した台湾銀行、一八九〇年四月に北海道の農工業改良発達のため、長期低利金融を目的に開業した北海道拓殖銀行、一八九二年四月に有価証券担保の長期金融機関という設立目的で開業した日本興業銀行の設立に、銀行業界の主導的地位にあった第一銀行頭取の栄一は設立委員として、政府から求められ関与した。[16]

一九〇一年五月一〇日、栄一は兜町邸より移転し、飛鳥山邸（現東京都北区西ヶ原）を本邸とした。[17] 第一銀行本店近くの兜町邸は渋沢事務所とし、その後も活用していく。

同年五月一六日には、明治天皇より井上馨に組閣の大命があった。その際、井上は御猶予を請い退出した際に西園寺公望を訪ね、意見交換する中で意中の閣僚を得ることができたならば拝命も差し支えないと述べた。井上は明治初年より親交のある栄一が大蔵大臣に就任することを望んでいた。[18] 栄一の日記には同日午前、麻布の井上邸を訪れ、「内閣組織ノ事ニ関シ種々ノ談話」をしたことが記されている。[19]

このとき、栄一は大蔵大臣就任交渉を受けたとみられる。同月一八日午前八時、栄一は再び井上邸を訪れ、「再ヒ内閣組織ノ内話」をし、井上邸を辞したその足で第一銀行に行き、同行支配人の佐々木勇之助、同行取締役の日下義雄と相談した。佐々木は栄一に、今、入閣すべきでなく、仮にそうしたなら、第一銀行が「困却」すると説いたようだ。その日の夜に佐々木は井上のもとに行き、栄一が就任することは非常に「種々差支ノ事情」があることを述べ、翌一九日午前八時、飛鳥山の栄一邸に行き、井上と対談したことを報告した。[20]

栄一は午前一〇時に王子停車場を汽車で出発し上野停車場で降り、兜町の渋沢事務所に出勤した。ここで栄一は園田孝吉、日下義雄から井上の談話を聞き、午後一時に井上邸に赴いた。芳川顕正も来て、栄一に入閣を勧めた。井上、芳川の説得に栄一は固辞をすることができず、改めて再考することを約束して退出した。[21] 五月二二日、山県、伊藤、井上へ書状にて入閣することを断る書状を送った。[22] 井上馨は、翌二三日、内閣組閣を断念し、西園寺公望臨時首相に報じ、上奏文を依頼し、元老に通じた。[23] 同日の元老会議で、後継首相に桂太郎が推薦され、六月二日に第一次桂太郎内閣が成立した。

結局、井上内閣は流産した。後日、井上は「若《も》し失敗して退くやうだと末路に名を傷ける。君が引受けて呉れなかったのが幸で、私も内閣を引受けなくてよかった」と語り、内閣組閣中止祝いを開き、栄一も招待されたという。[24] 大蔵大臣就任の一件について、栄一は「ほんたうに困った」と後年、述懐している。[25]

経済不振が続く中で

第一銀行は、第一国立銀行時代以来の兜町にあった本店建物を取り壊し、新築することになり、一八九八（明治三一）年九月に起工した。建築にあたって栄一は、その設計・構造等は堅牢であることを旨として、華美な装飾は努めて避けるよう意向を示した。その意向を踏まえ、支配人佐々木勇之助の指揮のもと、辰野金吾の設計による新築がなり、一九〇二年三月末日に落成をみた。そして四月三日午前九時より終日、蜂須賀侯爵、鍋島侯爵、三井男爵、大倉喜八郎、浅野総一郎ら一千余名が来館し、新築披露を行なった。

これに先立ち、午前八時には、同行中庭に建立した、洋装、立ち姿の栄一の銅像除幕式が開催された。一八九九年に栄一が還暦を迎えた際に、第一銀行行員一同より長沼守敬に依嘱して鋳造したものを、新築落成にあわせ建立した銅像だった[26]。そうした晴れやかなことが行われる一方で、第一銀行が直面する日本の金融状況は、前年の恐慌後で非常に沈静しており、資金需要喚起が起きるまでには至らなかった。そんな中、一九〇二年五月に頭取の栄一は経済事情視察のため、欧米諸国に向けて出発した[27]。

頭取の栄一が不在の中、一九〇二年七月に開催された第一銀行第一二期株主定時総会では、全体的に経済不振が続く中、同行では余資を保つべく、堅実な経営を進め、預金貸出金その他営業利益などを増進させたことが報告され、体力のある銀行であることを改めて示した。その

1900年初頭の頃の栄一

際、示された同行営業報告では、金融閑慢状況で、外国貿易も銀塊相場が下落し、清国への輸出が一時中止となったりしたが、生糸の売れ行きが盛況で「概シテ順調」と指摘する。そして上期の輸出入合計が額面上輸入超過を示すが、正貨は六六〇万円の流入をみたという。第一銀行では生糸を中心とした貿易がいい方向へ向かう兆しをみてとっていた(28)。

栄一は同年一〇月に帰朝、欧米諸国の経済状況を踏まえ、第一銀行行務、経済界指導にあたっていく。しかしその頃、日本はそのまま好況に転じきれない状況にあった。北清事変以後、満洲に駐兵をつづけていたロシアと清国間で、一九〇二年に満洲還附条約が結ばれるが、翌年四月までの撤兵期限を迎えても、ロシアは満洲から撤兵せずに新たな利権要求を清国に求め、鴨緑江の森林事業にも着手、依然として満洲支配を進める動きを示した。これを受け、参謀本部から対露開戦論も出る中、日本側はロシアとの交渉を開始したがなかなか妥結をみなかった。

長きにわたるロシア問題もあって、経済界は退縮し、金融の動きも鈍いために、金利も低落が依然続いていた。そうした厳しい状況の中でも、第一銀行は堅実に資金運用を進め、営業利益を出していたが、経済界全体は好況に転じることはなかった(29)。

日露問題への対応

一九〇二(明治三五)年一〇月一七日、栄一は午前一〇時に兜町の渋沢事務所に出勤した。やがて時事について緊急の用件があるとのことで、参謀本部次長児玉源太郎の訪問を突然に受けた。日露問題が解決されず対露開戦論も叫ばれる中、戦争反対の立場をとっていた栄一に、普段ほとんど交流のなかった児玉は、「渋沢さん、あなたは大変戦争に反対される様であるが、あなた方が平和論を唱へる事は却《かえ》つて戦争を促す事になる、寧ろ主戦論になれば戦争にはならぬかも知れぬ」と話をした。(30)

栄一は「私は実業界にあつて、その発展充実につくしてゐる上から、目前の戦争から来る国力を気づかう許《ばか》りでなく、一体に我が国民性がどうもワッと浮いた目立つ事が好きで、鼻つぱりが強くて、じつくり力を貯えて行くと云ぅ風にとぼしい、（中略）それをあほつて置いて、国民が『戦争だ〱』と騒いだからと云つてすぐ輿論呼はりするのは正しいことでなし、そうして戦争して勝てば又この国民性の欠点を助長し、世界中に日本を好戦国として印象させることは決して御国の為にはならないと常に存じて居りますので、自然どうしても、戦ひを急ぎがちにならざるをえぬ軍人の御意見を後から制する形となり、又それで国論が丁度よい点に置かれるとも信じて(31)」いると言った。

そして「私は一向軍事上の細かい事は判りませんが、国家が常に戦争をして其為めに版図を増し、国力を伸ばして行かねばならぬと云ふ考へは間違ってゐると思ふから戦争に反対する迄です(32)」とも言い、「今の露国との折り合ひがどの辺でつくものか、つく見込か、私ども門外の者には全くわかりません、（中略）露国の要求がどの辺にあるかを知らせて下さい(33)」と問うた。

これに対し、児玉は日露問題に関する秘密事項も「君だけに話す」と栄一に打ち明け、諄々と話をした[34]。その中で児玉は「今日本が平和論を唱へ弱腰に出ると（中略）露西亜は益々増長して朝鮮を併呑しようと」するおそれもある、「あなたが主戦論を唱へて、日本は此際戦争を避ける事は出来ぬと経済界に其気分を促して下されば、或ひは却つて戦争はしなくて済むかもしれない」と述べた[35]。

それを聞いた栄一は考えを変え、「戦ひのやむをえぬのは解り切つてゐる」と述べるに至った。児玉は「それならどうか銀行関係の人人に、いよ〳〵戦の覚悟をかためるやうにしむけてもらへまいか、そうして挙国一致で、（中略）無理を通そうとすれば戦ひあるのみと強く出たら、あるひはロシヤも一歩ゆづつて、戦はずして折り合へる様になるまいものでもない、平和、戦争、いづれの為にもこゝは日本国中団結して、主戦論となる必要がある」と語った。

経済界では明るい状況が見え始めながらも、日露が開戦するのではないかという危惧から、全体的に好況に転じていかないという状況もあり、栄一だけでなく、一般に実業家たちは戦争に反対をしていた。しかしここにいたって、栄一も、戦争もやむなしという説に転じる。東京銀行集会所などで演説し、その意見を主戦論にまとめることに尽力し、政府に建議も行なった[36]。

また日本郵船の近藤廉平を訪れ、日露開戦に際しては所有船を国の輸送上に提供することなどを協議、各方面にも書状を送るなど、主戦論醸成に積極的に協力していった。栄一は後年、「私が平和論者でありながら主戦論を主張するに至ったのは、（中略）彼に無理がありし為め、且つ其執れる無礼に対して、酬ゆるには戦を以てするより外、国として途なき為め主戦論を主張」するにいたったと回想している。[37]

大病を患い療養の日々

対露国論強化の運動を展開していた一九〇三（明治三六）年一一月二〇日夜、栄一は「風邪気」を感じた。翌二一日、出席予定だった日本銀行での幣制会議も欠席することにし電話を入れ、兜町の渋沢事務所に寄ってすぐに飛鳥山邸に帰宅、床に伏し、医師を呼んで診察してもらった。インフルエンザと診断され、また喘息も併発しており、体温は三八度から三九度で推移した。[38]翌二二日も快方に向かわずに、夜には喘息症状が顕著となった。二四日夜から、左耳の内に痛みを覚え、中耳炎との診断を受けた。医師より面会談話も禁止され、賀古《かこ》医学士を主治医とし、数名の看護婦により看護が続けられた。二九日までは読書も執筆も全くできない状態が続いた。一二月一日には鼓膜切開を行い、翌日から痛みは減り、体温も下がり、快方に向かった。

しかし主治医と相談し、大事をとって脳髄への刺激となる世事、その他の用談、新聞閲覧、一切の面会が禁止された。家族や近親者と世事以外の冗談を話したり、退屈をまぎらわす程度に少し和歌、漢詩を詠むくらいで、静養に専念をした。[39]

一九〇四年一月も飛鳥山邸で静養を続けていたが、一八日は気分もよく、もう一週間以内には室内運動も差し支えないとの見込みだったが、数日前に起こした腸カタルにより、なおも難渋していた。下痢が続き、二六日に左耳の聞こえがよくなったが、耳鳴りが続くといった症状も残っていた。その後も、めまいや頭痛が起きるなどの症状が出ていたが、二月二九日には「大ニ御快方」となった[40]。

こうした中、医師から時事についての話をすることや面会が禁止されていながら、同年二月に日露戦争が開戦すると、栄一はじっとはしていられず、第一銀行重役たちを招いて、軍事公債の応募に尽力し、国家への奉公の熱誠を示すべきと説いたという[41]。

東京にいてはどうしても時事を考えざるをえないためか、賀古主治医の勧めによって、栄一は東京から離れた国府津に転地療養した。来客の用談はもちろん精神を労する書類の閲覧読書は避け、詩歌の吟詠、古書雅文の書見、海浜の散策、書をするなどをして過ごし、療養を続けた[42]。

同年四月二四日に国府津から飛鳥山邸に帰宅し、静養を続けたが、二七日夜よりにわかに発熱し、三〇日には肺炎になってしまった。高木兼寛を主治医とし療養するが、熱も高く三八度〜三九度四分を推移し、下がったかとみえてもまた高熱になり、五月一四、一五日頃から気管支カタルを併発し、咳痰が増えた[43]。六月上旬あたりには容態も落ち着き、時々ふとんの上に座して庭を眺めるなどした。同月九日には明治天皇から見舞いとして菓子一折を賜った。そのとき栄一は床上に起き直り、礼服を取り寄せて天恩を拝謝し、しばし感涙にむせんだという[44]。

その後も経過は良好で、七月上旬以来、室内運動、邸内庭園散歩、来客応対もできるようになった。快方に赴いたので八月一一日、飛鳥山邸を出発し、九月三日まで箱根芦之湯・松坂屋別荘に転地療養した。九月一〇日夜、めまいがでたが、数日で平癒し、九月二七日に宮内大臣、総理大臣らに御礼に出頭し、この日から出勤、執務もとれるようになり、復帰した(45)。

日露戦中・戦後の栄一

栄一の静養中、緊迫化する日露問題の中で、金融は逼迫して物流も停滞し、軍需物資や生活上不可欠な日常品以外の価格は暴落した。一九〇四（明治三七）年二月、日露戦争が開戦し、同年六月には百三十銀行が臨時休業すると、大阪の諸銀行でも取り付け騒ぎが起きた。

開戦当初は大きな打撃を受けるかにみえた金融界では警戒感を抱いた。しかし外債募集による正貨の流入が通貨膨張を促進させ、国内金融市場が円滑に進み、国内での債券募集や増税も比較的順調に進んだ(46)。

一九〇四年九月、長く患った栄一は、社会復帰を果たしつつも休養の必要を感じ、順次、当時関係していた事業八十余のうち、およそ半数を辞任していく。その中でも特に世間の注目を浴びたのが、翌年二月に東京商法会議所時代より長年務めてきた東京商業会議所会頭を辞職したことだった。世間では終生、会頭を務めるとみられていたので驚かれたようだ。留任を求められもしたが、栄一はなるべく「政治に関する公職其他類似のものを辞任し専ら商工業に尽すべき時間を多く作」ろうと考え、辞職したという(47)。

一九〇五年九月、日露間でポーツマス条約が締結された。講和後に栄一は、雑誌などで戦後経営について積極的に発言をした。一九〇六年初頭に「今後の財政経済策」と題して『実業之日本』誌上でも次のように語っている。

「日露戦争は帝国の地位を昂め名誉を発揚」したが、「実業上に於ても亦之に相当するの発達を為すべきの責任を生じた」。国の財政収支も、日清戦後の一八九六年に比較し、三倍近くに膨み、それぞれ四億を超えている。こうした財政上の変動は戦争の結果とはいえ甚大である。よって「財政と経済の調和を図り其発達進歩を期する」ことが必要不可欠である。一九〇六年度の政府予算案をみれば「軍事を主とし実業方面に至ては殆ど見るべきもの」がなく「実業発達の経費に欠くる所」あれば、「武力に於て光誉ある国となるも、平和の戦争に於ては常に敗者の地に立」つことになってしまうのではないか。実業方面では、鉄道が国内の枢要の地に敷設されてはいるが、東北、北陸方面では要衝で中断されている。また鉄道会社は多数の小組織で相互に連絡がとれておらず、統一されていない。そのため運輸の便、運賃なども不適当で、物流を阻害している。連絡を促進する工事は個人会社によってはうまくできないので、政府みずから進んで経営するか、鉄道国有化などの方法により統一整理すべきである。こうしたインフラ整備は、国が当然行うべきものであり、それをせず、軍事に専注するならば、歳入の増加、維持は無理である。また日露戦中には挙国一致と銀行業者、実業家を集め、国庫債券の募集などについて協定したのに、戦後は予算編成などにおいて、政府は独自に判断し、実業家の意見を聞こうとしなくなった。実業を発達させるには、実業家の意見を聞いて参酌し、桂内閣が更迭したならば、後継内閣において財政計画を変更し、国力充実のために資金を配給すべきだ。

さらに、戦後経営の実をあげるための第一歩として、経費節減をはかるべきだ。また近年、外国貿易の輸出入高が増進しているが輸入超過も増進している。輸出品を増加させ、貿易の均衡をはかるため、関税を利用し、輸入を防遏《ぼうあつ》し、内地製品の発達の奨励をはかるべきだ。例えば鉄、砂糖、石油など輸入重要品の需要は増進しているが、それらの国内生産が発達せず、輸入額の増加が進んでいる。よって国内に事業を創始し、発達させ、海外品との競争に対抗をはかるべきである、輸出金額の最も大きい生糸も、運輸の便を加え運賃を低減させれば、さらに輸出が伸びるだろう。外資輸入は続々と進み、「成功の端緒を見るに至りしは吾人の大に喜ぶ所」だが、その前途に憂いもある。「資本供給の容易なるに乗じて妄《みだ》りに不急不要の事業を計画し外資を輸入するときは、幸にして成功するも利益」をあげることは多くない。失敗することがあれば、長く信用を外国の人に失ってしまう。

自分のこれまでの企業経験によれば「確実有利なる事業」すらも成功させることは容易ではなく、少しでも不安な事業は十中八、九は失敗する、調子のいいときは、確実な事業計画のみにとどまらず、勢いに乗じて不安の事業に対しても着手することが常である。外資輸入が容易だからといって「事業家たるもの丶深く戒心を要する」。ただ、今、外資輸入を否認するのではなく、「基礎確実にして前途有利の見込あるものは須らく外資を利用して事業の開張を計る」べきである。満韓経営については、親しく調査はしていないが、旧来の東清鉄道は満韓を通じて清国本部に達する幹線と並んで統一的経営をなし、海上交通も発展させ、整備するべきではないか(48)——。

こういった具合に、栄一は戦後経営において財政と経済のバランスを保ち、軍事費に偏ることなく、経費を節減し、経済方面に助力を与え、経済の発展をはかること、輸出入の均衡を保つべきことを主張した。そのためにインフラ整備を進め、さらには鉄道国有化などにより、鉄道網の統一、再編、外資導入の継続についても説いたのである。

一九〇六年の経済界は、金融が緩慢となり、金利の低下を示し、物価の騰貴と事業純益が増進され、それにつれて株券の暴騰も起こった。さらに鉄道国有化がなされ、五億に近い代金が交付されたことで、起業熱の勃興が生じた。[49] こうした日露戦後の好景気を背景に、紡績、砂糖、肥料などの会社が増資を行い、企業の設立や再編も相次ぐようになる。

大病後に役職を辞任するなど、関係企業団体とのかかわりを整理、絞り始めていた栄一だったが、請われて再び多くの企業に関与し、指導や助言などをすることになった。そうして、一九〇五年四月より一九〇七年三月までに五五社に関係したという。[50] 一九〇六年には、他にも大日本麦酒株式会社の取締役、南満洲鉄道株式会社設立委員長、京阪電気鉄道株式会社創立委員長（後に相談役）、名古屋電力株式会社、韓国拓殖株式会社、東海倉庫株式会社、明治製糖株式会社などの相談役に就任している。[51]

大日本製糖問題への対処

一九〇六（明治三九）年下半期、栄一も関与した南満洲鉄道株式会社の創立により、非常な好景気となり、投機熱の高まりも激しくなった。しかし翌年一月、株式が暴落し、反動恐慌が起きた。有価証券の暴落から銀行も警戒を強め、貸し出しを控えるようになり、回収に努めるようになった[52]。東京外の一府一八県で四〇行において預金取り付け騒ぎが起き、東京外の一府八県二六行では支払い停止、臨時休業となった[53]。

そうした経済状況の中、一九〇六年一一月、栄一も関係が深かった大阪の日本精糖株式会社と東京の日本精製糖株式会社が合併し、大日本製糖株式会社が設立された。その際、栄一は請われて取締役に就任した[54]。栄一は大蔵大臣・阪谷芳郎、農商務大臣・松岡康毅と相談して、同社社長には農務局長で農学博士だった酒匂《さこう》常明を推薦した[55]。社長に就任した酒匂より、栄一は経営状況についての報告を受けた。その際、同社は事業が大きいわりには運転資金が乏しく、納税担保として株主より預かった株券を大蔵省に提供し、預合《あずけあい》を行いつつあることを聞いた。

これに対し栄一は、預合は種々弊害を生じる要因となると指摘し、その整理及び会社内部の改善整理を勧告した。しかし、酒匂以外に栄一にとって親しい人物が重役連におらず、なかなか栄一の意見も経営に活かされなかったという[56]。そうした中で、内地の製糖業は台湾粗糖の手厚き保護の前に競争が困難に陥り、恐慌下にあって、砂糖の売れ行きがますます不振に陥っていく[57]。

その頃、栄一が経営の総指揮をとる第一銀行では、株式熱が高まったときは、慎重の態度をとり、確実安全な方法を選び、金融が円滑にまわらなくなった状況をみるや、着実な事業の発達、商取引の融通をはかるべく、商業手形の割引商品や有価証券に対する貸し出しを緩めた。こうした経営方針は、一九〇七年一月に起こった株式の大暴落が全体からみれば「一時ノ狂瀾ニ過キスシテ国力ノ発展ニ付テ何等ノ影響」を及ぼさないという判断があったからだった。第一銀行は、輸出入の発達、各種生産額の増加から、そのように判断したのである。そのため、反動恐慌の中でも第一銀行の経営は順調に進み、良好な成績をおさめた[58]。

第一銀行は他の銀行業者と「鰻会」の名で時々集会し、経済界の救済方法を議論した。同行頭取として栄一も出席し、国庫債券償還などが話し合われ、一九〇八年四月に政府は償還を実行に移し始めた[59]。しかし恐慌状況はさらに深まり、一九〇九年上期を終えても、好転に向かおうとしなかった。ただ貿易が前年上期に比し、輸入は減退したが、輸出が著しく好転し、やや好調がみえてきつつあった[60]。

こうした中で、一九〇九年一月に酒匂常明が社長を辞任、その時に重役陣も連結辞任、同年四月一一日、磯村、秋山ら大日本製糖の旧重役に対し政界工作の疑いで検挙が行われ始めるという事件が起きた。検挙は政界にも及び、一大疑獄事件となった。

この問題が起きた頃、栄一は世間から批判を多く浴びた。栄一が多くの企業に関与していることに対しても、世間が栄一に対してもっている信用を乱用して、妄りに多くの営利事業に顔を出していると批判も受けた。また「世間に日糖事件に対する責を引いて実業界を退けといふ勧告をするものもあ」ったという。

大日本製糖が藤山雷太の社長就任がなって、再出発をすることになった翌月に刊行された『実業之世界』[61]にそれらの批判に応えるかたちで、「事業に対する余の理想を披瀝して日糖問題の責任に及ぶ」と題し、栄一は多くを語った。

自分は「断じて退隠しない。何故かとなれば世間の人が皆（中略）何に一つの事業に失敗する毎に退いて世を送るといふ事になつたならば、国家の前途が思ひ遣られるでは無いか」と述べ、さらにはみずからの事業経営を支える理念についても強く訴えた。

まず「商売には断じて秘密無し」という小見出しで、「立憲国の国務大臣が国民の輿望を負うて国政を執る時のやうな覚悟」をもってあたらねばならぬこと、その際、「商業は政治などよりも機密といふ事無しに経営して行」くべきものである、例えば銀行業においては誰にいくら貸しがあって、どういう抵当が入っているかなどは徳義上秘密にしなければならないことかもしれないし、ある商品をいくらで仕入れ、いくら利益分をのせて売っているということまで触れて歩かなくてもよいが、そうしたこと以外に「無いものを有るといふやうな嘘を吐く必要は決して無い。されば真正の商売には先づ機密は無いと見て宜からうと思ふ」と述べている。

また「会社及株主に対する重役の覚悟」として、株主から選任されて会社経営にあたる者は、名誉も資産も多くの人々から自分に託されたものという覚悟がなければならず、重役は常に会社の財産は他人の物であるということを念頭におかねばならない、「自分が株主から信用を失つた場合には、何時でも其会社を去らなければならないといふ覚悟が必要である」、「公私の区別が直に判別し得らるゝやうになつて居なければならぬ。会社の重役には常に此覚悟が肝腎である」とした。

さらに「余が事業経営の理想は経世済民にあり」との小見出しで、「私は事業を経営するに当つて何時でもそれが正義に合するやうにして行き度いと思つて居る。仮令《たとい》、其事業が微々たりとも、又自ら利する所が甚だ少くとも、何《ど》うかそれが正義に合するやうにして行き度いそれには微力素よりいふに足らないものであるけれども孔子の教訓、即ち論語を標準として、商売をやつて行き度いといふのが私の昔からの希望であつた。それには其事業が個人を利するといふよりも多数社会を益して行くものでなければならぬ。多数社会を益するには其事業が繁昌して行かなければならぬ」ともいう。

併せて「微塵と雖も公私の別を明かにす可《べ》し」との小見出しで、「国家を自分一個の家にするといふことは、真正なる立憲国の行政者の為す可き事では無い。是は所謂《いわゆる》王道に反く事である。私は明治六年事業界に身を投じて以来未だ曾て一日と雖も此観念を失つた事は無い。第一銀行に於て私は確乎たる勢力と信用とを握つて居る。株も私が一番多く持つて居る。けれども私は明日第一銀行の頭取を罷《や》められても少しも差支へないやうにして居る。則ち第一銀行の財産を渋沢の財産とは塵一本でも混合して居ない。其間には判然たる区別を立てて居る。況んや私が其位置を利用して第一銀行の金で私利利欲を計るといふやうな事は断じて微塵も無いのみならず、時とすれば私は私財を割いて迄も、第一銀行の為に尽し、其基本財産の安固を計つて居る若し世人が私のいふやうに多数社会の富といふ事を基礎として、其事業を経営して行つたならば其間に決して非常の間違の生じやう訳は無いと信ずる」と説明した。

政界を巻き込んだ大疑獄事件にまで発展した大日本製糖問題は、栄一も同社に相談役としてかかわっていただけに、多くの批判を浴びた。以上のような言説は、それらに対する栄一の弁明としての意味合いをも込めたものだったが、これまでのみずからの歩みを振り返り、社会における立場を考え直して、世間に改めて表明したかたちにもなった。

多くの企業から引退

一九〇九（明治四二）年六月六日の午前一〇時に、栄一は兜町の渋沢事務所に行った。そこに、関係の深かった東京瓦斯株式会社、東京人造肥料株式会社、東京石川島造船所、東京製綱株式会社、東京帽子株式会社、磐城炭礦株式会社、日本煉瓦製造株式会社、株式会社帝国ホテル、帝国劇場株式会社、日韓瓦斯株式会社、大日本麦酒株式会社、品川白煉瓦株式会社、木曽興業株式会社、中央製紙株式会社、株式会社二十銀行、東京毛織物株式会社、京釜鉄道株式会社清算事務所の重役二一名を招いた。

その場で栄一は、一九〇四年の大病のあとに従来関与していた会社の役職をしぼって辞任をしていたが、日露戦争後の企業勃興に際し、懇請を受けてやむをえず、その請いをいれ、知らず知らずのうちに以前に倍する繁忙の身となった。しかし時勢の要求とはいえ、一人で幾十の事業に関係する事は本意ではなく、いつか本業たる銀行専営の地位に戻ることは年来の志だったが、その機を得られず、今日に至ったこと、今年はちょうど七〇歳の古稀を迎え、一面、実業界が次第に進歩し、各会社それぞれみな適任者を有して、その経営にいささかも懸念がないので、上半期の決算期が近づくこの機に、自分の本来の事業である第一銀行及び、それに付随する東京貯蓄銀行を除くほかすべての会社に対し、一切その職任を辞退することに決定したと話した。[62]

そして六月六日付で、関係していた六二の会社などと一五の社会公共事業団体に、役職辞任書を「追々老年に及ひ候に付ては関係事務を減省致度と存し、今回愈々第一銀行及び東京貯蓄銀行を除くの外一切の職任を辞退」すると記した書状とともに送付した。[63]

先の一九〇九（明治四二）年五月に、栄一は大日本製糖問題で引退勧告を自分に求めるような批判に対して「断じて退隠しない」と発言していたが、第一銀行、東京貯蓄銀行以外の各種の関係企業、事業から引退することになった。ただ、再出発したばかりの大日本製糖の相談役もいったん辞任したが、七月までには再び委嘱され相談役となり、会社の再建に向けた協力をするなど[64]はしている。

（1）島田昌和［二〇一一］、『渋沢栄一　社会企業家の先駆者』（岩波書店）一三三～一三四ページ。

（2）『渋沢栄一伝記資料』第四巻五三八～五四一ページ。第一銀行八十年史編纂室編［一九五七］、『第一銀行史』上巻（同室）五八八ページによる。

（3）山口和雄［一九八七］、「明治期の第一銀行と三井」『三井文庫論叢』第二一号（財団法人三井文庫）二三七～二三九ページ。

(4)同前二三三～二三四ページ。
(5)同前二四二～二四四ページ。
(6)『渋沢栄一伝記資料』第四巻五三八、五四一～五四三ページ。
(7)前掲『第一銀行史』上巻六一一ページ。
(8)『渋沢栄一伝記資料』第四巻五三〇ページ。
(9)同前第二九巻二七三ページ。
(10)同前二七四ページ。
(11)同前第六巻四九七～四九九ページ。
(12)同前第二九巻二七四ページ。
(13)前掲『第一銀行史』上巻五六二ページによる。
(14)『渋沢栄一伝記資料』第五巻二二二～二二三ページ。
(15)同前二二三～二三〇ページ。
(16)同前二三一～二六三ページ。
(17)同前第二九巻六一九ページ。
(18)井上馨侯伝記編纂会［一九三四］、『世外井上公伝』第四巻（内外書籍）七八三～七八四ページによる。
(19)『渋沢栄一伝記資料』別巻第一、一九四～一九五ページに収録された「日記（一）」による。
(20)同前。
(21)同前。
(22)同前。
(23)前掲『世外井上侯伝』第四巻七八六～七八七ページ。
(24)同前七九二ページ。

(25)『渋沢栄一伝記資料』第二七巻五九二ページ。
(26)竜門社編［一九〇二］、「第一銀行新築披露会景況」『竜門雑誌』第一六七号（竜門社）三三～三四ページ。
(27)『渋沢栄一伝記資料』第四巻六一九ページ。
(28)同前六一五～六一六ページ。
(29)同前六一八、六二〇～六二一ページ。
(30)同前第二八巻四七四ページ。
(31)同前四七五ページ。
(32)同前四七四ページ。
(33)同前四七五～四七六ページ。
(34)同前四七三ページ。
(35)同前四七四ページ。
(36)同前四七六ページ。
(37)同前四七四ページ。
(38)前掲「日記（一）」『渋沢栄一伝記資料』別巻第一、三三二ページ。前掲『竜門雑誌』第一八七号三七ページに掲載された記事（一九〇三年一二月二五日発行）による。
(39)同前『竜門雑誌』第一八七号三七～三八ページ。
(40)『渋沢栄一伝記資料』第二九巻一三八ページ。
(41)土屋喬雄［一九八九］、『渋沢栄一』（吉川弘文館）二四〇ページ。
(42)『竜門雑誌』第一九一号五五ページ掲載記事（一九〇四年四月二五日発行）による。
(43)同前第一九二号四五～四六ページ。
(44)『渋沢栄一伝記資料』第二九巻一五一ページ。

(45)同前一五二～一五三ページ。
(46)同前第四巻六三四ページ。
(47)同前第四二巻三四三ページ。
(48)同前第二三巻六六六～六七二ページ。
(49)同前第四巻六六五～六六六ページ。
(50)前掲『渋沢栄一』二四四～二四五ページ。見城悌治［二〇〇八］、『渋沢栄一「道徳」と経済のあいだ』（日本経済評論社）九二ページ。
(51)渋沢栄一記念財団編［二〇一二］、『渋沢栄一を知る事典』（東京堂出版）一五五ページ。
(52)『渋沢栄一伝記資料』第四巻六六六～六六九ページ。
(53)同前六四七ページ。
(54)『竜門雑誌』第二二二号四四ページ掲載記事（一九〇六年一一月二五日発行）による。
(55)『渋沢栄一伝記資料』第一一巻二八五、二九一ページ。
(56)同前三〇七ページ。
(57)同前三〇七～三〇八ページ。
(58)同前第四巻六五二～六五三ページ。
(59)同前第七巻二一〇～二一八ページ。前掲『渋沢栄一』二四五ページ。
(60)同前『渋沢栄一伝記資料』第四巻六六一～六六二ページ。
(61)同前第一一巻三三三～三三五ページ。
(62)前掲『竜門雑誌』第二五三号四七～四八ページ。
(63)同前四八～五〇ページ。前掲『渋沢栄一「道徳」と経済のあいだ』九八～一〇九ページでは、この時の栄一の実業界役職辞任について、その引退理由が表向きは「古稀」であったが、大日本製糖問題すなわち日糖事件のダメージが大きかったこと、栄一自身が別に『徳川慶喜公伝』の編纂を理由に挙げていることも指摘している。

（64）渋沢栄一［一九〇九］、「余が今回辞任したる六十会社の運命観」『実業之世界』第六巻第七号（実業之世界社）一二ページ。

Ⅶ　完全引退とその後の人生

古稀からの栄一

一九〇九（明治四二）年の実業界を引退する頃までに、栄一は明治初年より、銀行をはじめ多くの会社や経済団体などの設立・育成に関与し、実業界を築くことに尽力する一方で、福祉、教育など社会公共事業や民間外交にも積極的に関与してきた。[1] 同年八月には渡米実業団団長として、東京・大阪・京都・横浜・神戸・名古屋の商業会議所の主なメンバーを率いて渡米した。約三カ月にわたり、全米各都市を廻り、日米経済界の交流をはかった。[2] その後も、中央慈善協会、日露協会や、維新史料編纂会、済生会、国際平和義会（日本支部）などに関与するなど、同年の実業界引退を契機に、民間外交や社会公共事業への関与がいっそう顕著になり始めた。[3]

古稀を迎えた栄一は、実業家福島甲子三《かしぞう》より、名士が色紙に書いた書画を纏めた『介眉帖』を贈られた。その中に、洋画家小山正太郎が色紙に描いた絵が一枚入っていた。その絵には朱鞘の刀とシルクハットと算盤と論語の絵が描かれている。

栄一は、その「図取が実に面白いもの」と述べ、「朱鞘の刀は、私が嘗《か》つて撃剣なども稽古したりなどして武士道の心得あることを表し、シルクハットは私が紳士の体面を重んじて世に立つ心あるを表したものらしく思はれるが論語と算盤とは、私が商売上の基礎を論語の上に置くのを以て信念として居る事を表はして下されたものである。この書には猶ほ『論語を礎として商事を営み、算盤を執つて士道を説く、非常の人非常の事、非常の功』なる句が書き加へられてある」と述べている[4]。

この小山正太郎が描いた絵を見た「三島中洲が、栄一の『経済道徳説』を『論語算盤』論と位置づけ」、実業界の第一線を退く古稀を迎えた前後から栄一が「『論語算盤』論という語り方を積極的に鼓吹しはじめ」[5]るとともに、そうした語りで道徳と経済の一致を強く主張するようになった[6]。

喜寿を迎えて実業界から完全引退

数えで栄一が喜寿を迎えた一九一六（大正五）年七月、第一銀行定時総会を機に同行頭取を辞任し、併せて東京貯蓄銀行取締役会長、東京銀行集会所の会長も辞任した。そして同年一〇月六日には朝野の人々を招待して、帝国ホテルにおいて「退任披露会」を開催した[7]。

その際、栄一は来賓一同へ挨拶し、今の自分の身を「始めて繋がれざる船、放たれたる鳥の如き身と」なったとたとえ、続けて「さりながら単に経済界に於る直接の経営より離脱したと云ふだけで、老軀ながらも生存して居る限りは、職責とせざる範囲に於て、従来慣れたことには口を出し、御相談にも応ずるとして残余の生命を送らうと考へます」と述べ、さらに「物質界ばかりでなく、精神界にも聊か微力を尽くしたいと希望して居ります」と語った。その理由として、「精神と物質とは全然分離すべきものでもなく又引離す事も出来ませぬ（中略）今日の実業界は物質は大に進んだが、精神が同じく随伴したかと申すと或は疑点なきを得ざるの感があります、果して其一方のみ進みて一方が之に伴はぬとしたならば、其間に必ず亀裂を生ぜざるを得ぬのであります」との考えを示し、来賓一同へも精神と物質とを併せて進めていくことを求め、みずからも今後尽くしていくことを宣言したのだった[8]。

その宣言通り、これ以降の栄一は、経済界方面でも相談を受ければそれに応じていったが、「物質界」だけでなく、それに比べ遅れていると認識していた「精神界」の発展に努める活動をいっそう行なっていった[9]。

栄一は実業界完全引退後、間もなく一九一六年九月に『論語と算盤』を東亜堂書房より刊行した。同書は『竜門雑誌』掲載のものから、それまで栄一が説いてきた処世法が選ばれ、編集されたもので[10]、その冒頭には「私が常に此の物の進みは、是非共大なる欲望を以て利殖を図ることに充分でないものは、決して進むものではない、只空理に趨り虚栄に赴く国民は、決して真理の発達をなすものではない、故に自分等は成るべく政治界、軍事界などが唯跋扈せずに、実業界が成るべく力を張るやうに希望する、これは即ち物を増殖する務めである、是が完全で無ければ国の富は成さぬ、其の富を成す根源は何かと云へば、仁義道徳。正しい道理の富でなければ、其の富は完全に永続することが出来ぬ、茲に於て論語と算盤といふ懸け離れたものを一致せしめる事が、今日の緊要の務と自分は考へて居るのである」という栄一の「道徳経済合一説」を端的に示した語りが掲載されている。(11) 栄一はこうした語りを、様々な場面でみずからの経験談なども交えながら、盛んに説いていった。

傘寿を迎えても

一九一九(大正八)年、数えで八〇歳となり傘寿を迎えても、栄一は精力的に活動を続けた。第一次世界大戦後、一九二〇年に成立した国際連盟の精神を普及させようと各国に国際連盟協会が設立され、同年四月、栄一は日本国際連盟協会の会長に就任した。(12)

同協会では関係調査、研究、講演会開催、内外諸団体との交流などの活動を行い、その精神普及に努めた。栄一は会長として一九二八年一一月一一日の平和(休戦)記念日に東京中央放送局でラジオ演説し、「国家が真正の隆治を希望するには、是非とも其政治経済を道徳と一致せしめねばならぬ」「国際間の協調が、聯盟の精神を以て行はるゝならば、決して一国の利益のみを主張することは出来ない。他国の利害を顧みないと云ふことは、正しい道徳ではない、所謂《いわゆる》共存共栄でなくては、国際的に国を為して行くことは出来ない」と語った[13]。

一九二〇年には日華実業協会会長に就任し、翌二一年には、ワシントン軍縮会議視察を目的に四回目の渡米をした。一九二三年九月一日、関東大震災が起きると、みずからが副会長を務める協調会で救済事業を引き受けている。また民間の救済団体（大震災善後会）を組織するなどして罹災者への援助、救援活動に奔走したのだった[14]。

一九二四年には、東京女学館館長、日仏会館理事長、二六（昭和元）年には日本太平洋問題調査会評議員会会長、日本放送協会顧問、二七年には日本国際児童親善会会長に就任、日米人形交換事業に尽力するなど、社会公共事業、民間外交に多方面で取り組んだ[15]。

晩年の栄一（1926年5月26日）

その一方で、経済界からの相談を受けても奔走した。例えば一九二三年の大日本人造肥料、関東酸曹、日本化学肥料の三社合併[16]、二六年の日本郵船と東洋汽船の合併の際、栄一は、「国策や業界全体といった広い範囲の利益を求めて合併が進められたときに、第三者としての高い見地・見識からの仲裁や調停役」として尽力するなどしている[17]。また一九二七年には、日本航空輸送会社設立準備調査委員会会長になるなど

している。

栄一の最晩年と終焉

一九二九（昭和四）年四月に公布された救貧を目的とした救護法が施行されない中、同年一一月、全国の方面委員（後の民生委員）により組織された救護法実施促進委員会が、翌年には救護法実施促進期成同盟会が結成され、その施行を求めて運動が展開された。しかし、当局の確答を得ることができないでいた。そこで委員は栄一に相談しようと、一九三〇年一一月八日、一同で飛鳥山渋沢邸を訪問し、面会を求めた。栄一の子息の秀雄によると、その時、九一歳だった栄一は風邪のため病床にあり、高齢者の風邪は壮年者の大病にもあたると、一家の者はみな心配し、主治医とともに面会することを止めたが、栄一は、どうしても会うと言って聞かなかった。

病をおして面会した栄一は、委員たちに着席を求めながら、これまでの運動に謝意を述べた。委員側は栄一に、問題解決の鍵を握る井上準之助大蔵大臣が面会をしてくれないと訴え、餓死してしまいそうな数万の同胞のためにも、井上大蔵大臣に会見していただき、ぜひとも救護法が本年度より実施されるよう尽力してほしいと懇願した。栄一は「私も最後の御奉公として、何事か出来ますことなら出来るだけお役に立ちたいと存じます。（中略）これをやるのが私に課せられた義務と考へまして、御来意の趣承知致しました。救護法のために倒れるのなら本望です」と、目に涙を浮かべつつとぎれとぎれではあったが力強い語調で語ったという。

そしてその日、家の者らも心配し主治医から止めてもらったが、「先生のお骨折りで、こんな老いぼれが養生していますのは、せめてこういうときの役に立ちたいからです。もしこれがもとで私が死んでも、（中略）不幸な人たちが救われれば本望じゃありませんか」といって栄一は聞かず、自動車に乗って病軀を押して安達謙蔵内務大臣のもとに行き、面会した。さらには井上大蔵大臣にも、電話で面会を申し込んだという[18]。

中華民国水災同情会慰問募集ラジオ演説記念撮影
（1931年9月6日於飛鳥山邸）

　そうしたことのあった翌一九三一年の春以来、飛鳥山の自宅において静養していた栄一は、同年八月上旬にレントゲン検査を受け、大腸に狭窄症のあるのが確認された。そうした中、同年の七～八月に中華民国で洪水があり、一〇〇〇万人もの飢餓に瀕した人々がいることが日本に伝えられると、全国から義捐金を募集し救援しようと、八月二四日に中華民国水災同情会が設立され、栄一は会長に就任した。そして国民にいっそうの同情を喚起するため、中央放送局がラジオ放送設備を飛鳥山邸に持ち込み、九月六日午後六時半からラジオ放送で、九一歳の栄一が病軀をおして、マイクの前に立ち、隣国の厄災

に同情を発することは人情、人道的にも、日本と中華民国との関係からも当然で、関東大震災で中華民国から多大な救援を受けたことも伝え、義捐金の募集を訴えた[19]。

同月一四日に第一回慰問船を出発させ、中華民国側に上海において二一日に米、小麦粉、綿毛布、薬品などの物資と救恤《きゅうじゅつ》金を引き渡そうと予定していたが、一八日に満洲事変が勃発したことにより、受け取りを拒否されてしまい、栄一らの思いは届かなかった[20]。

その翌月の一〇月上旬にいたって、栄一は腹部膨満に伴って腹痛を発して腸管閉塞の症状がみられ、痛みが激しかったため、同月一四日に自宅で手術を行なった。術後の経過は順当であったが、一〇月末には微熱が出て食欲がほとんどなくなった[21]。

渋沢家では栄一の容態については公にしていなかったが、いつまでも公にしないようでは、栄一が「公人」であることに鑑みれば、渋沢家として、社会への義務を欠くと協議にて認識し、三一日に公表した[22]。新聞の夕刊、ラジオのニュースで一般にも報道され、飛鳥山邸への見舞い客が増えた。翌日には気管支肺炎の兆候もみられた。その後、食欲があまりなかったが、意識はあり、小康を保った[23]。

一一月八日、病床にあった栄一は、郷誠之助、佐々木勇之助、石井健吾など財界有力者が見舞いに来ているとのことを聞き、長男の篤二を招き、自身の病気を忘れたような口ぶりで、次のことを彼らに伝えてほしいと心事を語った[24]。そして篤二に対して「帝国の臣民として又東京市民として、永年の間不行届ながら御奉公を致した積りでありまするが、尚ほ是れ以上の寿を保ち、一層努力を致したいと思つて居りましたけれども不幸にして病を獲、或は再び起つことが出来得ないかと思つて居ります。私の亡い後には、刻下財界多事の場合皆様に宜しくお願ひ申上げます。併《しか》し私は幽明界を異に致しましても、霊は何時迄も残つて、財界の隆盛なること及び皆様の御健康ならんことを祈り、又守護致す積りで居ります。それ故に死んでしまつても、どうか他人行作にして下さらず、渋沢の心は何時迄も生きて皆様と共に働き居るものと思つて頂きたい。其事を呉々も皆様に申上げるやうに、尚ほお先へ失礼でありますが、是は私が悪いのではない、病気が悪いんですと申上げてお呉れ[25]」と語った。

翌九日朝、急変し危篤に陥った。最期まで、また亡くなった後のことまでも思い、「私」を去り、「公」に徹しようとしていた栄一は、その二日後の一一月一一日午前一時五〇分、飛鳥山邸西洋館で九一歳の生涯を終えた[26]。

(1) 栄一が古稀を迎えるまでに関与した社会公共事業、民間外交関連の主な事例として次のものが挙げられる。寛政の改革により導入された七分積金制度により町の経費を節約し積み立ててきた共有金を継承した東京会議所の共有金取締に、栄一は一八七四年に就任した。その際に困窮者救済を目的とした養育院の事務も掌理し、その後、事務長、院長となり養育院の運営、育成、事業展開に関与し続けてきた。また教育事業では森有礼の私塾であった商法講習所（後の一橋大学）の管理を、一八七五年に東京会議所が依頼されたことを機に、その維持、発展に奔走し、商業の高等教育を推進してきた。女子教育にも関与し、女子教育奨励会（のちの東京女学館）創立（一八八六年）に尽力し、日本女子大学校（のちの日本女子大学）

創立（一九〇一年）も支援していた。民間外交にも積極的に関与し、一八七九年のユリシーズ・グラント将軍（元第一八代米国大統領）歓迎会諸行事開催につとめ、その後も多くの外賓を飛鳥山邸に招待し交流につとめるなどした。

（2）渋沢史料館編［二〇〇九］、『渋沢栄一、アメリカへ～一〇〇年前の民間経済外交～』（同館）による。

（3）渋沢青淵記念財団竜門社編［一九八五］、『渋沢栄一事業別年譜』（国書刊行会）一四〇～一四一、一四四、一五五～一五六、二六六ページ。

（4）『渋沢栄一伝記資料』別巻第七、七四ページ。

（5）見城悌治［二〇〇八］、『渋沢栄一 「道徳」と経済のあいだ』（日本経済評論社）一九四～一九五ページ。

（6）井上潤［二〇〇八］、「『論語と算盤』刊行の成り立ち」（東京商工会議所創立百三十周年記念『論語と算盤』復刻版の付録「解題」による。同書は、渋沢栄一記念財団と東京商工会議所新宿支部「論語と算盤」初版（大正五年）復刻版刊行委員会の共同刊行物である。

（7）『竜門雑誌』第三四二号（竜門社）七二ページによる。

（8）前掲『竜門雑誌』第三四四号二一、二八ページによる。

（9）すでに一九一二年には、栄一は「一国文明の基本を確定するために、道徳・教育・文学・宗教等の精神的問題に関して、堅実なる努力と、真摯なる研究とを勉」め、「世界の思潮に接して之を包容し同化」し、明治維新以後の「開国進取」の成果を「精神的方面」にも発揚させることを趣旨とした帰一協会の設立に関与し幹事に就任していた（前掲『渋沢栄一伝記資料』第四六巻四三〇、四一四ページ）。一九二〇年、栄一は、竜門社春季総会での演説において、同協会設立について振り返り、「人類の将来を考へたならば、耶蘇も孔子も釈迦も何も彼も失くなって、所謂世界の万有を保持すると云ふやうな一つの信ずべきものが成立って来はしないか、（中略）真の世界平和を求めるならば、此処に望みを置くのが、（中略）間違った訳ではなからう（中略）宗教を一にしようと、所謂帰一論を唱へた」とその設立目的について語っている（前掲『竜門雑誌』第五五九号五〜六ページ）。実業界完全引退後も、栄一は帰一協会の活動を続ける一方で、儒教、神道、仏教、キリスト教系の多くの各団体に関与した。その関与団体数は、完全引退前後から顕著に増加していったようである（前掲『渋沢栄一事業別年譜』一二〜一三ページ）。帰一協会で、「宗教を一にしようと」いう理想も考えていた栄一は、多くの事業を立ち上げる場合と同様に、みずからの信念として、公益に資すると判断したものに関しては、どの宗教でも支援を惜しまなかった。

(10) 渋沢栄一記念財団編［二〇一二］、『渋沢栄一を知る事典』（東京堂出版）一六一ページ。

(11) 渋沢栄一述、梶山彬編［一九一六］、『論語と算盤』（東亜堂書房）二〜三ページ。前掲『論語と算盤』初版復刻版を参照。

(12) 前掲『竜門雑誌』第三八四号六〇ページ。

(13) 渋沢栄一［一九二八］、「御大礼に際して迎ふる休戦記念日に就て」前掲『竜門雑誌』第四八二号一〇五ページ。渋沢史料館常設展示室における渋沢栄一の肉声展示。

(14) 渋沢史料館編［二〇一〇］、『渋沢栄一と関東大震災—復興へのまなざし—』（同館）による。

(15) 前掲『渋沢栄一事業別年譜』による。

(16) 島田昌和［二〇〇七］、『渋沢栄一の企業者活動の研究』（日本経済評論社）一〇九〜一一〇ページ。

(17) 同前一一〇ページ。日本郵船と東洋汽船合併の際の栄一の関与については一〇三〜一〇九ページ参照。

(18) 『渋沢栄一伝記資料』第三〇巻六三八〜六三九ページ。渋沢秀雄［一九九八］、『渋沢栄一』増補版（渋沢青淵記念財団竜門社）一一一〜一一二ページ。

(19) 『渋沢栄一伝記資料』第四〇巻七六〜七八ページ。

(20) 同前一〇五ページ。

(21) 同前第五七巻七二一ページ。

(22) 同前七一九ページ。

（23）同前七二三〜七二八ページ。
（24）同前七二八〜七二九ページ。
（25）同前七八三ページ。この時、栄一が語った言葉を渋沢篤二が筆記したものとして、郷誠之助が一九三一年一二月一日に日本経済連盟会、日本工業倶楽部、日華実業協会、東京銀行集会所、東京商工会議所共同主催により開催された栄一追悼会において朗読したもの。
（26）同前七三〇〜七三六ページ。

第二部
論考

歴史に刻印される企業家の価値

合本主義・財界リーダー・道徳経済合一説

〔凡例〕

一、各章末に出典を列記した引用については基本的に鉤括弧内に記した。なお読者の便宜を考慮し、引用文中、難解なものについては現代語に改めたものがある。また原則として、常用漢字（一部は正字）を使用、片仮名表記は平仮名に、歴史的仮名遣いを現代仮名遣いに改めたほか、難読のものには振り仮名を付す処理を施すようにした。

一、Ⅲ章「補節」における「栄一自身の関係会社と経営者の評価」については、前項に準じ、さらに不要な振り仮名を外す、必要に応じて改行、句読点を付すようにしたが、原文の文意を損なわないことを大前提とした。

I　激動の時代に生まれて

1　渋沢栄一が生を享けた時代

アーリー・モダンとしての江戸時代

「人は誰でも時代の人である、時代に属せぬ人といふものが有ることは無いが、其人おのづからにして前時代人のやうな風格を有して、そして時代に後れ、時代に埋没して終る人もあり、又単に時代に浮泛漂蕩して、其人は有れども殆ど無きに同じく、所謂時代の塵埃となった終るものも有り、又稀には時代に超越して時代の人と云はうよりは其人卻つて時代を包有せるが如きものも有る。才能の大小や、性質の美悪や、さういふこととは別に、人の風格はさまざまであつて、そして各自の一生を其時代に印するのである(1)」。

作家の幸田露伴が『渋沢栄一伝』の冒頭で書いたように、人物について論じる時にはその時代背景を十分に考慮する必要がある。人間の行動や思想はすべてといってよいほど、歴史的時間の刻印を受けている。それは時代の制約を強く受けたものばかりではなく、逆に時代に抗うものであったりするが、その双方の意味において、時代の刻印を受けているのである。

では、栄一がこの世に生を享けたのはどのような時代だったのか。渋沢家やその故郷の歴史、栄一自身の青少年時代の出来事については、第一部で詳説したので、ここでは、栄一が誕生した天保時代から明治維新期までの日本の社会情勢に視野を広げてみたい。

江戸時代といえば、暗いイメージをもって思い浮かべる読者が多いことであろう。農民たちは「生かさぬように殺さぬように」と生存水準ぎりぎりの生活を強いられ、「間引き」や「姥捨て」と呼ばれる慣習が広く行きわたっていた、鎖国によって海外の文明との接触を欠き、経済発展や科学技術の面において西欧世界から後れをとってしまった、都市は発展したが、それは一部の特権的豪商を潤すものでしかなかった……等々、「江戸時代」＝「停滞社会」、「ゼロ成長の社会」という歴史観を持つ人が今でも少なくないはずである。しかし、近年では、その歴史観は次第に塗り替えられつつある。日本の「近世」を「アーリー・モダン（early-modern、初期近代）」、すなわち日本近代を準備した時代ととらえる見方が広がってきたのである。(2)

江戸時代の経済発展

いくつかの証拠を挙げてみよう。(3) 江戸時代の二世紀半強の間に、人口は少なくとも二倍、大きく見積もれば三倍に増加し、新田開発によって耕地面積も約一・六倍に拡大、土地生産性の上昇もあって、農業生産高は大きく増大した。農民たちは生産性の上昇によって生まれた余剰時間を綿紡・製糸・織物などの家内副業や町場での仕事に投じた。この結果、江戸後期には社会全体として非農業化がかなり進んだ。人々の平均余命は一七世紀が二〇代〜三〇代初めだったのが、一八世紀には三〇代半ば、そして一九世紀には三〇代後半から四〇代となって明治中期頃と変わらない水準に到達した。これは人々の生活水準が着実に向上したことを物語っている。

江戸時代の身分別人口構成では農民が八六パーセントを占めていたが、江戸後期の「農民」「百姓」は必ずしも農業専業者ではなく、農村居住者を意味した。また、この時代の農民は土地に縛りつけられ、移住や離農はできなかったとされているが、その掟は著しく厳格であったわけでない。渋沢栄一は、二〇代前半で数カ月江戸に遊学しているし、藍玉販売では武州本庄、秩父、上州伊勢崎、さらに信州佐久、上田まで足を延ばしている。

江戸時代が培った文化的、知的遺産はさらに重要であった。幕末期には寺子屋は全国に一万五〇〇〇軒以上も存在し、庶民の就学率は男子四三パーセント、女子で一〇パーセントにのぼったといわれている[4]。栄一は、学問を好み、俳諧連歌をたしなむ教養人であった父・市郎右衛門について五歳の時から、書物を読み始め、六〜七歳時からは七年にわたって、従兄でひとかどの漢学者として知られる尾高惇忠に師事して四書・五経を修めたほか、『国史略』『日本外史』『文明史略』などを読破している。当時の農村の少年一般がこれほどの教育を受けたとは思われないが、富裕な農民の子弟では珍しいことではなかったであろう。庶民教育に対する投資効果は国家的にみても絶大であった。識字率など庶民の教育レベルが高かったことが、明治以降、外来の文明・制度の受容を容易にしたといえるからである。

しかも、江戸時代には士農工商の身分制があったが、士と農工商の間の上下関係に比べれば、農工商は一列で、農工商間の職業の移動は比較的自由であった。士分株の購入、養子縁組、武家の用人や奉公人に雇用されたことを契機に、農民や町人が武士になる道も開かれるようになった。豪農の息子とはいえ、栄一が幕臣となり、武家社会でも重きをなしたのは不思議な気持ちにさせられるが、身分制が弛緩した幕末では、これは全く異例のことではなかったのである。

都市の大商家では、番頭への経営委任など、所有と経営を分離する工夫、複式構造を持つ帳簿を生み出すまでになった会計技術、住み込み制度・年功序列制などの家族的労務管理と人材養成の仕組みなどが開発され、近代企業経営の展開上、重要な原型となった。遠隔地間の商取引や大規模な商取引の展開を促進した為替の仕組みや両替商を中心とする代金決済のシステム、世界最古の組織的先物市場といわれる大阪堂島米会所など、経済システムも高度に発達した。

以上のいくつかの例をみただけでも、江戸時代が決して停滞社会でなかったことがわかるはずだ。江戸時代には、すでに近代国家として経済成長するための潜在能力が培われていたのである。とはいえ、江戸時代の経済がそのまま「連続」して、日本の近代的経済発展を導いたわけではない。幕末・維新期、いざ日本が欧米列強と接触したとき明らかになった列強との経済力、技術力、軍事力の格差は想像を絶していた。ここに「断絶」があった。しかしながら、この未曾有の経済社会の激動期に日本が他の多くのアジア諸国のような破滅に陥らず、なんとか近代社会に移行することができたのは、江戸時代の社会が培った「転換能力」がモノをいったからであろう。

幕末・維新期の日本経済

一八五三(嘉永六)年、アメリカの東インド艦隊司令長官ペリーが浦賀沖に来航し、翌五四年には日米和親条約が結ばれて、徳川鎖国体制は終焉を迎えた。続いて一八五八(安政五)年からアメリカはじめ五カ国と修好通商条約が締結され、貿易が始まった。

欧米諸国との接触は日本の政治・社会・経済のあらゆる面に大きな影響を与えた。まず、和親条約、修好通商条約は、片務的な最恵国条款の供与、治外法権、関税自主権の喪失など日本にとって不平等条約であり、その後の日本に大きな重荷を課すことになったが、他面、「条約改正」が国家的、国民的課題となり、西欧的近代化政策を推し進める上で、一定の役割を果たすことになった。また、幕府が条約交渉をめぐり朝廷の裁可や諸大名の助言を求めたことは、幕府の統治能力の低下を白日のもとにさらし、幕府の崩壊を促進した。対外及び対内軍事経費や開港場経費、外交費などが膨らんだことも、財政面から幕府の瓦解を迫ることになった。

経済面では、まず貨幣制度の混乱とそれによる物価騰貴が生じた。当時の国際的金銀比価に対し、日本では大幅な金安銀高となっていたため、開港後、大量の金貨が流出することとなった。

これを防止するため、一八六〇（万延元）年、金銀比価を国際水準に平準化する貨幣改鋳が行われたが、この改鋳によって通貨流通量は約三倍に増加し、物価は著しく高騰した。一八六〇年から六七年までの間に、大阪卸売物価が三倍にも上昇したのである。

ハイパー・インフレの過程で、雇用労働者の貨幣賃金の上昇は遅れ、実質賃金は下落した。逆に賃金労働者を多く雇用していた事業経営者は利潤インフレを享受し、この利益を再投資して事業を拡大するチャンスに恵まれた。一方、大名貸など資産を金融資産で所有することが多かった都市の大両替商は、インフレによって貸付資産の実質的目減りを被った。幕末維新期に大阪などで多くの両替商が倒産したのは、これが大きな原因となった。逆に借り手にはインフレ利得が生じた。生活物資を貨幣で調達していた零細農民、都市細民、下級武士層の受けた打撃も大きく、幕末の社会不安と結びついて、打ちこわし、百姓一揆・世直し運動などを頻発させた。

開港による貿易の開始は、諸商品の相対価格の構造に大きな影響を与え、産業構造変化の方向を決定づけた。例えば綿織物や綿糸は、機械制生産の外来の安価な製品が大量に流入して、相対価格が大きく低下し、打撃を受けた。特に綿糸の場合、在来の手紡糸は壊滅的打撃を受け、明治中期以降農家の副業から、輸入機械を使用する大規模工場制紡績業へと移り変わっていき、同時に国内綿作は急速にすたれていった。これに対して生糸は当時ヨーロッパにおいて生産が極度に不振に陥っていたこともあって、その相対価格は急速に上昇、大量に輸出されていった。

貿易の開始は流通構造にも大きな影響を与えた。大阪や江戸といった旧来の全国市場をバイパスして、横浜や神戸などの開港場を中心とする流通ルートが生まれ、そこにおいて外国商人と取引する一群の新しい商人が登場することになった。栄一の従兄弟で、横浜で生糸売り込み問屋を開いた渋沢喜作もその一人であった。

このような時代であったから、江戸時代から続く富商の多くが没落する一方で、多数の新興の商人が台頭した。今、一八四九（嘉永二）年の長者番付「大日本持丸長者鑑」とそれから約半世紀後の一九〇二（明治三五）年の「日本全国五万円以上資産家一覧」とを比較すると、前者で掲載されている長者二三一家のうち、後者にも掲載されているのは僅か二〇家であった。資産家の栄枯盛衰、誠に激しい時代だったのである。(5)

2　渋沢栄一の出自

渋沢栄一の出自――そのマージナリティ

渋沢栄一のユニークさの一つはその出自にある。まず注目しなければならないのは、渋沢家は農民とはいえ、農業・養蚕のほか、藍玉の製造・販売、さらに質商を営むなど豪農であり、多額の御用金上納を命じられるほどの資産家であり、苗字帯刀を許された家柄であったことである。

第二に重要なことは、士分格の上層農民の長男として生まれたため、当時の農村の少年としては遥かに長く、高いレベルの教育を受けたことである。それも、近在でひとかどの漢学者として知られ、水戸学に通じていた義兄の尾高惇忠の影響を受け、次第に社会や国政に関心をもち、勤王攘夷思想に傾いていった。また、江戸に出て、剣術や漢学を学んだというから、恵まれた少年時代を過ごしたというべきであろう。

一六歳の頃、藩からの御用金上納を命じられたとき、父の名代として出頭した陣屋で代官から受けた叱責を不条理と感じ、身分制社会に憤りを覚えたのは、渋沢家が半士半農的家柄であり、栄一自身がそれなりの学問を修めていたゆえの反発ではなかったか。武士との身分差を絶対に超えることができないと感じていた無学の下層農民だったならば、そのような疑問自体が生じることがなかったであろう。

外国人居留地襲撃計画に挫折してのち、官憲の追及を避けるべく、栄一は京都に旅立ち、知己であった一橋家の用人・平岡円四郎の斡旋で、一橋家の家臣となる。さらに一八六六（慶応二）年、一橋慶喜が一五代将軍となると、栄一も幕臣となった。一橋家の家臣となった栄一は同藩の領地であった播州の年貢米や木綿の販売市場の開拓、藩札整理など財政改革において、また兵隊徴募において力を発揮し、慶喜の信用を得て、仕官二年後には同藩の勘定組頭となり、二五石七人扶持を給された。異例の抜擢というべきであろう。

尊王攘夷思想に傾倒し、倒幕運動にまで身を投じようとした男が、どうしてあっさりと一橋家の家臣となり、さらに幕臣となったのか。なぜ、平岡円四郎や一橋家は一介の農民でしかない栄一たちを士分に取り立てたのか。栄一に関する先行論者の多くは、この謎解きに取り組んできた。鹿島茂は「いったい利口なのか馬鹿なのか、頑固なのか柔軟なのか、理想主義者なのか現実主義者なのか、原則論者なのか日和見主義者なのか、どうも判断に苦しむところがある。とりわけ、高崎城襲撃計画の挫折から一橋家仕官に至るまでの期間についてはこれがいえる」[6]と書いた。山本七平の『渋沢栄一　近代の創造』[7]も二章を割いて、栄一がなぜ武士となったのか、平岡がなぜ栄一を引き立てたのかを論じている。

多々不可解な点はあるが、次のような条件が揃っていたことは確かだろう。一つは先述のように、武士と農民との間の垣根がさほど高くはなく、農民が士分に取り立てられるのは、決して珍しいことではなかったという幕末の社会情勢である。次に平岡円四郎は開国派に属し、栄一は攘夷派に傾倒していたというようにイデオロギーの違いはあれ、平岡と栄一はすでに昵懇の間柄で、平岡が栄一の潜在能力を高く評価し、栄一も平岡という人物に信頼をおいていた。加えて、栄一らには、襲撃事件の一件で江戸で捕縛された尾高長七郎を救出しなければならない、自分たちも幕府に追われる立場にあり、生活も困窮するかもしれないという差し迫った事情もあった。

また興味深いことは、栄一らが「もとより一橋家に仕官の望みがあって来たのではありませぬ」[8]といいながら、平岡の勧めに応じて仕官することになった際、「一《ひ》ト理屈を付けて志願しよう」[9]として、一橋慶喜に御目通りして「倒幕の意見」を開陳することを条件としたことである。[10]仕官は「変節」ではなく、目的を果すための「手段」だと明言したかったのであろうか。別の面から見ると、豪農とはいえ一介の農民の息子が、幕閣の権力者にこのような無謀な直訴をなす勇気をもつにいたっていたことと、それが許容されるような社会になっていたのである。

その後、栄一は幕臣となり、パリ万国博への代表使節に派遣されることになった慶喜の弟徳川昭武の随行員に加えられ、一八六七年の正月（旧暦）から約二年にわたり、フランスのほか、イギリス、ドイツ、オランダ、ベルギーなどを巡歴した。栄一にとって成長途上にあった資本主義国は見るもの、聞くものすべて驚くばかりであったに違いない。栄一は、かつて栄一に尊王攘夷思想を吹き込んだ尾高惇忠に、次のような趣旨の手紙を認めている。「西洋の開化文明は聞きしに勝るもので驚くばかりです。私は、深く外国へ接し、その長所を学び、我が国のために役立てる方が自然と思います。先年とは変心することになりますが、独立するなどなかなか難しいと存じます。先生の御高論を伺いたく存じます[11]」。栄一はこの旅により攘夷論から完全に脱却、眼を大きく世界に見開くようになったのである。

一八六八（明治元）年一一月、幕府瓦解、王政復古の知らせを受けて、栄一は急ぎ帰国する。翌一八六九年、栄一は大隈重信大蔵大輔の慫慂により、民部省に出仕、租税正となる。一八七一年、大隈は参議となり、井上馨がその後任となった。「井上馨侯は頗る機敏の人であって見識も高く、一面に於いては至って磊落な気質で、私と一緒になって遊び仲間にもなられたものであるから、井上侯と私とは肝胆相照らす間柄まで進んだ[12]」と記しているように、井上との出会いはその後の栄一の進む道を大きく方向づけることになる。栄一は井上と組んで、税制改革、度量衡の標準化、禄制の廃止、藩札の整理など、貨幣・金融・財政制度の調査・研究と改革にあたった。

しかしながら、一八七三年、栄一は、政府予算の節約による財政整理案が政府内で容れられなかったため、井上とともに大蔵省を辞し、野に下った。これ以後、実業家としての活動が始まる。

企業家の出自論争——マージナル・マン仮説

以上にみたように、渋沢栄一は富裕な豪農商の家に生まれ、草莽の志士から転じて、武士となり、渡欧を体験し、維新後は政府官僚となった。郷里を出て倒幕運動に身を投じ、大蔵省を辞するまでわずか一〇年あまりの間のめまぐるしい変転であった。この間に栄一は明らかに、江戸時代の士農工商という身分秩序の中におさまりきらない存在となった。栄一は、諸階層が重なり合う限界的（マージナル）な位置に身をおいて人となったのである。

ところで明治の近代産業の企業家たちはいったいどのような層から生まれ出たのであろうか。これについては、古くから学界で論争がある。武士主流説、商人主流説、武士・商人均等説などである。ここでは論争に深く立ち入るのは避けて、筆者の結論だけ述べれば、武士・商人均等説、もしくは、上級武士や伝統的な都市商人は少なく、大地主もほとんど存在しない、とはいえ、小作人など貧窮階層からの出身者もほとんど見出すことはできない、むしろ武士・商人・農民という階級区分に必ずしもおさまりきれない「限界階層者」から出ることが多かったという限界階層者説が最も妥当だと考えている。実際、栄一のほか、岩崎弥太郎、三野村利左衛門、安田善次郎、藤田伝三郎などは士農商いずれの身分にもおさまり難い背景を持っていたのである。

この種の人物が多数登場したことは、幕末にいたるまでに身分・階層の流動性が高まっていたことを物語る。経営史家のヨハネス・ヒルシュマイヤー、由井常彦は「幕末になると形式的には武士身分であっても、事実上商工業や農業にたずさわる下級武士や郷士、あるいは農民や商人身分でも、武士的教養と品性を身につける階層が生まれ、事実上限界的な階層の人々がいたるところに生成している。また世襲的な身分の価値を絶対視せず、能力と業績を尊重する価値観も、これら限界的な階層を中心に浸透していた。そして身分制社会のなかでめだたないながらも緩慢に進行していた農村の社会流動性とともに、そうした限界的な階層とそこに生成した諸価値こそ、前衛的ないし先駆的な企業家の形成の社会的基盤であったのである」[13]と書いている。

革新的企業家（entrepreneur）の経済発展における大きな役割を力説した経済学者ジョセフ・A・シュンペーターにおいては、そのような革新的企業家は社会の既存の文化や、伝統的慣習などからしばしば「逸脱」する存在であった。また、アメリカの経済学者バート・F・ホゼリッツらはマイノリティ・グループや異教徒、異端派からしばしば革新的企業家が出現したことに着目し、このような社会的にマージナル（限界的）な位置にいる人ほど、既存の秩序や社会的価値に抵抗しがちであり、それが革新の源泉になるという仮説を提示している。[14]

このようなマージナル・マンが明治期企業家の主流であったとすれば、その価値体系や思想、行動様式も一方的に武士起源であるとか、商人起源であるとか決めつけることは適切ではなく、それらの融合として理解すべきことを示唆している。本書の主人公・渋沢栄一の企業家精神を考えるにあたって、留意しておきたい点である。

(1)幸田露伴［一九三九］、『渋沢栄一伝』(渋沢青淵翁記念会) 一〜二ページ。
(2)宮本又郎編著［二〇一二］、『改訂新版　日本経済史』(放送大学教育振興会)』二九〜四五ページ。
(3)速水融・宮本又郎編著［一九八八］、「概説」『日本経済史1　経済社会の成立 17-18世紀』(岩波書店) 一〜八四ページ。宮本又郎ほか［二〇〇七］、『日本経営史〔新版〕』第一章 (有斐閣) を参照。
(4)R・P・ドーア著、松居弘道訳［一九七〇］、『江戸時代の教育』(岩波書店) 二三五ページ。
(5)宮本又郎［一九九九］、『日本の近代11　企業家たちの挑戦』(中央公論新社) 五二〜五三ページ。
(6)鹿島茂［二〇一一］、『渋沢栄一Ⅰ　算盤篇』(文藝春秋) 七四ページ。
(7)山本七平［二〇〇九］、『渋沢栄一　近代の創造』(祥伝社) 二三三〜二七七ページ。
(8)渋沢栄一述［一九八四］、『雨夜譚』(岩波書店) 六〇ページ。
(9)同前六三ページ。
(10)同前六五〜六六ページ。
(11)渋沢秀雄［一九四一］、『攘夷論者の渡欧』(双雅房) 一七二ページ。ただし、現代語に改めた。
(12)渋沢栄一述、小貫修一郎編著、高橋重治編纂［一九二七］、『青淵回顧録』上巻 (青淵回顧録刊行会) 三五九ページ。
(13)J・ヒルシュマイヤー・由井常彦［一九七七］、『日本の経営発展　近代化と企業経営』(東洋経済新報社) 一三〇〜一三一ページ。
(14)ホゼリッツの説については、瀬岡誠［一九八〇］、『企業者史学序説』(実教出版) 一三二〜一三六ページによる。

Ⅱ　商才の芽生え

1　渋沢家の経済活動

渋沢家の富の源泉

渋沢栄一の生家がどの程度豊かだったか、推測してみよう。一八五六（安政三）年、岡部藩から御用金上納を申しつけられた額は五〇〇両であったという。その時までに、栄一が知る限りでも、御用金の総額は二〇〇〇両余となっていた。血洗島に比較的近い八王子の当時の米価（一石約一・五両）で換算すると、[1]五〇〇両は米三三三石、二〇〇〇両は一三三三石に相当する。

また、その七年後の一八六三（文久三）年、高崎城襲撃を企てたとき、栄一は集金した藍の代金のうち約二〇〇両を武器調達のため使い込んだ。これを父に告白したところ、許された上に、餞別として一〇〇両を与えられたという。[2]この時の米価は一石（約一五〇キログラム）約二・四両に騰貴していたので、二〇〇両は八三石、三〇〇両は一二五石ということになる。江戸時代でも富裕な階層ならば、一人あたりの年間米消費量は約一石だったから、米に換算すれば、右に挙げた金額が相当な額だったことを実感できよう。

どうして渋沢家は豊かになりえたのか。血洗島は畑地が中心の農村地帯であった。江戸時代は「米遣いの経済」と呼ばれたように、稲作が農業の中心で、年貢も米で納める村が大部分であったが、血洗島では金納のシステムがとられていた。それだけこの村では早くから貨幣経済が進展していたのである。[3] また第一部で紹介したように、利根川を利用した水運、中山道を利用した陸運の便がよく、江戸との距離は一九里（約七五キロメートル）と交通至便の地にあり、物資のみならず、様々な情報や文化が入ってくる土地であった。

このような好条件に恵まれていた渋沢家の致富の第一の源泉は藍玉の製造と販売にあった。血洗島の周辺農村は「武州藍」といって、藍の葉が盛んに栽培されていたので、渋沢家ではそれを買い集めて藍玉に加工し、信州や上州の紺屋に販売したのである。このビジネスは渋沢「中の家」では栄一の父・市郎右衛門の頃から本格的に行うようになった。その取引規模は、信州の小県地方だけでも、約五〇軒の紺屋と取引があり、一軒あたり年平均一〇〇両の売上があったというから、年商五〇〇〇両、他地方への売上を合わせると年商一万両を超えたのではないかと、渋沢史料館の井上潤館長は推測している。[4] その利益率については、一駄（三六貫＝一三五キログラム）二〇両に対して三～五両の利益があったというから、一五～二五パーセントということになる（渋沢史料館の桑原功一副館長の教示による）。とすると、藍取引だけで年に一五〇〇両ないし二五〇〇両の利益を得ていたことになる。

江戸時代きっての豪商三井家の場合、その本社的存在であった「大元方」の一八六〇（万延元）年の利益は銀一四二貫余、[5] 金貨換算では（江戸の銀相場、金一両＝銀七二・四匁）一九六一両余であった。三井と並ぶ江戸期豪商鴻池善右衛門の場合、同家の毎年の決算簿である「算用帳」によれば、一八五三（嘉永六）年の利益は銀六一二貫余で、[6] 金貨換算すると（一両＝六五・一匁）、九四〇〇両強となる。渋沢「中の家」の藍取引の利益は、鴻池善右衛門家の年利益には及ばなかったものの、三井家のそれにまさるとも劣らないレベルに達していたのである。五〇〇両の御用金上納を要求した岡部藩は渋沢家の懐事情をよく知っていたということになろう。

渋沢家の藍商業は経済学・経営学的にも興味深いところがある。一つは、父の市郎右衛門が藍葉の鑑定や藍玉製造に長けた人だったことである。第一部で、その薫陶を受けていた少年・栄一が藍葉の買い付けにあたり、その品質鑑定について類い稀な才能を示した逸話が紹介されているが、この逸話を晩年において栄一が誇らしげに語っていること自体、藍葉の鑑定が競争優位性の源泉になっていたことを示している。

第二は、江戸や江戸地廻り経済圏など、全国ブランドで高級品であった阿波藍が優位性をもっていた市場を避け、武州西部、上州、信州方面の大衆向け市場にターゲットを絞って販売圏を広げていったことである。

第三は、渋沢同族の各家では競合を避けるため、得意先地域を分けていたことである。渋沢家

「中の家」は主に信州方面を得意先とし、上州伊勢崎、近隣の本庄へ販路を拡大していった。

経営戦略論ではSWOTという分析手法がある。それは自分の「強み」(strengths)と「弱み」(weaknesses)、環境要因における「機会」(opportunities)と「脅威」(threats)に分けて分析する手法である。この場合、「機会」とは自分にとって利用可能なプラスの要因、「脅威」は自分にもたらされるマイナスの要因を意味している。

SWOT分析の枠組みに照らすと、渋沢家の藍商業はまことに理に適ったものであった。渋沢家にとって「強み」(S)は、よりよい藍葉を鑑定し、紺屋に気に入られる藍玉を製造する能力を持っていたことだった。しかし、他方、阿波藍に対しては品質の面で劣り、ブランド性に欠けるという「弱み」(W)を持っていた。

環境要因としては、利根川の水運の便、中山道の陸運の便に恵まれ、武州本庄・秩父、上州伊勢崎、信州佐久・上田というような、染物需要が高まりつつある織物地域に販路を拡大する「機会」(O)が開かれていた。そしてこれらは阿波藍などの商権が及びにくい地域でもあった。

また、血洗島が属した岡部領周辺は中小規模の藩や幕領、私領村々などが分散的に入り組む地域であり、阿波藍の徳島藩のように藍の専売制や藍作税、藍玉移出税の徴収が行われず、他藩や他領の町や村とも直接取引を比較的自由に展開しえたという「機会」(O)もあった。

他方、渋沢同族の他家も藍商業に乗り出していたから、同族間で競合し合うという「脅威」(T)もあった。また、距離的には近いとはいえ、阿波藍が優位性を持っていた江戸市場には進出しがたかったことも「脅威」といえるであろう。

このように、渋沢家は、自己の強みと弱み、それに外部環境要因を斟酌しつつ、ターゲットとなるマーケット・セグメントを適切に選択し、それに照応する品質の商品を製造していたという点において、経営戦略論的にみて合理的ポジションをとっていたのである。

幕末の経済変動と渋沢家

渋沢家の財産形成に関して、もう一つ指摘しておかなければならないのは幕末の経済変動との関係である。すでに指摘したように、開港以後の一八六〇年以降はハイパー・インフレとなった。これが渋沢家のような存在にどう影響したか。先述のように、血洗島での年貢は「金納」であった。農民の所有地には石高、つまり米で表したその土地の価値がつけられており、年貢はこの石高に対する一定割合、例えば「五公五民」ならば、石高一〇石の土地には五石の年貢が課せられる。「金納」とは、この五石を米の値段に換算して、貨幣で支払うという仕組みである。このときの換算率を「石代値段」という。「石代値段」が一石＝一両なら、年貢は五両というわけである。「石代値段」がインフレの過程で据え置かれたり、変更に時差があると、年貢を納めるほうに利得が発生することになる。例えば、米価が一石二両に跳ね上がっても、石代値段が一両のままという場合である。

また農地の石高の評価替えがあまり行われなかったことも、概して農民側に有利に作用した。

農民の努力、技術進歩などにより、生産力が上昇しても、石高が変わらないのならば、農民の実質年貢負担は軽くなるからである。これは血洗島特有のことではなく、江戸後期の農村一般でみられた現象であった。

加えて、開港による外国貿易開始の影響もあった。既述のとおり、開港後、生糸や蚕種はヨーロッパにおける蚕の伝染病などの影響があって、盛んに輸出され、しかもその価格は一般物価より遥かに高率で上昇したのである。山本七平は、渋沢家「東の家」がこのとき、蚕種輸出で巨利を博し、それが同家の財産形成の大きな源泉になったことを明らかにしている。[7] 栄一の「中の家」については詳らかではないが、養蚕業も行なっていた同家が同様の恩恵に与らなかったとは考えにくい。

幕末のインフレや外国貿易の開始による利益は、いわば「棚からぼた餅」の恩恵で、主体的な企業家活動の成果ということはできないかもしれない。しかし、このような外部環境の変化を鋭くキャッチし、果敢な行動を起こすことも立派な企業家活動である。幕末社会の大変動は渋沢家に経済感覚、商才を錬磨する機会を与えたが、栄一は、そのような環境の中に身をおいて多感な青少年時代を過ごしたのである。

少年・栄一も、商才の芽生えを感じさせるエピソードを数々残している。第一部I章で紹介したように、一三歳にして藍葉についていっぱしの鑑定眼をもち、大人を驚かせたこと、藍作農民の番付をつくり、彼らの名誉心、競争心を刺激して、優良な藍葉がつくられるインセンティブ・

システムを構築しようとしたこと、などである。価格や販売テクニックなどよりも、品質の鑑定や改良に関心を寄せていることにセンスを感じさせる。

一橋家家臣になってからは、財政改革の一環として、硝石、年貢米、木綿の販売改革に取り組んでいる。いずれも播州一橋領の特産物の流通に一橋家が積極的に関与して、中間業者を排除し、一橋家のみならず生産者にも利益をもたらそうとする改革であった。栄一がこれに取り組んだのは、仕官してまだ二年も経っていない時である。播州の土地勘などなかったにもかかわらず、何が同地方の特産物なのか、そしてその流通構造にどのような問題点があるのかを鋭く見抜いた洞察力と、果断に改革に取り組んだことに驚かされる。鹿島茂はこの栄一の才について次のように書いている。「ある現象なり事件を前にしたとき、すべての夾雑物を取り除いて、一気にその核心を衝く帰納的能力の天才、見えざるシステムを見抜く天才である」(8)。

2 滞欧生活で花開いた渋沢栄一の社会経済観

フランス経済の仕組み

幕臣になっていたとはいえ身分の低かった栄一が、パリ万博に幕府代表として派遣される徳川昭武の随行員に加えられたのは、一橋家で発揮した理財の才、事務能力を認められたからであった。生粋の侍ばかりの中で、栄一の職務は「御勘定格陸軍附調役」という会計係兼書記役兼雑務役、いわば今日の団体旅行の「添乗員」であった。しかし、滞欧中の栄一は遥かにそれを超える存在となった。栄一はその社会経済に対する鋭い観察眼、洞察力を滞欧中にも遺憾なく発揮している。特に栄一がフランス経済の仕組みに興味を持ったのは、紙幣、公債証券、銀行、そして合本会社であった。後年、栄一は次のように記している。

「（フランスの）経済界の観察中に、二、三の要件が大いに日本と違うということを認識した。その一つは紙幣の流通である。その紙幣は希望すればいつでも正金に引換えるのである。而してその正金は一の制度があって、どれほどの純分を含むべきものと規定してある。かく儼然たる有様であるから、日本の幕府の幣制の如く、元禄・元文・天保と次第に貨幣を改鋳してその純分を減少しながら同じ称呼を以て世間を瞞着するようなことはない、いつも同じ量目、同じ純分で引換うるのである。かくの如くしたならば融通ということは良いだろうということは、仮令完全なる学理を修めぬでも事実において了解した。かつその実務はバンクというものがあってそれを取扱う。このバンクというものは他人より金を預りもする、貸しもする、為替の取扱もする。別にまた公債証書というものがある。これは国家が借用証文を出してこれを融通するのである。そのほかに合本法により組織する鉄道会社があって、同じく流通し得る処の借用証文を出すのである。元来借用証文というのは、日本の習慣としてその時分には極めて秘密にすべきものとしてあった。とにかく仏国の滞在が一年余りであったから色々の事物に接触しました(9)」。

以上のうち、兌換紙幣がよいとする評価は必ずしも正鵠を得ているわけではないが、「バンク」「公債証書」「合本法」がヨーロッパ資本主義の肝であることを素早く見抜いたことは流石である。特に、日本では借用証文が「日本の習慣としてその時分には極めて秘密にすべきものとしてあった」、すなわち市場で出回っていないのに、フランスでは「流通」していること、つまり、別人である、金の出し手と使い手が銀行や公社債、株券で結びつけられていることに感心しているのである。

また、使節団の滞欧中、徳川慶喜が大政奉還し、幕府から使節団への送金が途絶えることになり、会計係の栄一としては使節団の滞在費用をいかにして捻出するかが問題となった。そこで、栄一は手持ち資金でまずフランス公債を買い、さらに有利というので約二万円で鉄道株を買っている。この結果、帰国するときには利子や配当のほか五〇〇〇円のキャピタル・ゲインを得たという。栄一は「此時経済というものは斯う云う風にすればよいものだと感じ（た）」[10]と述懐している。これは公債や株を売買すれば金儲けできるというだけの意味でなく、公社債や株券という仕組みによって、個人のもとに眠っている小さな金が集まれば大きな資本が形成されることにいたく感じ入ったことを示しているものであろう。

一八七三（明治六）年に第一国立銀行を設立した時に栄一は株主募集広告文を書いたが、それは、いみじくも栄一のフランス経済知識を披露するものとなった。「そもそも銀行は大きな川のようなものだ。役に立つことは限りない。しかし、まだ銀行に集まってこないうちの金は、溝にたまっている水や、ボタボタ垂れている滴と変わりがない。ときには豪商豪農の蔵の中に隠れていたり、日雇い人夫やお婆さんの懐に潜んでいたりする。それでは人の役に立ち、国を富ませる働きを現さない。水に流れる力があっても、土手や岡に妨げられていては、まったく役にたたない。銀行を創立し、その統御下に金の疎通をよくすれば、倉にある金も集まり、大きな資金となり貿易は繁盛し、産物も増え、工業も発達する。学問も発達し、道路も改良され、国益にかなう(11)」。

「合本組織」

また合本組織については、次のように述べている。「約二ヶ年仏蘭西に滞在した間、またその間、英吉利、白耳義、和蘭、瑞西等を巡遊した時に、最も感じたのは、事業が合本組織で非常に発展して居ることと、官民の接触する有様が頗る親密であることとであって、一面からは合本組織で商工業が発達すれば自然商工業者の地位が上って官民の間が接近して来るであろうと思った(12)」。「一人だけ富んでそれで国は富まぬ。国家が強くはならぬ。殊に今の全体から商工業者の位置が卑しい、力が弱いということを救いたいと覚悟するならば、どうしても全般に富むことを考えるより外ない。全般に富むという考えは、これは合本法よりない(13)」。

栄一がこうした洞察力を発揮しえたのには、徳川昭武使節団のフランス滞在中の世話掛であったフリューリ・エラールの助けが大きかった。エラールは幕末の駐日フランス公使レオン・ロッシュの推薦で駐仏日本名誉領事となった銀行家であり、弁護士であった。彼はフランス外務省と大手銀行ソシエテ・ジェネラルに強いつながりをもっていた。[14] 使節団における栄一の役割は会計係と書記役であったから、その実務にあたる過程でエラールから様々な知識やアドバイスを与えられたのである。第一部I章で紹介したように、エラールなど「フランスで実業界の人々と接触したから、不充分ながら銀行というものがどういうことをやるか、また合本会社の経営はいかにするものであるか」ということを「学問的に綿密なる方法は知らぬが現に実物を取扱って少しは吟味して見もしたから、朧気に分っ」たと、語っている。[15] また、パリで為替金の受け取り、送金などで銀行を実際に利用する機会が多かったし、[16] ヨーロッパ歴訪中、各国の銀行で為替手形を利用したりもしている。[17]

こうして栄一は学理でなく、実務の体験から、合本法や銀行の一般的機能の理解に到達したが、注意すべきは、銀行や合本組織が栄一にとっては単なる経済組織ではなかったことである。先の引用で、「合本組織で商工業が発達すれば自然商工業者の地位が上って官民の間が接近して来るであろうと思った」「商工業者の位置が卑しい、力が弱いということを救いたい」とあるように、栄一にとっては、合本組織は日本の商工業者の地位を引き上げるための手段だったのである。

また同じく、第一部I章で紹介したように、渡欧の途中、スエズ運河の工事を見て、栄一はその建設工事の巨大さに驚くだけでなく、フランスの会社が一社一国のためではなく、世界の公益を図るという目的をもって、建設にあたっていることに感服している。

さらに、一八六七年一一月から、従来から使節団の世話掛に就いていたエラールに加え、ナポレオン三世の騎兵コロネルのモッシュ・ヴィレットが就くことになったが、「お役人様」のヴィレットと、銀行家であるエラールが、ほとんど身分の隔てなく、対等に会話していることに驚いている。フランスにはそんな身分差はなく、国民全体が平等で、役人だからといって威張るということはない。四民平等の風習を移したい、「とりわけ官尊民卑を打破すると云ふことに就ては自分が一つ努力して見たいと心に期し」たという[18]。

もう一つの有名なエピソードは、ベルギー国王レオポルド二世に謁見を許されたとき、国王が自国の製鉄を売り込もうとしたことである。これについて、栄一は一国の帝王が商売のことまで言及するのは商売気がありすぎるように思われたが、その態度が非常に「平民的」であるのに感心したと述べている[19]。武士は商いごとにかかわらず、それを業《なりわい》とする商人を蔑視しがちであった日本と比べるとき、国王にしてすでにこのようなスタンスの国にあっては、一般国民たちが産業に冷淡であるはずはないであろうと、栄一は感じたのである。

つまり、官尊民卑の風潮を打破しなければならぬと考えていた栄一にとっては、ヨーロッパの合本組織はそれを実現している一つの手段と考えられたのである。というのは株式の所有は、金さえ持っていれば身分、国籍に関係なく、誰でもできるし、また身分の高い一株所有者よりも、身分の低い二株所有者のほうが会社に対する権利が強いことも経済合理的である。合本組織は、金持ちの富と貧者の能力を結びつけ有効活用する仕組みと考えられたのである。さらに金銭に対する穢れ感を払拭し、まっとうな利潤追求を是とする手段と位置づけられたのである。

繰り返すようだが、栄一にとって合本組織は単なる資本結合を核とする経済組織ではなく、社会変革をもたらす社会組織であった。橘川武郎、パトリック・フリデンソン編著『グローバル資本主義の中の渋沢栄一―合本キャピタリズムとモラル―』（東洋経済新報社、二〇一四年）は日仏英米四ヵ国の経営史家八名による渋沢栄一に関する国際共同研究であるが、ここでは「合本主義」を「公益を追求するという使命や目的を達成するのに最も適した人材と資本を集め、事業を推進させるという考え方」と定義している。栄一の意図を的確に表現した定義といえよう。

様々な「会社観」

以上に説明したような渋沢栄一の合本会社観は、今日的にはどのような意味を持っているだろうか。経営学者の加護野忠男・吉村典久は「会社とは何か＝会社観」について、世界には多様な考えがあるとしている。[20] 一つは会社用具観もしくは会社手段観と呼ばれる考え方である。これは会社を、誰かの所有物あるいはその誰かの目的を果たすための手段と考えるものである。この会社観の中で最も支配的なのが、会社は株主のものであり、その財産をどのように処分するかは所有者である株主の意向によって決められるべきとする「株主用具観」である。会社用具観にはほかにも、従業員のためのものとする従業員用具観、経営者のためのものとする経営者用具観、さらにこれらすべてを含む多様な利害関係者のためのものとする多元的用具観がある。

これに対して、会社制度観あるいは独立制度観と称される会社観がある。会社はそれ自体としての存在意義を持つ社会制度であるとみなす考え方である。ここでは、株主、経営者、従業員、その他の利害関係者の用具とは考えない。「会社は誰のものでもない」と考えるのである。

世界を見渡すと、アメリカやイギリスでは会社用具観が強いが、ドイツを中心にヨーロッパ諸国では会社を労使共同の用具とする多元的用具観あるいは会社用具観が根強い。日本については、会社法は株主用具観に立っているが、大企業の圧倒的多数の経営者は会社制度観もしくは多元的用具観を支持しているのが現実であると、加護野・吉村は指摘している。

会社観により会社の目的も変わることになる。会社制度観では、会社は誰のものでもなく、公器であるから、「よい経営」とは「会社の成長と存続」が実現する経営である。これが実現されれば、株主にとっても、従業員にとっても、経営者にとっても利益となる。

合本会社を出資者の利益を追求するための経済組織と考えず、公益や官尊民卑を打破するための社会組織と考えた栄一の会社観は、加護野・吉村のいう会社制度観と通じるものがあったといえよう。これには、今日の日本の大企業の経営者もシンパシーを感じるのではなかろうか。

サン・シモン主義

渋沢栄一がこうした考えを持つにいたった社会思想的背景についても言及しておきたい。フランス文学者の鹿島茂は、エラールと栄一との出会いを克明に追跡し、サン・シモン主義者であったエラールがその思想的影響を栄一に与えたのであろうとしている。また、フランスの経済史家パトリック・フリデンソンも、栄一自身はその著作物などでサン・シモンの名前を記していないが、滞仏中に複数のサン・シモン主義者たちと出会う機会があり、その思想に間接的な影響を受け、その影響と日本の儒教的思想を融合させたのが栄一の思想であったと推察している。[21]

それでは、サン・シモン主義とは何か。クロード・アンリ・ドゥ・サン・シモン（一七六〇〜一八二五）はフランスの社会改革者、社会主義主唱者の一人であるが、産業主義者とも評される社会思想家である。

鹿島によればサン・シモンの思想は次のようであったという。サン・シモンは、社会は三つの階級、すなわち、貴族、ブルジョワ、産業者から成ると考えた。このうち、貴族とブルジョワは現実に富を生み出す産業に従事していない寄生的階級であるのに対し、産業者は社会の様々な成員の物質的要求または好みを満足させる物的手段を生産したり、届けたりしている存在である。すなわち、商工業に従事する人々はすべて産業者だということである。それは雇用者（経営者）と被雇用者（従業員）のすべてを含むのである。[22]

フランス大革命によって社会の支配権は貴族階級からブルジョワ階級に移ったが、社会の大部分を占める産業者はまだ被支配の状態にある。平和的な手段によって産業者が支配者となる社会をつくり出さなければならない。ただし、これは産業者が政治的権力を握ることではない。公共財産の管理を、公共支出の節約に最も関心を抱き、財産管理能力に長けた産業者に委ねることで

ある。(23)

サン・シモンは空想的社会主義者といわれるが、マルクスないし共産主義と異なるところは、後者が富める者と貧しき者との敵対を防ぐためには、富める者を除去することが必要としたのに対し、サン・シモンは貧しき者をなくすことによって二つの階級をなくそうとしたことである。(24)

こうしたサン・シモンの思想を産業社会において実践していったのが第二次サン・シモン主義と称されるもので、サン・シモンの弟子の一部によって実践された。これが開花したのはナポレオン三世の第二帝政（一八五二〜七〇）下で、一八六七年から六八年にかけて栄一が見聞したものは、この第二次サン・シモン主義であった。

第二帝政下で創業された大企業のほとんどは第二次サン・シモン主義者の手によるものであった。彼らの経済発展戦略について、鹿島茂は「株式会社」「銀行」「鉄道」がその「三種の神器」であったと指摘している。株式会社形態で資本を集めた銀行（クレディ・モビリエ）が、社債発行によって民間の遊休資金を吸収し、それを鉄道、汽船、運河などの交通に株式投資ないし長期貸付という形で運用していったのである。(25)さらに彼らは大都市発展の基盤ともなる水道やガスといった公益事業を発展させるという点でも立役者となった。(26)つまり、経済発展のカギは、カネとモノの流れを細いものから太く、円滑にすることにあると彼らは洞察していたのである。

本章の冒頭において、栄一が日本と異なるフランス経済の仕組みの特徴として、「紙幣、公債証券、銀行、合本会社」に深く関心を持ったことを述べた。これは本人は意識しなかったにせよ、サン・シモン主義の勘所を栄一が的確にとらえていたことを示している。栄一はその後の生涯にわたって数多くの企業の創業、経営にかかわることになるが、その関係企業の内訳においても、「株式会社、銀行、鉄道」を経済発展の根幹とする考えが現れてくることになるのである。

（1）山崎隆三［一九八三］、『近世物価史研究』（塙書房）三八一ページ。
（2）渋沢栄一述・小貫修一郎編著・高橋重治編纂［一九二七］、『青淵回顧録』上巻（青淵回顧録刊行会）六〇ページ。
（3）井上潤［二〇一二］、『渋沢栄一――近代日本社会の創造者』（山川出版社）三ページ。
（4）同前八ページ。
（5）財団法人三井文庫編［一九八〇］、『三井事業史』本篇第一巻（同財団）六五七ページ。
（6）安岡重明［一九七〇］、『財閥形成史の研究』（ミネルヴァ書房）三六～三八ページ。
（7）山本七平［二〇〇九］、『渋沢栄一　近代の創造』（祥伝社）六四～八〇ページ。
（8）鹿島茂［二〇一一］、『渋沢栄一Ⅰ　算盤篇』（文藝春秋）一四九ページ。
（9）渋沢栄一［一九八四］、「維新以後における経済界の発達」渋沢栄一述［一九八四］、『雨夜譚』（岩波書店）二一七～二一八ページ所収。
（10）前掲『青淵回顧録』上巻一七五～一七六ページ。
（11）「国立銀行株主募方布告（明治五年）」。渋沢史料館編［二〇一五］、『私ヲ去リ、公ニ就ク――渋沢栄一と銀行業――』（同財団）に所収。ただし本文中では現代語に改めた。木村昌人［二〇一四］、「グローバル社会における渋沢栄一の商業道徳観」橘川武郎、パトリック・フリデンソン編著『グローバル資本主義の中の渋沢栄一――合本キャピタリズムとモラル――』（東洋経済新報社）一六二ページも参照。

(12) 渋沢栄一［一九三一］、「偶然の転換と目的の達成」『竜門雑誌』第五一〇号（竜門社）六ページ。
(13) 渋沢栄一［一九〇九］、「青淵先生の訓言」前掲『竜門雑誌』第二四九号五～六ページ。
(14) パトリック・フリデンソン［二〇一四］、「官民の関係と境界」前掲『グローバル資本主義の中の渋沢栄一』七二ページ。
(15) 前掲『雨夜譚』二三一～二三二ページ。
(16) 竜門社編［一九五五～六五］、『渋沢栄一伝記資料』第一巻（渋沢栄一伝記資料刊行会）六一七ページ。
(17) 同前五五八ページ。
(18) 前掲『竜門雑誌』第四八五号八七～八九ページ掲載記事（一九二九年二月）による。前掲『渋沢栄一伝記資料』第一巻六〇四～六〇五ページ所収。
(19) 前掲『青淵回顧録』上巻一八三～一八四ページ。
(20) 加護野忠男・砂川伸幸・吉村典久［二〇一〇］、『コーポレート・ガバナンスの経営学』（有斐閣）一五～一八ページ。
(21) 前掲フリデンソン論文［二〇一四］、七二～七三ページ。
(22) 前掲『渋沢栄一Ⅰ　算盤篇』二七九～二八〇ページ。
(23) 同前二八一ページ。
(24) 同前一五三ページ。
(25) 同前二一一～二二二ページ。
(26) 前掲フリデンソン論文［二〇一四］、七五ページ。

Ⅲ 「合本主義」の唱道と実践

序節

渋沢栄一の企業家活動への三つの視点

周知のように栄一の生涯における活動は極めて多岐にわたった。個別企業の創業者、経営者としてばかりではなく、財界リーダー、思想家、教育家、民間外交家、フィランソロピストとしても大活躍した。しかし、このⅢ章では栄一の企業家活動のコアは次の三つにあったと考え、その点を中心に考察することにしたい。

第一は、「合本主義」という、当時においてはニュービジネスモデルを唱道し、それを実践したのはなぜだったのか、そしてそれはどのような歴史的意義があったのかを考える。

第二は「財界リーダー」としての役割である。栄一は個別企業の創設や経営にとどまらず、企業間及び企業家間のネットワークづくりや調整、さらに政府と民間のパイプ役として大きなエネルギーを割いたが、なぜこのような「財界リーダー」が必要だったのかを論じたい。

第三は、企業家活動の実践にとどまらず、「道徳経済合一説」を唱え、経営理念のニューディーラーとして、経済界において指導的役割を果たしたことである。なぜこのような指導理念が必要だったのか、その影響はいかなるものであったのか、を検討する。

これら三点の検討にあたっては、栄一の行動や思想を単に褒め称えるのではなく、批判的な視点からのコメンタリーも付してみたい。そうすることによって、栄一の行動や思想の歴史文脈的意義だけではなく、今日的意義も明らかになると思うからである。そして、この三つのテーマは独立のものではなく、相互に関連し合っていることを「結語」で論じたい。

1 「合本主義」の唱道と実践

株式会社制度の発展(1)

既述のように、合本組織とりわけ株式会社制度は、渋沢栄一が渡欧生活において学んだ最も重要な成果であり、彼にとってそれは日本経済近代化のために必須、不可欠の制度であった。明治維新以降、この考えは栄一にとどまらず、当時の識者や明治政府によっても共有されることになった。それは、経済学者の加藤祐一や神田孝平が早くも明治初年にそれぞれ『交易心得草』(一八六八年)、『泰西商会法則』(一八六九年)を著し、大蔵省が一八七一(明治四)年に『会社弁』

（福地源一郎訳）と『立会略則』（渋沢栄一著）といった会社設立に関するガイド・ブックを発行するなど、会社制度の啓蒙に努め、実際の会社設立にも積極的に関与したことでもわかる。

江戸時代、近江商人などの間での地縁的紐帯による合本企業や、三井家や鴻池家では同族内での合本企業があったが、社会的に広く出資を求めた合本企業は発達しなかった。またその形態は合名会社か合資会社的なもので、出資者全員が有限責任となる株式会社は生まれなかった。

にもかかわらず、明治維新以降、株式会社制度は速やかな普及をみせた。明治初年から西洋の会社制度に範をとった合本企業として、通商会社・為替会社が設けられ、一八七三年には、アメリカのナショナル・バンクの制度に範をとって制定された条例にもとづいて国立銀行が設立された。国立銀行は有限責任制を明記し、株式の売買譲渡を認め、取締役会と株主総会の規定を設けるなど、日本で最初の本格的な株式会社となった。この第一国立銀行の設立に栄一が主導的役割を果たしたことは第一部でみた通りである。同条例は一八七六年に改正され、設立条件が緩和されたのでそれ以後、国立銀行は盛んに設立され、一八七九年までに一五三行を数えるにいたった。ここに日本における最初の会社設立ブームが現出した。この刺激を受けて、西南戦争後のインフレ下において企業設立ブームが現れ、「会社」は文明開化の一つのシンボルとなった。

明治一〇年代では、株式会社はおろか会社企業と呼ぶに値しないものが圧倒的であったが、本格的な株式会社と呼ぶにふさわしい会社も登場しつつあった。東京株式取引所（一八七八年）、東京海上保険（七九年）、大阪紡績（八二年）、日本鉄道（八三年）、大阪セメント・大阪商船（八四年）などがそれであり、これらの企業的成功は会社制度への信頼を高め、その普及に大きなデモンストレーション効果をもたらした。一八八二年の日本銀行設立、八五年の日本銀行兌換券の発行により通貨価値の安定がみられ、いわゆる松方デフレ終息後の一八八七（明治二〇）年前後より企業勃興ブームが生じた。

有力な株式会社企業は鉄道・紡績・銀行・保険・電灯などの分野で生まれた。一八八七年には政府は、株式会社に相当する「資本金ヲ株式ニ分割シタルモノ」と合名会社に相当する「組合会社」に分け、ここに株式会社制度は公的に認知されたのである。そして一八八九年には前者が会社総数の五四パーセントを占めるにいたった。東京・大阪両株式取引所における取引物件の中心は従来の国債や取引所株から、銀行・保険株→鉄道株→海運株→紡績株へと漸次シフトした。こうして明治二〇年前後に株式会社組織が一応の定着をみたのである。

しかしそれは統一的会社法に依拠したものではなく、商法会社篇の施行は一八九三年を待たなければならなかった。商法制定により法制的基礎を与えられた日本の会社制度の発展過程は表1にみる通りである。ここに示される通り、一八九六年において株式会社は会社総数の五六・二パーセント、会社総払込資本金の八九・九パーセントを占めた。合本企業について長い歴史を有するイギリスにおいてすら、全社員の有限責任の法制的成立や株式形態の広範な採用が一九世紀後半にいたるまでみられなかったことからすれば、わが国において、商法施行後三年にして、株式会社形態が支配的となったことは驚くべきことといわねばならない。

表1　形態別会社数・払込資本金

	会社数				払込資本金			
	会社総数	構成比（%）			合計（百万円）	構成比（%）		
		合名会社	合資会社	株式会社		合名会社	合資会社	株式会社
1896	4,596	7.5	36.3	56.2	397	3.1	6.9	89.9
1900	8,588	9.1	41.4	49.5	779	4.9	5.8	89.3
1905	9,006	14.2	39.0	46.8	975	6.2	5.8	88.0
1910	12,308	20.3	38.9	40.8	1,481	9.5	6.5	84.0
1915	17,149	17.8	40.2	41.8	2,167	8.4	5.9	85.7
1920	29,917	15.7	30.0	54.2	8,238	7.0	4.6	88.4
1925	34,345	15.1	33.6	51.1	11,160	8.0	6.6	85.3
1930	51,910	16.4	46.2	37.4	19,663	8.5	6.5	85.0
1935	84,146	19.5	52.8	27.7	22,352	7.8	6.9	85.3
1939	85,122	17.9	43.0	39.0	34,025	5.5	4.0	90.5

［出典］ 1915年以前については農商務省『農商務統計表』各年版、1920年以後については商工省『会社統計表』各年版から作成。

このように株式会社制度の急速な発達は日本の近代経済発展の最も際立った特徴の一つとなったが、どうしてそのようなことが可能となったのであろうか。また、急速な株式会社の普及は会社の統治構造やマネジメントにどのような影響を与えることになったのであろうか。「合本主義」を主唱し続けた栄一はこの中でどのような役割を果たしたのであろうか。

静岡商法会議所と『立会略則』

まず、栄一の合本主義構想実現の出発点として、帰国後すぐに取り組んだ静岡商法会所と、大蔵省官吏となって著した『立会略則』をみてみよう。

なお、あらかじめ断っておくが、栄一自身は「合本法」あるいは「合本組織」という表現を使っていて、「合本主義」は彼の周辺あるいは一般社会で流布されたものである。ここでは、「合本法」や「合本組織」という経済組織の仕組みだけでなく、その背後あるいはそこに内包されている思想までも表現する用語として「合本主義」を解釈することにしたい。

一八六八（明治元）年、パリから戻った栄一は静岡藩に出仕したが、そこで早くも「合本法」を実践するチャンスに恵まれたことは第一部で紹介した。栄一の提案で、翌年、静岡に設けられた商法会所がそれである。これは政府からの拝借金に地元民間人の資本を加えて商社と銀行業務を営もうとしたもので、栄一は頭取として事業を取り仕切った。その後、栄一は明治新政府に登用され、静岡を去ることになったので、短期間の経験となったが、パリで見聞してきたことを実践するテスト・ケースとなったのである。

大蔵省に出仕すると、栄一は株式会社設立のガイド・ブックともいうべき『立会略則』（大蔵省）(2)を著している。この書には、栄一の合本主義に対する考え方が表明されている。

その第一は「私権」の強調である。「通商の道は政府の威権をもって推し付け、又は法制を以て縛るべからず、されば苟《かりそ》めにも役人たるもの商業にたづさはれば、必す推し付け、又は縛る等の弊を生するものなり。是政府商業をなすべからさる所以なり」。「商業を為すには偏頗の取計いなく自身一個の私論を固執せす、心を合せ力を一にし相互に融通すべし」「故に商業をなすには切に会同一和を貴ぶ。是商社の設けざる可ざる所以なり」。「社は私の社にして政府の社にあらす。故に政府の免許を受るは、唯主意と定約規則と政府の掟に触合うや触合わざるやを伺うのみにて、会社と政府とは全く公私判然たれば、商業に於ては決して政府の威権を仮るべきものにあらず」。「商社を結ぶは、元来心を協わせ力を一にするの私権より生ず」。

すなわち「商」とは、人々がそれぞれの「私権」に基づいて思慮・検討し、物を融通しあうことであるから、政府が介入すべきものではない。しかし、個人で商業をなすのは困難であるから、人々は心を合わせて商社をつくらねばならない。この商社はあくまで私権に属するものであるから、その設立にあたっては政府は免許主義をとるべきではなく、準則主義（政府が定める法に触れない限り設立を認可する）によらなければならないとしているのである。

このように「私権」を強調する一方で、「公益」「国益」の尊重を主張しているのが「立会略則」の第二の特徴である。栄一は言う。「商社は会同一和する者の、倶に利益を謀り生計を営むものなれとも、また能く物貨の流通を助く、故に社を結ぶ人、全国の公益に心を用いんことを要とす」。「日本全国の公益を謀ることを商の主本要義にかなうと云うへし」。「能く力を合せ心を一にし、苟めにも私欲に迷ひ不法を働き、外国人の屈辱を受る時は誠に一人一人の恥のみにあらざるべし」。

「私権」と「公益」を強調したことは一見、矛盾しているかのように思われるが、栄一においてはそうではなかった。商業は政府の介入なく、私権のもとで行われるべきものであるが、その私権は私益のためにではなく、公益の増進のために許されているのだというのが彼の論理だからである。後年、「道徳経済合一説」として結実する栄一の理念の萌芽がここにみられる。

渋沢栄一の関与企業

その後、栄一は第一国立銀行を皮切りに、多くの企業の設立、そして運営に直接・間接にかかわることになるが、生涯において関与した企業・団体は、渋沢栄一記念財団の調査によれば、次ページの表2の通りであった。

この表から、栄一の関与会社について、次の特徴を指摘することができる。第一に周知のこととはいえ、五二三もの企業、経済団体、一八もの社会団体に関与したことである。第二に、産業分野別にいえば、陸運・海運、銀行・保険・金融関係団体の分野、つまりモノの流れとカネの流れにかかわる事業が多い。また、ガス・電力、取引所、経済団体、対外関係事業など公益性のあるインフラ関係も多い。そして、これらの多くは株式会社組織のものであった。栄一は渡欧中に、日本経済近代化のためには「株式会社、銀行、鉄道、そして公益性」が肝要と認識したと先に指摘したが、栄一はその信念を自身の企業家活動において具体化してみせたのである。

第三は、江戸時代からの在来産業（例えば日本酒、醤油、小売業など）よりも、鉄道・銀行・紡績・保険・製紙・製糖・セメント・煉瓦・電灯など欧米から技術や知識を移植して生まれることとなった産業分野が多いことである。また、これに関連して、栄一はこれらの企業に関与するにあたって、出資や経営のパートナーとして、江戸時代以来の伝統的商人よりも新興の資本家や企業家と組んでいる場合が多い。

経営戦略論の世界では、自社が競争優位をもつ有形・無形の経営資源に基礎をおいて戦略を構

表２　分野別渋沢栄一関与企業・団体

関与企業・団体	数	関与企業・団体	数
陸運	63	経済団体	12
銀行	58	食品・飲料	11
対外事業	43	鉄鋼	11
諸商工業	31	貿易	10
繊維	30	紙パルプ	8
農林水産	29	倉庫	8
窯業	24	皮革	7
ガス・電力	22	ホテル	6
金融関係団体	21	その他金融機関	5
保険	19	通信	3
化学	18	新聞・雑誌	3
建設	17	航空	2
取引所	17	関与企業合計	523
輸送用機器	16		
鉱業	16	社会福祉団体	7
海運	13	教育・学術団体	11

［出典］（公財）渋沢栄一記念財団の調査をもとに作成。
http://www.shibusawa.or.jp/eiichi/companyname/index.html

想する立場を「リソース・ベースド・ビュー（resource based view）」といい、産業内や外部環境の中で自社をどこに位置づけるべきかという視点から戦略を構想する立場を「ポジショニング・アプローチ（positioning approach）」という。企業戦略についてのこの区別を、一国の産業発展戦略にアナロジーすると、既存の在来産業よりも欧米からの移植産業の育成によって、日本経済の近代化をはかろうとした栄一の戦略は、欧米先進経済からの圧力、それへのキャッチアップという外部環境を重視した構想であったという点において、ポジショニング・アプローチ的であったといえよう。

ちなみに、「東の渋沢栄一」としば

しば対比される「西の五代友厚」もまた滞欧経験をもとに、栄一の「合本主義」と類似する「商社合力」（多くの人々が資本を持ちより結社すること）を主唱し、大阪を中心として経済近代化に取り組んだ。[3] ただし、五代の場合、注力していたのは、移植産業よりも江戸時代以来の大阪の商業・金融の再建であった。水運の重視、堂島米会所の再興、株仲間機能の復活などで、大阪を国際貿易港にするのが大きな狙いであった。また、金融面でも、アメリカの銀行制度に範をとった条例に基づく国立銀行などの設立には加わらずに、大阪の両替商金融システムの再興を建言している。産業の面でも、鉱山、製藍業、製銅業など江戸時代からの在来産業の振興を重視したのである。このように五代の発展戦略は基本的に伝統経済基盤に立脚して構想されていたのであり、彼の支持基盤も大阪の大両替商や問屋商人層にあった。その意味で、五代はリソース・ベースド・ビューに立っていたと考えることができる。

こうした栄一と五代の発展戦略論上における相違は、個人的見解の相違であると同時に、当時の東京と大阪の経済状況の相違を反映するものでもあったと考えられる。すなわち、当時においては伝統的産業や伝統的商人の力が大阪に比べて相対的に弱い東京では、移植産業中心の発展戦略が適合的と考えられたのに対し、衰えたとはいえ、大阪には依然として比類なき資本力があり、高いビジネス能力、商才を持つ人々が多数存在していたから、その伝統的基盤の上に立って経済近代化をはかることが効果的と判断されたからであろう。

以上は栄一が生涯にわたって、役員を務めたり、株主であったり、助言・援助するなどのかか

表3　渋沢栄一会社役職内訳

	1895年	1902年	1907年
会長・社長・頭取	10	15	9
取締役	6	6	6
監査役	1	4	3
相談役・顧問役	2	2	11
その他	0	1	2
合計	19	28	31

［出典］　島田昌和［2007］、『渋沢栄一の企業者活動の研究』（日本経済評論社）22ページ。

わりを持った企業・団体の総数であるが、役員に就任していた企業に限っては、島田昌和が『日本全国会社役員録』を使って調査している。**表3**がそれで、これによれば栄一が最も積極的に会社の設立、運営にかかわった時期は一九〇二年頃と考えられる。というのは関係企業数では一九〇七年よりも少ないが、会長・社長・頭取への就任数が最多であるからである。

それでは栄一が関与していた会社は日本の経済界でどのような位置を占めていたか。鉱工業・運輸・電気・ガスについて一九一一年の非財閥系企業ランキング上位五〇社（総資産額を指標）の中で渋沢関係企業がどの程度存在しているかを調査した島田は、栄一はトップ一〇社のうちの八社、トップ二〇社のうちの一二社、トップ三〇社のうちの一七社、トップ五〇社のうちの二三社に経営や株式所有で関係していたことを明らかにしている(4)。この事実だけでも、栄一が当時の日本の産業界において絶大な影響力を有していたことを推し量ることができるであろう。

渋沢栄一の資金源

これだけ膨大な数の企業へ関与していた栄一はその資金をどのように確保していたのだろうか。これに関しても、『銀行会社要録』や『日本全国会社役員録』などの資料や、渋沢家の家計・資産史料を駆使した島田の克明かつ優れた研究がある。[5] それによると、栄一の投資行動及び資金源はおよそ次のような状況であった。

(1) 株式所有と役職就任との関係では、会長・社長・頭取などトップマネジメントを継続的に務めた会社については栄一の持株比率は高く、一〇〜三〇パーセントであるが、継続的ではあるが取締役や監査役に止まった会社や一時的にトップマネジメントを引き受けた会社の持株比率はせいぜい数パーセントで、上位株主に顔を出さない会社も多かった。概していえば、栄一は当該会社の経営権を行使するのに不自由しない程度の株式を保有しているだけであった。

(2) 時系列的にみると、基本的に各社の持株比率が徐々に下がる傾向にあった。これは増資によって総株数が増加していくに従って栄一の持株比率が下がっていったことと、栄一が持株を手放したためである。つまり、時期別に栄一の保有株の構成は変化したのである。

(3) (2) のことは、栄一は次々と新たな会社の株を引き受けたり、増資に応じたりしていたが、保有他社株を売却して得たキャピタル・ゲインをその原資としていたことを意味する。

(4) 渋沢家の収入の六〇パーセント強は株式配当であり、諸会社からの役員報酬収入は一〇パーセント程度であった。栄一が初期に投資した企業は高配当であったため、それが栄一の株式投資などの原資となったが、その後は株式の追加投資や貸付の原資となったのは株式配当ではなく、保有他社株の売却益であった。

以上のようにみる時、栄一が次々と多くの会社の役職に就いたり、株式を所有したのは、みずからの「企業帝国」の版図を広げていくという所有欲、支配欲にもとづいていたというよりも、新しい企業の創始とその維持・発展により強い関心を有していたことによると解することができよう。栄一は所有と経営の双方において圧倒的な支配権を持つ「オーナー型企業家」ではなく、出資者ではあったけれども、経営者職能により大きな関心を有していたのである。

株式会社制度の発展と渋沢栄一

既述のように、株式会社制度は明治維新以降、急速に発達し、その中で渋沢栄一は大きな役割を果たした。栄一は渡欧中に「合本組織」の重要性に気づいたが、そうした個人の主観的認識からだけで、株式会社制度が急速に日本に定着するわけではなかったし、栄一のような存在が前面に出てくる必然性はなかった。そこには何らかの客観的条件があったはずである。株式会社制度が急速に発展し、その中で栄一のような人物が大きな役割を果したのはなぜか。

アメリカの有名な経済史家アレクサンダー・ガーシェンクロンは、日本のような後発国は英米仏などの先発国が長年かかって開発してきた技術や制度を容易に借用・導入できるから、発展のスピードは先発国より速くなると論じた(6)。日本の場合も、先進西欧諸国の間には大きな技術・経済水準のギャップがあったから、逆にいえば、それだけ先進西欧諸国から借りてくることができる蓄積があったといえる。すなわち、技術や事業に対する専門知識を有さない人々にも、潜在的には大きな企業者機会が開かれていたのである。

しかし、この企業者機会の大きさに比べて、近代産業に適合的な経営資源（資本と企業者職能）は稀少であった。企業者職能や経営資源に対して超過需要が生じたから、企業家たちはこれらの資源を有効利用するために、互いに協力をせざるをえず、これは個々の企業家に外部経済をもたらすなんらかの仕組みの構築を必然化することとなった。日本の代表的経営史家の中川敬一郎が日本の工業化初期においては、「組織化された企業者活動」が重要な意味を持ったと述べたのはこの脈略においてであった[7]。

株式会社という仕組みは、この「組織化された企業者活動」の代表的事例であったといえる。鉄道・紡績・銀行・保険・製糖・製紙・電灯などの西洋から移植される産業の起業には、大資本を要し、かつそれらは未知の産業であったから大きなリスクを覚悟しなければならなかった。しかし、単独でそれを賄いうる個別資本の成長は遅れていた。近代産業部門に一気に大量の資金を投入しようとすれば、同族内資本でファイナンスすることができた財閥を除けば、共同出資の仕組みに頼るほかはなかったのである。

人的資源の点でも問題があった。近代産業を担うことができる企業者職能を持ち、起業意欲を持つ人々はいたが、彼らは多くの場合、資力を欠いていた。他方、資力を有する江戸時代以来の旧商人たちや大多数の富裕華士族層は、新時代の知識に疎く、移植産業のようなニュービジネスを手がける勇気に欠けていた。この点で、所有と経営の人格的分離を一つの属性とする株式会社はこの両者をマッチングさせる仕組みとして有効であった。

栄一はこのことに早くから気づいており、明治日本にとって経済発展の障害となるものとして次の三点を指摘している。①は高金利である。西欧の貸出金利が高くても年五～六パーセントで、低ければ三～四パーセントであるのに、日本では低くても七～八パーセント、高い場合には一二～一三パーセントとなっている。②は資本不足である。合本会社を設立して大金を集めようとしても、日本全体が資本不足に陥っている。例えば、二〇万円の会社を創立しようとすると、平均一人一万円出資するとなると、最低三年間経たないと、利益を出すことは難しいが、これだけの長期の投資に応じる資本はなかなか集まらない。③は人材不足である。機械工業を興すための学理と経験を応用できる人材がいない。人材育成には時間がかかる。[8]

このため、明治期においては近代移植産業を起業する装置として、株式会社制度は極めて有効であったが、フィージビリティ（実現可能性）という点では問題があった。

株式会社制度を構成する基本的要素としては、①法人性、すなわち自然人たる個人とは独立する永続事業体として、存在していること、②合本制（共同出資）とその維持、③所有と経営の人格的分離、④全出資者の有限責任制、の四つが挙げられる。

このうち①の法人性と④の有限責任制については、商法の制定によりひとまず解決された。問題は②と③であった。②の合本制に関しては、江戸時代においても、他人が事業を興そうとする場合に、利益の分配にあずかることを条件に資金を出してもよいという思う意識、つまり「共同出資」の意識の芽生えがあった。しかしながら、江戸時代の共同企業は同族間の結合、地縁的結合が主であり、オープンな資本市場を介して実現されたものではなかったし、出資が証券として客体化されたりすることはなく、したがってその権利が市場で売買されることもなかった。③の所有と経営の人格的分離については、大商家では支配人や番頭への経営委任が広く行われていた。しかし、経営委任を受けた雇用経営者たちは、ほとんどの場合、幼少の頃から当該商家でトレーニングを受け、主家に対して忠誠心を示し、準家族成員と認められて初めてその地位に就いた存在であったから、執行する業務の点でも、意識の上でもその商家の伝統的経営方針から自由であることは難しかった。

このように、江戸時代においても共同企業の経験があり、それは近代の株式会社制度成立の前提条件となるものがいくつか形成されていたとはいえ、なお、両者の間には飛び越えなければならない大きな溝があった。特に②と③の解決が必要であった。

明治期株式会社の特徴

モデル的にいえば、本来、株式会社制度では、当該企業の事業内容や収益性などについての情報が市場を通じて投資家に公開され、投資家はそれにもとづき、投資するか否かを決定するということになる。しかし、資本市場が十分に発達していない段階において株式会社制度を急速に導入する必要に迫られた明治日本では、この方法をとることは不可能であり、発起人の縁故と信用にフルに依存するという「非市場的方法」で、株式資本を調達しなければならなかったのである。それは、寄附集めの際の「奉加帳」方式のごとくであったということができる。

しかも大資本を要する近代移植産業では、調達の範囲は江戸時代のように同族間や地縁関係に留まることは許されず、社会の様々の層を対象としなければならなかった。当時、大規模な株式募集に応えることができるほどの資金を持っていたのは、華族・地主・大商人たちであった。彼らは概して新事業への投資には消極的だったが、社会的プレステージが高い彼らを応募させることは他の小資本家に誘引を与えるという意味でも重要であった。したがって、奉加帳の筆頭人には、有力で信用度の高い経済人、いわゆる財界リーダーが就く必要があった。

さらに、明治期において大規模な株式資本募集に応募できるほどの資本家たちはインフォーマルな投資集団を形成していることが多かった。例えば、栄一が設立を主導した大阪紡績に多額の株式出資を行なった前田家・上杉家・蜂須賀家・毛利家などの華族グループは他社にも株式投資を行なっていた。また、大阪では藤田伝三郎、松本重太郎、岡橋治助などをリーダーとする投資集団があり、集団の資本家たちは投資にあたって共同行動をとることが多かった。彼らはそれぞれの地域におけるボスであり、会社設立の奉加帳筆頭人であったが、栄一はこれらの地方ボスを超える全国的規模での筆頭人であった。各地方の投資集団の資金量を超える大規模な株式会社の場合には、多数の出資集団の参加を求めなければならない。この場合、筆頭人には、多数の出資集団を糾合する腕力と出資集団の出資バランスを調整する力が備わっていなければならなかった。栄一のような財界リーダーの出番はここにあった。

当時の実情をみると、一八九八年において紡績会社は六三社中三三社が株主三〇〇人以上をもち、最大株主でも持株比率二〇パーセントを超えるものはほとんどなく、株式所有の分散は進んでいた。ただし、十大株主の持株比率は多くの紡績企業で二〇～五〇パーセントを占めていた。つまり、当時の紡績会社では比較的小数の大株主の共同出資を核とし、その社会的信用、血縁・地縁関係を利用して社会各層から広く株式資金を調達していた。さらに、大株主たちは複数の紡績会社の大株主を兼ねることが多く、この多角的投資がいま一つの特徴であった[9]。

鉄道会社でも事情はよく似ており、一八九八年において一社当たり平均七三五人の株主がいた（紡績では四五六人）。ここでも一九〇二年のデータによれば、分散所有の傾向がみられ、持株比率二〇パーセントを超える最大株主は非常に少なかったが、十大株主の持株シェアは無視できない大きさであった。さらに鉄道会社では初期には個人株主が多かったが漸次有力資産家や機関投資家が複数の企業へ分散投資するようになったといわれる[10]。

欧米では元々少数の事業家が組んでいたパートナーシップが事業の拡大とともに出資者の数を徐々に増やし、株式会社に成長するという経路を辿り、株式会社となったのちも最初のパートナーたちが、中核的機能資本家として企業経営にあたった。これに対して、一挙に相当規模の株式会社から起業しなければならなかった明治日本の設立発起人たちは大規模企業であれば、複数の投資集団に出資を依頼しなければならなかったが、その際、異系投資集団のバランスを保つため、各出資者に均等的出資を求めることとなった。

日本生命が一八八九年に設立されるにあたって、設立主導者の弘世助三郎や岡橋治助などを除いては、発起人であっても五〇株以上持つことを許されなかったのである(11)。

こうして明治期の株式会社は、特定の企業経営に強い関心を持つ中核的資本家を欠いた、レントナー的資本家の寄り合い所帯的性格を持たざるをえなくなった。他方、投資家の側からみれば、彼らは特定企業の経営に積極的に参加する意思を持たず、投資からの安定的リターンを期待するレントナー的資本家にすぎなかった。あるいは企業の将来性よりも、株式の値上がりによる短期のキャピタル・ゲインを狙っていた。したがって既述の通り、投資行動においては、特定企業に全資産を投じることを回避し、多数の企業に分散投資することが多かった。

このような大株主は、会社設立後は会社の取締役となったが、複数の会社の兼任取締役で、非常勤であった上、特定の業務について専門的知識や関心を持っていなかった。いきおい日常的管理業務や、経営政策の立案などの一切は「支配人」や「技師長」などの管理職社員に委任されることとなった。実質的に管理職社員がトップマネジメントの役割を果たしたのである。

均等的出資の大株主の寄り合い所帯的株主構成と、管理職社員への経営委任という明治期の大規模株式会社の二つの特性は、企業統治（コーポレート・ガバナンス）上に問題を引き起こすことになった。第一は異系投資集団の寄り合い所帯であったため、株主間の紛糾が絶えなかったことである。第二は、事実上のトップマネジメントに就いた管理職社員が、会社の事業内容や将来性よりも短期の投資リターンに関心を持っていた株主から非難を受ける場面が少なくなかったということである。

いずれの場合においても、株主間あるいは大株主非常勤取締役と雇用経営者（管理職社員）の間の軋轢、紛糾を調整する者が必要であった。そして、多くの場合、この役割を果たしたのは先に述べた筆頭発起人であり、栄一はまさにその代表的人物の一人であった。

江戸期大商家でも所有と経営の人格的分離はなされていたが、経営を委任されたのは、多くの場合、当該商家で長い間育成されてきた子飼い奉公人であった。これに対し、明治日本の近代移植産業企業では、このような人材は企業内部ではまだ育っていなかった。会社発起人たちは、新知識や技術のある者や経営能力のある人材を外部から見出してくるか、新たに育てなければならなかったのである。このような人材を選任し、会社設立後は彼らを育成、監督し、場合によっては、株主からの批判にさらされる彼らのバックアップも、筆頭発起人の役割であったのである。

以上述べてきたように、明治日本において近代移植産業企業を起業する場合、株式会社制度は極めて有効な企業形態であった。そして、江戸時代における共同企業の経験は、明治以降における速やかな株式会社制度の発展に寄与するところはあったけれども、なお両者の間には大きな溝が横たわっていた。それは、社会の広い範囲から株式資本を集める仕組み（資本市場）が未成熟であったことと、近代移植産業にエリジブル（適格）な経営者、技術者を見出し育てなければならなかったことである。そして、この市場や企業では十分に供給されなかった機能を補完したのが、栄一のような財界リーダーであった。

財界リーダーの役割はもとより株式会社制度の展開にのみ関係するわけではなく、より多様なものであるが、株式会社制度の成り立ちと深くかかわっているのではないかというのが、ここで強調したい点である。栄一は合本主義の重要性を唱えたが、逆に合本主義こそが栄一を必要としたのである。

渋沢型企業vs.財閥型企業

三井、三菱、住友といった財閥は、必要資金のほとんどを同族内で調達し、会社形態でも株式会社形態の採用は遅れた。その本丸である財閥本社＝持株会社は、第二次世界大戦期にいたるまでは合名会社もしくは合資会社として、市場に公開されなかったから、その経営者は市場からの圧力から隔離されていた。

このように資本と人材面で閉鎖的であった財閥モデルに対して、島田昌和は、栄一の会社は「多くの資金と人材が出入り可能な市場型のモデル」と命名している。[12] 栄一の企業が株式会社として広い社会階層から資金を集め、人材を育てていたのは事実であり、財閥型とタイプを異にするのは明白であるから、その点を指摘したのは島田の卓見である。

ただ、経済学的に、渋沢的企業を「市場型」と呼ぶのが適切かどうか。市場経済システムとは、価格情報をシグナルとして、無数の「匿名の」経済主体が自己の経済的利益を最大化するよう行動することができ、その行動の集計によって社会の資源配分が決定される仕組みを指す。すなわち、誰か特定の個人の「指令」や政府の「計画」によってではなく、また社会の「慣習」によってではなく、無数の匿名の人々によって営まれる市場という「見えざる手」によって調整されるシステムである。このように考えると、栄一という「見える手」の働きに依存するところの大きかった栄一の企業を「市場型」と呼ぶのは必ずしも適切ではないように思われる。

財界リーダー＝渋沢栄一のような「見える手」の活動の結果として、市場経済は発展の緒を見出し、結果として、島田が指摘するような開放市場システムによる経済発展の道が開かれていくことになった。栄一の企業家活動の最も重要な点はここにあったと筆者は考えるのである。

2　大阪紡績と渋沢栄一[13]

渋沢栄一と大阪紡績の設立計画

前節では、株式会社制度の発展と渋沢栄一のような財界リーダーとの関係を一般論的にみたが、本節ではその具体的事例として大阪紡績会社の設立、経営と、そこで演じられた栄一の行動を紹介することにしたい。

江戸時代において木綿は庶民衣料素材であったため、綿業は重要産業であったが、幕末開港以降安価な外国綿製品が輸入されるようになり、日本の在来綿業は次第に圧迫された。政府は輸入防遏《ぼうあつ》のため、一八七八（明治一一）年にイギリスから紡績機を購入して愛知と広島に官営紡績所を設立、さらに同種の紡績機を民間に払い下げた。この結果、その規模から「二千錘紡績」と呼ばれる紡績所が各地に設立された。しかしこれらの紡績所はほとんど成功しなかった。

この状況は、栄一をして紡績業に関心を抱かせることになった。栄一の本拠であった第一国立銀行は輸出入関係金融業務を取り扱っていたが、そこで、栄一はインドなどから安価で品質のよい綿製品が大量に輸入されているのを知り、日本の在来綿製品では太刀打ちできない、なんとかしなければならない、と考えたのである。[14] 同時に、栄一は「二千錘紡績」の欠陥も見抜いていた。「紡績機械工場としては、二千錘ばかりの小規模のもので立ち行く筈が無い。その上、機械を貸した機業家を監督指導する技師連は、其道の事に暗く、到底斯業を完全に発達させて行く任に堪えなかった。外国の工場の視察書物の調査位で紡績の事がわかるものではない。縦令、外国の方法が一通りわかったとした処が、日本では日本に適応した物を作らなければならぬ。外国の物を其のまゝ当てはめようとしても、迚もうまく行くものではない。細太の差異もあり、価格の相違もあり、その折合のつく筈が無いのだ[15]」。

そして、「洋行をした人の話を聞けば、英国では一つの工場で五万、十万の錘数を持って居って、一万錘以下の紡績はないそうである。試験工場ならば兎に角、営利を目的とする会社としては駄目であるとのことで、是非大工場を成立したいと思っていたが、いうまでもなく之には多額の資本がいるので有力な発起人を求めなければならなかった」[16]。こうして、一八八〇年頃までに栄一は一万錘規模の紡績会社設立の構想を固めたのである。

技師・山辺丈夫

栄一はこの紡績会社の株式資本調達に奔走したが、同時に、これまでの紡績所の失敗の原因を適切な技術者・経営者の欠如にあったとみて、技術の指導、事業の運営にあたる人物の探索にあたった。そして各方面を物色する中で浮かび上がってきたのが、山辺丈夫であった。

山辺丈夫は一八五一（嘉永四）年、石見国津和野藩士の家に生まれ、一八七〇（明治三）年、東京に上って英語を学び、さらに津和野藩出身の英学者西周の塾・育英舎や中村敬宇の同人社に入り、俊秀を謳われた人物であった。一八七三年からは大阪の慶応義塾分舎に学び、育英舎や慶応義塾で教鞭をとった。

一八七七年、旧津和野藩主の養子亀井茲明がイギリスに留学するにあたり、茲明の英語教師であった山辺もそれに随行することとなり、みずからもロンドン大学で経済学や保険学を学ぶこととなった。当時、海外に留学するものは政治学、法学、軍事学、医学などに関心を示すものが多かったが、山辺は「華を捨て、実に就き、空論を排して実学」「一国富強の基は経済思想の普及にあり」との考えから、応用経済学、特に保険学を志していたのである[17]。

この山辺を栄一に推薦したのは、当時、第一国立銀行に勤めていた津田束《つかね》という人物であった。津田はもと福井藩士であったが、一八六八年に徳川家（静岡藩）によって設けられた沼津兵学校に学んだ経験を持つ。沼津兵学校はフランスを範とする士官学校で、教授陣、学生ともに幕臣が中心で、初代校長には西周《にしあまね》が就任していた。その後、西周が東京で育英舎を開塾すると、津田もその塾生となり、そこで山辺と知り合ったのである。

ロンドンの山辺へは、当時三井物産ロンドン支店長であった笹瀬元明を通じて栄一からの手紙が届いた、イギリスで紡績技術を学び、構想中の紡績会社に協力されたいとの趣旨であった。笹瀬は栄一の甥にあたり、もと静岡藩士で、沼津兵学校に学び、第一国立銀行を経て、三井物産に勤務していた[18]。事にあたって人脈を巧みに活用するのは栄一の才の一つであったが、このさいには、旧幕臣ネットワークと同族が山辺丈夫という人物を探し出すことに貢献したのである。

思いがけない申し出に山辺はとまどったが、恩師・西周、学友・津田束、笹瀬元明を介しての依頼であり、実父の添状もあった以上、外堀は埋められたと感じたであろう。これを応諾するや否や、ただちに機械工学に転じ、ついで紡績業の研究は理論だけではなく、工場に入って実習しなければ意味がないと考え、当時世界の紡績業の最先端地マンチェスターに居を移し、その北方の都市、ブラックバーン市の工場に実習生として入った。山辺は教習料一五〇〇円を支払い、毎日、工場に通った。この教習料は栄一が山辺に送った研究費から支払われたが、現在価値では八二〇万円ほどにあたる。一年余の教習料として大金だったというべきであろう。

山辺の研究は紡績業一切のことにわたった。打綿、紡績、仕上という生産工程はもちろん、綿花の買い入れ、製品の販売方法、包装や積み出しなど流通過程まで、紡績会社経営に必要なものすべてについて学ぼうとした。こうして一八八〇年五月、日本人として初めてイギリスの紡績業の理論、実際を学んだ山辺は勇躍帰国の途についた。帰国に際して、山辺は三井物産を通じて、イギリスの有名な紡績機械会社プラット社から紡績機械を買い付けた。

資本調達と大阪側計画との合体

資本調達については、渋沢栄一は、東京日本橋界隈の繊維関係の商人を勧誘し、この賛同を得ることに成功、大倉喜八郎や益田孝ら有力実業家の同意も取り付けた。しかし、これだけでは資本は不足していた。そこで栄一が目をつけたのは華族資本であった。一八七六(明治九)年頃から蜂須賀茂韶ら二八名の華族は、東京—横浜間の官設鉄道の払い下げを受けようとして鉄道組合を結成、六四万二〇〇〇円を集めた。この払い下げは諸般の事情により、実現不可能となったので、栄一はこの宙に浮いた資金を紡績会社に投じるよう華族たちに勧めたのである。(19)

ほぼ同じ頃、大阪でも松本重太郎や藤田伝三郎及び繊維関係商人らの間で紡績会社を興す気運が芽生えていた。栄一らの当初計画では原動力として水力を使うこととなっていたが、日本の河川では安定した水力を得るのが困難なことがわかり、プランは蒸気力利用に変更された。これを契機に栄一らの計画と松本・藤田らの計画は合体し、工場立地は大阪となった。近畿地方は綿花栽培の中心地であり、綿製品の流通において大阪が全国の中心地であったという事情に加えて、松本・藤田の尽力により大阪府から、海に近く石炭や綿花の搬入の便がよい西成郡三軒家村の工場用地が永年拝借地として貸し下げられることになったからである。また、松本・藤田らは新事業の投資に消極的であった大阪商人から創業資金を引き出す点でも大きく貢献した。工場用地決定とともに、社名は大阪紡績会社と決定された。

資本金は当初、二五万円と計画されていたが、設備変更や機械輸入代金の増加によって、二八万円に増額となった。当時として巨大企業で、株主は全部で九五名、うち華族が一七名で株数では三八パーセントを占めた。次いで大阪側の出資者は五六名で株数では三一パーセントを出資した。東京側は株主一七名で、引き受け株数は二九パーセントにのぼった。その他の地方からの株主は五名で株数は二パーセントであった。持株五〇株以上の大株主を挙げたのが表4である。

華族以外の大株主についていえば、東京、大阪とも新興の実業家が多かった。東京の渋沢、益田、大倉、大阪の松本、藤田、小室などである。大阪についていえば、松本重太郎は一八四四（天保一五）年、丹後国竹野郡間人の農家に生まれ、幼少の時、京都の呉服商や大阪天満の太物商に奉公、一八七〇年大阪市内で洋反物商と雑貨商を開き、西南戦争のさい、軍用毛布、ラシャの販売で財をなした。一八七八年に第百三十国立銀行を設立、その頭取となる。第百三十国立銀行をバックに金融、鉄道、醸造、精糖事業に手広く関与し、最盛時にはその事業の規模の広がりは、渋沢栄一のそれと匹敵するほどであった。

藤田伝三郎は一八四一（天保一二）年、長州の醸造業者の家に生まれ、一八六九（明治二）年

表４　大阪紡績の大株主（1883年６月時点、50株以上）

	氏名	職業・出身	株数
華族	前田利嗣	加賀藩	180
	蜂須賀茂韶	徳島藩	162
	毛利元徳	長州藩	150
	徳川義禮	尾張藩	89
	亀井茲監	津和野藩	88
	伊達宗徳	宇和島藩	64
	伊達宗城	宇和島藩	63
	松平頼聡	高松藩	54
	松平茂昭	福井藩	51
東京	渋沢栄一	第一国立銀行頭取	336
	益田　孝	三井物産社長	85
	大倉喜八郎	大倉組商会主	66
	西園寺公成	伊達宗城代理・第一国立銀行取締役	63
	矢島作郎	東京電灯社長	58
大阪	松本重太郎	第百三十国立銀行頭取	64
	藤田伝三郎	藤田組主	59
	小室信夫	縮緬問屋・蜂須賀茂韶代理	50
	林　甚左衛門	鹿児島商人	50
	阿部元太郎	呉服問屋	50
	住友吉左衛門	住友家当主	50

［出典］「大阪紡績第１回半季考課状」による。

大阪に出て製靴業を営んだ。同年から西南戦争にかけて政府に軍靴、被服などを納めて致富をなし、まもなく土木請負工事にも手を染めた。一八八〇年からは鉱山業に乗り出すとともに、大阪硫酸製造会社、太湖汽船会社、阪堺鉄道の設立にも関与し、一八八五年には五代友厚の後をうけて大阪商法会議所会頭となった、当時、大阪きっての日の出の勢いのある実業家であった。

そのほかの株主としては、唐物商、綿業・呉服商、両替商・銀行関係者、米穀商らが名を連ねていた。当時、保守的で新しい事業への参加に消極的であったといわれる大阪商人たちの資本をこれほど広い範囲にわたって糾合したことは特筆される。しかし、中心は明治維新以降急速に台頭してきた新興の実業家たちであった。住友家は資本参加していたが、主導的立場にいなかったし、鴻池家は別家の草間貞太郎が加わっているのみ、大両替商としては、栄一と関係が深かった平瀬家（千草屋）が加わっている程度で、この当時の大阪の大共同事業の常連メンバーである広岡家（加島屋）、殿村家（米屋）、和田家（辰巳屋）などは加わっていなかった。商人層でも山口吉郎兵衛、芝川又平など開港以後に貿易業で財をなした新興実業家が中心であった。旧商人ではなく、新興の実業家を出資パートナーの中心としたのには栄一の意図が感じられる。

大阪紡績の創業

一八八三（明治一六）年三月、大阪紡績は創立総会を開き、最初の役員を選出した。頭取に藤田伝三郎、取締役に松本重太郎と熊谷辰太郎（第一国立銀行の大阪支店長）が選ばれ、相談役に渋沢栄一、藤本文策、矢島作郎が就任した。工務支配人には山辺丈夫が、商務支配人には蒲田清蔵（もと縮緬問屋番頭）が登用された。同年七月に、煉瓦造り三階建て、総建坪一三〇三坪の大工場が完成、一部操業開始となった。開業当時から男子一三三人、女子一六〇人、合計工員二九三人を擁する大工場であった。

翌一八八四年六月一五日、工場開業式が執り行われた。栄一は開業式について、その前日「午前八時三軒家紡績会社に抵り社員一同に面会し、工場の全体より器械運転操業の順序を熟覧す、配置極めて整頓して工業頗る練熟するを覚う、一覧後明日開業式に関する事務を商議し、午後二時大阪支店に至り行務の各項を点検[20]」し、一五日に「十時紡績会社に抵り開業式場の順序を定む、十一時過内務卿来臨せらるゝを以て、請て来会諸氏と共に工場内に誘引して運転を為さしめて以て開業の式に充つ、畢て工場外の仮屋に於て来会諸子を饗応し、祝辞演説等ありて午後二時頃退散す[21]」と日記に記している。

栄一は、開業に先立ち山辺を補佐して技術方面の指導にあたる者を養成することが必要として、一八八三年五月大川英太郎、岡村勝正、佐々木豊吉、門田顕敏の四名を紡績生徒として採用した。この四名は同年七月から翌年一〇月まで実技習得のため、愛知紡績所、大阪の桑原・渋谷紡績所、岡山の玉島紡績所などに派遣された。大川は栄一の甥、佐々木は第一国立銀行佐々木勇之助の弟、岡村は山辺の又従兄弟、門田は栄一の知人であった。

四人は、まず山辺がイギリスで求め、翻訳した紡績技術書を「手写しで各一冊づゝ所持し先ず机の上でこれを一生懸命勉強して、これを各紡績所の紡績組立見習見学に行く時に持って行き実地に試験してみ」たという。そして「無論この虎の巻は誰にもみせない秘密なものとしていたのです。それで最初の大平紡績所の時はまだ黙って見学する程度でしたが桑原紡績に一ヵ年おりまする内、大体紡機の技術を細かに会得し、見習に行って逆にこちらの学理の知識を教えてやると云った有様で、向うの所長や職工達も驚き、貴殿達は見習に来たのか教えに来たのかと云った程です。こんな訳で大平、桑原、玉島と各官立紡績所の紡績機修繕組立の実際に立会い細かにその機械装置を験べ、これを自分達が勉強した『紡績書』よりの知識と照し合せて研究し、一五年の一一月に三軒家に帰った時はもう日本では一流の紡績技師になっていたと言えましょう[22]」。

以上の瞥見からも、大阪紡績の創業にあたり、栄一が既往の紡績所の失敗に鑑み、資本や設備面だけでなく、技術や人材育成面でも極めて周到な準備をしていたことがわかる。

大阪紡績の経営成績

大阪紡績は創業当初から目覚ましい成績を挙げた。成功の要因は次のような点であった。①先行紡績所より五倍以上の設備を持つ大規模工場であったこと、蒸気力を利用したこと、②労働者の二交代制によって昼夜操業を行なったこと、③イギリス製機械に不向きな短繊維の国産綿を使わず、中国綿やインド綿を使ったこと、④細糸のインド糸やイギリス糸との直接の競争を避け、在来綿織物の原糸となる太糸生産に集中したこと、などであった。

大阪紡績はその後も次々と革新を遂行した。第一に、明治二〇年代に織布業にも進出、これはのち同社の中核事業となっていった。一八九〇（明治二三）年には当時の最新鋭織機であったノースロップ自動力織機を購入し、織布部門の増強に努めた。

第二に、大阪紡績は一八九二年に失火により工場設備の半分を失うという危機に直面したが、これをむしろ奇貨として、従来のミュール紡績に代えて、世界最新鋭であったリング紡績機を導入した。熟練を要するミュール機に比べ、リング機は不熟練の女子工員でも操作が容易であった上、日本市場向けの太糸生産に向いていたので、生産性の向上は著しかった。その後、他の日本の紡績会社も競ってリング機を取り入れるようになり、ミュール機に固執したかつての師イギリス紡績業を追い抜くことになったのである。

第三に、大阪紡績は一八九〇年に上海と朝鮮に見本を送ったのを皮切りに、綿糸の輸出を始めた。日清戦争後輸出は飛躍的に伸び、一八九八年には大阪紡績の生産綿糸の約半分は中国・朝鮮などアジアへの輸出に振り向けられることになった。一八九三年からは綿布の輸出も開始された。大阪紡績は同じような戦略をとった三重紡績と金巾製織と激しい競争を繰り広げたが、一九〇六年には三井物産と組んで、三社は朝鮮輸出のために三栄組合、中国東北部（「満洲」）輸出のために日本綿布輸出組合という組合を結成し、共通商標を定めて、中国在来綿布やイギリス綿布、アメリカ綿布との競争に打ち勝っていった。ついで、大阪紡績はこのうち金巾製織を吸収合併し（一九〇六年）、一九一四年には三重紡績と合併して東洋紡績株式会社となった。また寄宿舎を設け、女子工員の遠隔地募集を始めたこと、中国綿・インド綿・アメリカ綿などを混合して用いる混綿技術を発達させ、原綿コストの低下を実現したことも重要な経営革新であった。

渋沢栄一と大阪紡績

大阪紡績設立に中心的役割を果たした栄一は、創業時には当然のことながら、筆頭株主となっ

表5　渋沢栄一の大阪紡績持株数

年月	大阪紡績株	持株比率%	備考
1882.4	272	10.9	
1883.12	336	12.0	
1886.6	612	10.2	
1889.12	600	5.0	
1893.6	1,180	4.9	
1898.6	1,000	4.2	
1901.6	1,000	4.2	普通株
	333	4.2	優先株
1905.12	200	0.8	普通株
	533	6.7	優先株
	516	3.2	新株
1907.11	635	1.1	旧株
	516	3.2	新株
1909.11	1,149	1.5	旧株
	383	1.5	新株

［出典］「大阪紡績考課状」による。

た。一九〇五（明治三八）年までは筆頭株主の地位に留まったが、表5にみる通り、創業時に比べ、持株比率は低下していった。前節で栄一の株式所有は会社の所有にもとづく支配を意図したものではなかったと指摘したが、大阪紡績の場合でも、栄一の持ち株がこのように変動していたことにそれが表れている。

一方、役職については、創業時から、一九〇九年に古稀を契機に多くの会社役員から退くまで、相談役の地位にあったが、社長はもちろん取締役にもついに就任しなかった。

栄一に代わって、マネジメントに枢要な役割を果たしたのが工務支配人の山辺丈夫と、初代商務支配人の蒲田清蔵や二代目商務支配人の川邨利兵衛（綿花問屋秋馬商店出身）であった。工務・商務両支配人は月給三〇円の社長、二〇円の取締役よりも高い月給五〇円を受け取っており、管理職社員が実質的にトップ経営者として機能していたことを示している。

しかしながら、栄一は山辺や川邨らにすべてを任せていたわけではなく、大阪紡績の経営の枢要に関与し続けた。どのように関与し続けたのか、すなわち、今日流に言うと、栄一の大阪紡績に対するコーポレート・ガバナンスはどのようなものであったか。

第一は直接、間接的手段で入手した情報にもとづくコントロールである。栄一の日記には、山辺や蒲田など、経営幹部がしばしば上京していたことや、書信のやりとりが記録されている。毎期の営業成績の報告、設備投資や資金調達についての相談、指示がその主要な案件であった。

栄一は多数の企業で重役の地位にあり、その多くは東京にあったから、大阪に来るのは稀であったが、来阪時には「三軒家紡績会社に抵り山辺丈夫、滝村等に面会し営業の概況を聞く、二三の注意を示して去る」（一八九九年七月四日）、「三軒家紡績会社に抵り工場を一覧し、社員を会して執務の得失を討議す」（一九〇三年四月二五日）、「大阪紡績会社四貫島工場に抵りて一覧す、畢て堺卯楼に抵り饗宴に出席す、種々鄭重の饗応あり、畢て社員一同を会して本邦紡績業の沿革及当会社今日迄の歴史を演説し、更に事業経営に関する注意の事を訓示す」（一九一〇年四月二一日）[23]など、大阪紡績の工場に立ち寄り、経営に関する指示を与えていたのである。

経営への第二の関与の手段は、第一国立銀行大阪支店長であった熊谷辰太郎や四日市支店長であった佐々木清麿などを大阪紡績の取締役や支配人の地位に就かせたことである。一九〇三年に大阪紡績支配人となった佐々木について、当時の大阪紡績社員はその経緯について次の証言を残している。「渋沢男は大紡、三重紡に対しては大いなる勢力を有っておられたので決算期には必ず相談に行った。大紡の乱脈を何とかせねばならぬと思われたので第一銀行の佐々木支店長を支配人として入れられた。佐々木氏が調査されると、記帳は全部大福帳式であったから、これでは駄目だと思われたので学校出を採用してその改革に乗出されたのである」[24]。

第三に、経営陣やその経営判断について、アドホックなトラブルが生じた際には、栄一は重要な役割を果たした。先述の通り、大阪紡績発足当時、頭取に藤田伝三郎、取締役に松本重太郎と熊谷辰太郎が、相談役に栄一と藤本文策、矢島作郎が選ばれたが、彼らは大株主としてこの地位に就いたのであり、日常は会社に出勤せず、経営の実務は工務支配人の山辺と商務支配人の蒲田や川邨に任せていた。一八八七年一月に、藤田に代わって松本が頭取に就任し、取締役にも若干の変更があったが、大株主の代表が役員に就任し、幹部社員が経営者の役割を果たすというスタイルは変わらなかった。

当時の株主たちは概して、投資のリターンに対して敏感であり、実質的に経営者である工務・商務支配人に圧力を加えることが多かった。また大阪紡績のように、異なる背景・系譜を持つ投資家たちによって株主が構成されている場合には、株主間の利害対立もしばしば表面化したのである。とりわけ、経営が悪化すると、大株主たちは騒がしくなる。株主たちは社長や取締役の責任よりも、山辺のような雇用経営者の責任を追及し、社長や取締役も株主の側に立つことになる。当時の株主総会での株主の出席率は比較的高く三〇パーセントを超え、株主は山辺などの経営陣に注文をつけることが多かった。山辺は「多くの投資家の関心は長期的視野での会社の発展にではなく、配当や株価にある以上、会社の経営者は投資家の歓心を得ることに努めなければならない」[25]と述べている。山辺はその考えのもとに、創業後数年間は内部留保と減価償却を犠牲にして配当率と配当性向を高めた。株主優遇策の結果、大阪紡績の株価は高騰し、増資もスムーズに実施され、一八八四〜八九年の間に資本金は二八万円から一二〇万円に、同期間に株主数も九五名から三八四名に増加した。山辺は株主の歓心を得るのに成功したのである。

しかしながら、大阪紡績は一八九〇年代後半以降、相次いで新参入する後発会社との激しい競争に直面し、収益性、成長、マーケット・シェアなどにおいて、他社の後塵を拝するようになり、山辺は大株主、とりわけ当時の松本重太郎社長の側近たちから攻撃されることとなった。渋沢栄一は以下の証言を残している。「大阪紡績会社も其例に洩れず悲観の極に達したことがあつた。為に山辺君も堪え難くなったものか、ある日東京に尋ねて来て、飛鳥山の屋敷で逢って見ると、堅忍不抜の君から意外にも紡績を止めて退きたいと云ふて来たので、私は内心、当時経済事情から紡績事業の悲況を察せぬでもなかったが、そんな事では折角今日迄の努力を水泡に帰するも同然であるから、詰めとして其の非を説き、飽く迄激励の言葉を残し与えた(26)」。

また、山辺の部下の技師であった岡村勝正も以下のように述べている。「明治三十年に(日清―引用者注)戦後の好況の反動が来て」、「大阪紡績も大きな欠損をしました。かねて山辺氏の会社での事実上の勢力に反感をもつていた当時の社長松本重太郎さんを囲む大阪の重役達が、山辺が支配人をして損をするのだから、この際山辺に辞任してもらいたいと言い出したのです。株主会議でいろいろ中傷されたり攻撃されたりして山辺さんもすつかりくさつて会社を辞めたいと考へた様で、私共にもいろいろ相談をしかけられました。飛鳥山の渋沢さんのお邸に辞職したいと言いに行つたと云うのもその頃だつたのでせう[27]」。

山辺はこうした試練を乗り越えて一八九八年に社長に就任した。それは、大株主兼任取締役が支配していた明治期の株式会社が、雇用経営者を取締役に任ずるようになったという点で一つの画期となった。とはいえ、相当数の大株主が株主総会に出席し続け、配当政策、増資政策、株価の動向、株主の金銭的な負担等に関して発言を続けたから、山辺たち雇用経営者たちは株主の利害と会社のそれとの板挟みになって苦しまなければならなかった。

しかしながら、二〇世紀に入ると、増資による株主数の増加、大株主の交替、口やかましい株主の退出とサイレント・オーナーの増加などによって、次第に株主総会への株主の出席率の低下などが起こり、雇用経営者の力が相対的に強まることになった。大阪紡績では初期には減価償却や内部留保を犠牲にして高い配当率と配当性向が実現されていたが、自動力織機など新鋭機械への設備投資を行うために、配当を抑え、内部留保を高め、さらに積極的に他人資本を導入する財務政策に転じた。同社の経営陣が機会主義的な株主の意見に制約されることがより大きかったならば、上記のような積極政策は採用されなかったであろう。

このように次第に山辺丈夫らの雇用経営者のヘゲモニーが確立されていったが、その背後に一貫して彼らを支え続けた渋沢栄一が存在していたことに注目しなければならない。栄一の持株比率は創業時で一〇パーセント程度、一九〇九年で二・六パーセント（旧株、新株合わせて）にすぎなかったから、所有のみが栄一のパワーの源泉であったとはいうことはできない。創業時において彼が示したオーガナイジング能力、その後における調整能力、そして財界リーダーとしてのプレゼンスがその源泉であったといえるであろう。

後の節で紹介するように、一九〇九年、古稀を契機に諸会社役員の職を辞するにあたり、栄一は自身が関係した会社について、「余が今回辞任したる六十会社の運命観」と題する興味深いエッセイを書いているが、大阪紡績については、「山辺は、どちらかといえば、少々気の弱いほうの人であるから、私がたとえ辞職しても、事実において相談に来ることも免れまいと思う。さすれば、結果は名だけ辞職するようなものである」[28]と記している。栄一が大阪紡績の経営に関して終始、強い関心を抱き続けていたことがうかがわれる。

大阪紡績の歴史的意義

大阪紡績の成功を契機として、日本の紡績業は急速な発展を遂げた。一八九一（明治二四）年には早くも国内綿糸生産高が輸入高を上回り、一八九七年には綿糸輸出高が輸入高を凌駕するにいたった。紡績業は西洋から移植された近代産業のうち、最も早く自立できた産業となり、日本の産業革命の主導部門となったのである。

以上の経済史的意義に加えて、経営史的に特筆されるのは、江戸時代以来の生え抜きの両替商や問屋商人に代わって、渋沢栄一や藤田伝三郎、松本重太郎など新興の実業家のビジネス制覇が明確になったことである。また、大阪紡績は東京と大阪という二大都市の投資家が結合した最初の大規模ジョイント・ベンチャーであった。このように全国的規模で社会的資金を集めた巨大企業の成功は、合本組織（株式会社制度）の優位性を実証することとなり、従来の家業経営を時代遅れのものとしたのである。そしてそれはやがて、山辺丈夫などの技術者や新知識人たち、すなわち専門経営者が経済社会を支配する時代を切り拓くこととなったのである。

3　渋沢栄一と人材育成

渋沢栄一の人づくり

すでに指摘した通り、栄一の「合本主義」の実践にとって、人材の不足は重大な隘路の一つであった。そのため、栄一は合本主義実現のためには、多くの人々から資本を集めてくるだけでなく、企業経営にあたる人材や、技術指導にあたる人物、管理職職員などを自身でサーチし、見極め、育成しなければならなかった。

前節で紹介した大阪紡績の工務支配人山辺丈夫や四人の紡績技師の場合、栄一が旧幕臣ネットワークや同族の縁を辿って見つけ、そして育成したという点で、この代表的事例であったということができる。

しかし、栄一の人を見極め、集める才は早くから芽生えていたようで、第一部で述べた通り、一橋家に仕官してまもなく、同家の家臣不足に気づき、わずか数ヵ月のうちに、播州、摂州、泉州で数百名の農民兵の募集に成功、これを兵組織に組み立てるまで行なったのであった。

これも第一部で紹介したことであるが、第一国立銀行創設にあたっても、栄一は必要とする人材確保に布石を打っている。三井組や小野組の手代が派遣されてきたが、その中から有能な者を育成し、側近として活用していった。その例として、三井組から派遣されていたため旧来の商業慣習を熟知していたが、新しい近代的な金融についての知見もあった永田甚七や、出石藩士族で三井組から大蔵省に派遣され、イギリス人の銀行家アーラン・シャンドについて西洋簿記を学んだ熊谷辰太郎、幕府海軍所で学び維新後に小野組に入り、第一国立銀行に派遣された佐々木勇之助らが第一部で紹介されている。

熊谷は大阪紡績創設時に取締役に就任したが、当時第一国立銀行の支店長であった彼は、筆頭株主栄一の代理人的資格でその地位に就いたのであった。その後も、熊谷は関西方面における第一国立銀行業務を統括する役割を担った。佐々木は、第一国立銀行入行当時は若い行員の一人にすぎなかったが、同行における簿記伝習のさい、「非凡な理解力」を発揮して、栄一の目にとまったという。佐々木はその後頭取として、第一国立銀行の発展を牽引する経営者となった。

また、旧幕府の役人や静岡藩時代の栄一の知己も入行してきたが、その一人として鈴木善助という人物がいた（以下、桑原氏の教示による）。彼は駿河国静岡郊外柚木村の出身で、幼少時に廻船問屋の養子となり、韮山代官江川太郎左衛門の小姓を経て、栄一が創立にあたり、経営を取り仕切っていた商法会所の用達となった人物であった。その後、江戸神田多町乾物商に入り婿となり、鈴木姓となった。渋沢家奥向き御用も務めるようになり、一八七三（明治六）年、第一国立銀行に入行した。渋沢家の秘書的な仕事をしつつ、同行では営業案内を出したり、商人に預金や貸付取引の勧誘を行うなど営業関係の仕事を担当したが、保守的であった日本橋界隈の有力商人との取引開始に成功するなど、貢献すること大であったという。

このように、栄一は優れた人物と評価すれば年齢、出自などにかかわりなく抜擢し、将来の第一国立銀行の中心人物となるよう育てていったのである。

第一国立銀行以外の栄一関与企業でも、栄一は人事面でのコントロールをガバナンスの主要手段としていた。島田昌和は、栄一は各社の創立時において役員の指名に主導的役割を果したこと、設立後も会社に紛議が起こったとき、その事後処理にあたる経営者の人選に積極的に関与したことを明らかにしている[29]。そしてその際、栄一は多数の事業を同時に手がけていかなければならなかったから、栄一の姿勢に呼応して行動を共にし、その役割を代行してくれる経営者を不可欠としたが、栄一はそのような人物を巧みに見出していた。栄一との共同出資に応じ経営に参画したものとしては、浅野総一郎、大倉喜八郎、益田孝・克徳兄弟、馬越恭平、西園寺公成、日下義雄などがあり、日常的マネジメントをチェックし、モニタリングすることで栄一をサポートしたものとして、植村澄三郎、大川平三郎、梅浦精一など栄一が抜擢し、育成した若手経営者や須藤時一郎、土岐僙などの第一国立銀行生え抜きの経営者があった。

栄一は一業を企てる上で最も注意を要する点として、①その事業が成立する見込みがあるかどうか、②個人だけでなく国家を利する事業かどうか、③その事業が時機に適合しているかの三つに加えて、④「事業成立の暁において、その経営者に適当なる人物ありや否や考える」ことが重要とし[30]、「すべて社会における諸事業は、人物ありて後のことで、資本が如何に豊富でも、計画が如何に立派でも、それを経営してゆく者に適材を得なければ、資本も計画も畢竟、無意義なものとなって仕舞う。ここに精巧なる一つの機械があるとしても、機械は自ら動くものではなく、それに人力とか火力とか動力を加えなければ、精巧な機械でも何の役にも立たないのだ。事業経営上において適任者を得るのは、丁度機械における動力のごとき関係である[31]」と述べている。今日の経済学・経営学で唱えられている「企業家」の役割を栄一は的確に把握していたのである。

栄一はまた、このような会社重役の職責として、次のようにいう。「一会社における重役が、株主から選ばれて会社経営の局に当たる場合には、会社の重役たる名誉も、会社の資産も、ことごとく多数株主から自分に嘱託されたものであるとの観念を有ち、自己所有の財産以上の注意を払って管理しなければならぬ。しかしながら、また一方において重役は常に、会社の財産は他人の物であるということを深く念頭に置かねばならぬ。それは会社経営上について一朝株主から不信任を抱かれた場合は、何時でも会社を去らねばならぬからである。なぜならば、すべて重役がその地位を保ち、その職責を尽くしておるのは、必ず多数株主の希望に依るものであるから、もし多数人の信任が無くなった際は、何時でも潔くその職を去るのが当然のことである。しかして、かかる場合には公私の区別が判然として、会社の仕事と自分の身柄と、ただちに区別がつき、その間にいささかも私なく、秘密なきことを期さねばならぬ。これ多数株主の輿望を負うてその任に当たる会社重役の、常に心得ざるべからざる肝要の条件であろうと思う[32]」。

この言からすれば、栄一は、会社は株主のもので、会社重役（経営者）は株主の「エージェント」（代理人）とする見解＝株主主権論的立場であったかのようにみえる。しかし、同時に栄一は「事業加入者」（出資者）の中には、会社創設前に権利株を過大に取得し、会社創設を機会にそれを売って私服を肥やそうとするものがいるが、それでは「事業そのものに対する誠意がない」「国家的観念をもって事業に加入するというがごとき意志は、さらにない」などとしている[33]。栄一は会社の事業そのものではなく、株価だけに関心を持つ「機会主義的」株主の側には立っていなかったのである。

また一八八六年に、渋沢邸に寄宿する書生たちの勉強会に端を発した竜門社は時期により会の性格を変えていたが、栄一が実業界を引退する一九〇九年までは、栄一周辺の若い経営管理者の教育・啓蒙機関として機能した。また一九〇九年以後になると、栄一の経済思想＝「道徳経済合一説」を世に広めるための会に性格変更されたという[34]。いずれにせよ、竜門社は栄一が関係する企業、団体の人材育成に寄与するところが大きかったといえよう。

補節　渋沢栄一は関係企業をどう評価していたか

関係企業の類型

渋沢栄一はその生涯において、極めて多数の会社・団体に関係し、最盛期の一九〇二（明治三五）年頃には一五の企業で会長・社長・頭取を務め、ほか一三社で別の役職に就いていた。ところが栄一は数え歳七〇歳を迎えた一九〇九年、実業界からの引退を表明、第一銀行を除き、関係企業の役職を退くとした。この引退にあたり、栄一は「余が今回辞任したる六十会社の運命観」と題する一文を一九〇九年七月発行の『実業之世界』[35]に寄稿している。

同雑誌の担当記者は、広範囲にわたった渋沢男爵関係の会社が、男爵が役員から去ったあと、どのようになるのか多くの人々が関心をもっているであろうから、男爵自身による関係会社の未来観について明答をお願いしたと寄稿依頼の趣旨を述べている。栄一自身が関係会社の現状と将来についてどのような評価をしていたのか興味深いが、特に各会社の評価にあたって、経営陣の人物や能力の評価に重きをおいているように見受けられるので、渋沢栄一の人材育成を論じた本節の補節として、この寄稿文を紹介することにした。ただし、紙幅の都合上、同稿において言及されている企業すべては取り上げず（表題は「六十会社」とあるが、実際に言及されているのは五〇社）、栄一にとって関係の深い企業のみ紹介する。

この点に関連して島田昌和は、栄一の各企業への関与の度合いを栄一の役職への就任状況から、四つの類型に分類している。[36]

第一類型は一八九五年から実業界の引退まで長期にわたって一貫して会長・頭取を務めた企業

で、東京瓦斯、日本煉瓦製造、第一銀行、東京人造肥料、東京貯蓄銀行、東京石川島造船所、磐城炭礦の七社があてはまる。

第二類型は、一八九五年から一九〇七年まで関与し続け、さらに一時的に会長を務めた企業で、東京製綱、京都織物、帝国ホテル、東京帽子がこれにあたる。

第三類型は、一八九五年から一九〇七年まで一貫して取締役・監査役を務め続けた企業であり、東京海上保険、日本郵船、北海道製麻の三社が挙げられる。

第四類型は、短期間ではあるが会長を務めた会社で、王子製紙、京釜鉄道、長門無煙炭礦、広島水力電気などである。

このうち第一と第二類型が、最も長期に関与し、トップマネジメントをみずから務めたという点で、栄一が最も深く関与していた企業であり、第三と第四類型は短期、長期の違いがあるがトップマネジメントに就任した経験があるという点で、次に関係の深い企業ということができる。

このほか、栄一が一時的に取締役・監査役・相談役などを務めた企業も多数あるが、これらの企業においては栄一の役割、位置は部分的、間接的なものであったと考えられる。

そこで、以下では、第一類型と第二類型の企業を中心に取り上げ、それに第三・四類型及びそれ以外の中で、経営史上重要と思われる企業についての渋沢栄一評を紹介する。

栄一自身による関係会社と経営者の評価

◆第一類型◆

株式会社第一銀行（明治六年七月設立　払込資本一千万円　配当年一割　渋沢男は当行の頭取）

これは私が頭取で、佐々木勇之助が取締役総支配人で、取締役には市原宏盛、熊谷辰太郎、日下義雄、三井八郎次郎などの人々がいる。このうち三井八郎次郎氏は、三井という看板で、結局、三井を代表して、取締役に名を連ねているが、その他の人は皆、実際取締役として、実務にあたっているので、決していわゆる伴食取締役ではない。なかでも日下は、他に兼宰《けんさい》事業をも持っている至極頑固な人で、渋沢や佐々木に阿諛屈従する人ではない。頗る意地が強い。どこまでも持説を徹すという性質の人で、銀行にはその種の人が必要である。監査役の土岐僙、尾高次郎などは、以上の取締役に拮抗して、持説を徹すという勢力のある人々ではないが、何にしても、第一銀行の堅固なる営業ぶりは、私の公言して憚らぬ所である。もっとも、私は、この第一銀行、及び次の東京貯蓄、銀行集会所等の重役は辞退せぬのであるから、これらについては、別に退隠後を予測すべくもない。ただ、事の序《ついで》に話しておくだけである。

株式会社東京貯蓄銀行（明治二十六年七月設立　払込資本金十五万円　配当年一割　渋沢男は当行の取締役会長）

貯蓄銀行は、元来、細民の零砕なる金を安穏に預ってやるというのが本趣《ほんしゅ》で、私どもの考ではほとんど慈善事業のようなものである。で、是非これは堅実の発達を遂げさせたいというので、第一銀行の商業的なるとは、別異の状態に組織した。これは、佐々木勇之助が取締役、倅（渋沢篤二）が常務取締役をしているが、これまた、今回の辞退の範囲外であるから、とりたてて退隠後を予測する必要もない。

東京瓦斯株式会社（明治二十六年十月設立　払込資本千五十五万円　配当年一割三分　渋沢男は取締役会長）

どこから見ても立派な会社である。専務の高松（豊吉）と常務の久米（良作）とが十分に力を入れさえすれば、まずもって大丈夫であろう。加之《しかのみならず》、取締役の大橋（新太郎）などいう人は、かつて専務の職をも執った人で、能力もあり智識もある。ナカナカ敏腕家である。今こそ専務にあたっておらぬが、よく商売ぶりを心得ている人であるから、これらの人が傍から相当の力を添えたら、私が辞退しても、その根底が動くような事は断じてない。会社の顧客も、年々二割方は進んで行く。これはいつまで進んで行くかは分らぬが、外国の例などから推測すれば、今後十年や十五年は、この調子で進んで行くと思う。事情、右のごとくであるから、私の辞職後といえども、何らの異状がなかろうと思われる。

株式会社東京石川島造船所（明治二十二年一月設立　払込資本六十三万七千五百円　配当年一割　渋沢男は当所の取締役会長）

この会社は、あまり完全とはいえない。ただ、この春、梅浦精一（専務）が入って、従来の紊乱を整理したので、やや前途の光明を認め得るようになった。元来、この会社は、明治七、八年頃起ったもので、平野富次という人が、日本に民間造船業の発達せぬのを遺憾として、これに着手したのに、第一銀行が出資したのが起源である。その後、平野の経営法が面白くなかったので、梅浦を入れ、株式会社にして、拡張を試み、二十八年には浦賀に分工場をつくった。ところが、これがそもそもの過りで、終に二箇所の経営には堪えぬ事になり、三十五年には、分工場を売って、事業を縮小するような破目に陥った。その後、梅浦が去って、別人が経営をしたが、時も経営法も人も悪かったので、この春からは、梅浦が出て改革につとめている。私は、彼の人なら立派に行なっていけるだろうと信じている。

東京人造肥料株式会社（明治二十年四月設立　払込資本二百六十五万五千円　配当年一割　渋沢男は当会社の取締役会長）

日本の農業の進歩に添わせるという意味で、この会社は設立されたものである。はじめは何分にも、不熟練であったのと、供給状態の観察を誤ったのとで、随分悲況に陥った事もあったが、日露戦争前後から、俄然として盛況を呈して来た。加之《しかのみならず》、専務犬丸鐵太郎、取締役益田太郎、渋沢喜作などは、いずれも恰当の人物であるから、その前途には何らの心配もない。ただここに注意を要するのは、各肥料会社大合同の問題で、これは是非、成し遂げたいと考えている。各会社が、各地に割拠、競争して、あるいは関東の肥料を関西に運ぶというようでは、運賃ばかりでも大した損害である。これを救うには、是非大合同を組織せねばならぬ。この大合同だけは、憚りながら、私が力を入れなければ成立たぬと考える。で、たとえ重役は辞しても、このほうの尽力はするつもりでいる。果して出来るかどうかは不明であるが、もし希望のごとくいったとすれば、もちろん今の東京人造の重役を移して、社長にする訳にはゆかぬから、誰か名望と手腕とふたつながら具有する人を引出して、これにあたってもらわねばならぬ。もっとも、私がやれば憚りながら、やり得るが……。

日本煉瓦製造株式会社（明治二十年十月設立　払込資本三十万円　配当年二割　渋沢男は当会社の取締役会長）

大分堅固な会社で、資本は僅かであるが、基礎は鞏固である。この程、出火のために六箇の釜が二箇焼けて、七八万円の損をしたが、これとて大した打撃ではなかった。この会社は、諸井恒平という人が専務でやっているが、私が辞職しては困るという。しかし、そんな事をいって、人を困らしてはならぬ。親の乳も、大人になっては飲むものでないといったような次第であったが、会社の内部の経営においては、私が退いても、さほど困るような事はない。ただ、世間に対する事件の生じた時には困る事があるであろう。

磐城炭礦株式会社（明治二十六年十二月設立　払込資本八十万円　配当年一割五分　渋沢男は当会社の取締役会長）

専務取締役は浅野総一郎であるが、実際は、佐久間精一と岡部眞五という人が、経営の任にあたっている。これらの人々は、ナカナカ地味な人達で、しかも、丹精して経営にあたっているから、前途が危険だなどいうような恐れはなかろうと思う。一時は、炭坑内に漏水などして、大分困難をしたが、現在では、その防備もつき、石炭の景気もよくなったので、相応にいっている。

◆第二類型◆

東京製綱株式会社（明治二十年四月設立　払込資本八十八万円　配当年一割八分　渋沢男は当会社の取締役会長）

これは、すこぶる堅固な会社で、頻りに資本の償却をやっている。専務は、山田昌邦という人で、学識能力の備わっているというほうではないが、この道については、長年の経験もあり、至極真面目で、仕事も地味にやっている。これを助くるに取締役深山正という人があるが、この人もすこぶる堅固な遺口の人であるから、私が重役を辞したところで、大抵やってゆけるだろうと思う。

株式会社帝国ホテル（明治四十年一月設立　払込資本百二十万円　配当年五分　渋沢男は当会社の取締役会長）

会社の内部に不都合な事はいささかもないが、なにぶんにも特殊の能力が必要な事業であるために、経営はナカナカ困難である。随分、経営者を取換えてもみたが、従来の所では、いずれもこれぞという成績を挙げておらぬ。とても私共の才能では経営が出来ないから、どのみち、斯業《しぎょう》の熟練者を挙げて、その職にあたらしめねばならぬと考えている。私の退いた後を引受ける者は、現取締役大倉（喜八郎）ぐらいのものであるが、それも到底駄目である。西野恵之助などは、やや適任者のほうであろうが、そう方々《ほうぼう》に顔を出させるわけにもゆくまい。

京都織物株式会社（明治十九年五月設立　払込資本百五十万円　配当昨年度なし　渋沢男は当会社の相談役）

これは、絹繻子、綿繻子などが専門で、今は渡邊猪之助などが、主として経営に従事しているが、最初は、私が長らく取締役会長をしておった。概していえば、基礎の鞏固な会社であるが、昨年は需用地たる清国の不況の結果、利益の配当が皆無であった。今年は、銀価の回復と共に、対清貿易もふるってきたから、下半期には利益の配当が出来る事と思う。

東京帽子株式会社（明治二十六年十二月設立　払込資本十五万円　配当年五分　渋沢男は当会社の取締役会長）

これは、蜂須賀侯と私との出資で、専務の早速鎮蔵と支配人の土肥修策という人が、専ら経営の任にあたっている。随分堅実にはやっているが、利益のすくないので困っている。これには、私の退いた跡に、誰か一人、据えなければならぬと思っている。

◆第三類型◆

日本郵船株式会社（明治十八年十月設立　払込資本二千二百万円　配当年一割二分　渋沢男は当会社の取締役）

これは、もともと共同運輸会社と三菱汽船会社とが合併して、日本郵船会社となったものであるが、さて、合併して公共的の性質は帯びたものの、どうも三菱一個人のもののように見えて、面白くない。それで、渋沢を入れたら、名実ともに、公共的のものになるであろうという事で、明治二十六年に、岩崎男から頻りに入社を懇請された。そこで私は、そういう事なら、荘田（平五郎）も入れよ、中上川（彦次郎）も入れよというので、三人ともに入って、八百万円の資本を二千二百万円までに増資し、従来なかった欧州航路、豪州航路なども、新たに拓いた。われわれはその名は伴食重役であったけれども、活動については、十分力を入れたものである。ただいまは、社長近藤廉平、副社長加藤正義及その他の堅実なる重役の経営の下に、社運も頗る順潮で、かつ前途にも心配がない。で、私が辞職しても、会社には大した損失がない。

東京海上保険株式会社（明治十一年十二月設立　払込資本七十五万円　配当年四割　渋沢男は当会社の取締役）

取締役会長末延道成と総支配人各務謙吉とが、主として経営に従事している。その営業の遣口は、ともかく、基礎の鞏固な会社であるから、私が辞職したところで、何らの影響はなかろうと思う。

◆第四類型◆

広島水力電気株式会社（明治三十年十二月設立　払込資本三十二万五千円　配当年二割　渋沢男は当会社の相談役）

二十七年の戦争の時に、親族の阪谷芳郎などが広島に行って、広島人に勧告したのが動機となって始まった会社である。最初、設計書を持って頼みに来たのをみると、滝の工合といい、位置といい、ナカナカいい都合にいっている。で、これは面白い、世話しよう、というので組織したものであるが、予想のごとき好結果を得て、年々二割位の配当をしている。有望な会社である。ところが、今度、電燈会社と合併の下相談が生じているそうであるが、広島水電は、広島から呉にかけての唯一の動力であるから、なにも慌てて合併などはしなくとも、相応な利益はある。合併して、カスリを取ろうなどは、実にケチな考であると小言をいうが、いうことを聴かない。で、私の辞職後は、私利に走るような事はあるかも知れぬが、前途に危険などはなかろうと思う。

◆その他◆

三重紡績株式会社（明治十九年十一月設立　払込資本五百八十七万七千六百七十五円　配当年一割二分　渋沢男は当会社の取締役会長）

これは大阪紡績と相駢《なら》んで、私が世話して立てた会社で、専務取締役には、伊藤伝七、常務取締役には齋藤恒三、その他、重役には九鬼紋七、奥田正香などいう人々がいる。伊藤は名古屋の徳望家で、資産もあり能力もある立派な人物、齋藤は大学出身の技術家で、かつ経営的能力をも具有している好人物である。即ち経営者その人を得ているのみならず、資金もまた潤沢で、加うるに、金融については、第一銀行が相談に関っているから、事業の前途は確かなものである。ただ、私が退いたら、いささかその統轄に困ることだろうと思わぬでもないが、これは、名古屋での人物たる奥田などが、代ってやっていったらやれるであろうと思う。

大日本麦酒株式会社（明治三十九年三月設立　払込資本七百二十万円　配当年一割五分　渋沢男は当会社の取締役）

日糖の破綻、京浜電気の浮評などについで、とかくの批難もあったようであるが、一部の人がいうような、基礎の薄弱な会社ではない。社長馬越恭平は、社交に長けているとともに、頗る算数に明るい人で、この種の会社には好適の人物である。また常務取締役植村澄三郎は、頭脳明晰で、遣口の着実な好事務家であるから、この人が長く、馬越を助けてやっていくということであれば、その前途にはいささかの心配もないことと思う。

大阪紡績株式会社（明治十五年五月設立　払込資本三百七十五万円　配当年一割二分　渋沢男は当会社の相談役）

これは、専務取締役の山辺丈夫が、主として経営にあたっている。一体この会社は、三重紡績とともに、私が日本の紡績業を繁盛ならしめんがために世話して、もり立てた会社で、主宰者の山辺も、私が見出して、紡績研究のために、洋行までさせた人である。会社は一時、非常な悲況に陥って、この時は流石に、熟練な山辺も、投げ出そうとしたのであるが、ソンな事ではならぬというので諫止した。で、引き続き山辺が経営することとなり、今では、三重紡績などと同じく、頗る鞏固な基礎の上に立っている。しかし山辺は、どちらかといえば、少々気の弱いほうの人であるから、私がたとえ辞職しても、事実において相談に来ることを免れまいと思う。さすれば、結果は名だけ辞職するようなものである。

大日本製糖株式会社（明治二十八年十二月設立　払込資本七百五十万円　配当年一割五分　渋沢男は近頃迄当社の相談役）

この会社は近頃、非常の悲況の下に立っており、私もひとたび、相談役を辞して、さらに委嘱されたほどで、世間では随分、その前途を危ぶんでいる者もあるが、もし大蔵省が俄かに滞納税を取立てることがなく、かつ債権者が、しばらく猶予をしておいて、徐々に取るという事であれば、立派に立ち行くと思う。先だっての破綻の後を受けて、藤山雷太（社長）、星野錫（取締役）などが、経営に励精しているが、現に一俵について五十銭以上の利益はある。モトの六十七、八銭の利益に比して、甚しい相違ではあるが、なおかつ経費を控除して、残余を得るの余裕は確かにある。加之《しかのみならず》、台湾の工場のほうでは、従来から引続き利益が上っている。それゆえ、この現状を継続してゆくことが出来れば、徐々に回復するのは、みやすい道理であろうと思う。

京阪電気鉄道株式会社（明治三十九年十一月設立　払込資本二百八十万円　配当年五分　渋沢男は当会社の相談役）

これは、渡邊嘉一（専務取締役）、桑原政、林謙吉郎、村野山人（取締役）、田中源太郎（監査役）及びその他の人々が重役であるが、すべてを通じて、安全な人達ばかりであるとはいえない。なかには、少々危険に思わるる人もいないではないが、しかし渡邊は、信ずべき好人物であり、かつ多くは安全な人達であるから、前途を危ぶむの必要もなかろうと思う。もっとも、まだ事業を開始せぬ以前であるから、実際の損益はわからないが、道理からいえば、京阪間は人間の往来が頻繁な所であるから、この間に鉄道を敷設して、乗客のないという訳がない。さらに京阪電鉄が汽車に優った点を挙ぐれば、他の鉄道が、大阪の市外に停車場を有するに反して、これは直ちに高麗橋まで入り込む便があることである。私は道理上、京阪電鉄の前途を楽観する。

栄一の会社評価の特徴

以上、渋沢栄一関係一九社について、栄一自身がその現状と将来についてどのような評価をしていたのかを紹介した。これについて、若干のコメントを加えておこう。

（1）栄一の会社評価の際立った特徴は、すべての会社について、そのトップマネジメントの人物、能力評価を軸に据えていることである。営業や製品、財務などにはあまり触れていない。ここで取り上げた会社のうち、その現状・将来について栄一がいささかの懸念を表明しているのは、東京石川島造船所、東京人造肥料、帝国ホテル、東京帽子、広島水力電気、大阪紡績、京阪電気鉄道などであるが、懸念は経営者の人物評にもとづいているのである。逆に、栄一が経営者に信頼感を表明している会社については、その将来を楽観視している。栄一が「事業は人なり」「企業経営はトップ次第」との信念を持っていたに違いないことを物語る。

(2) これに関連して感銘を受けるのは、栄一が、多くの会社のトップマネジメントやそれを補佐する経営者の人物、資質、能力について相当の情報を持っていたに違いないと思われることである。『実業之世界』という実業界でよく読まれ、評価された本人の目に触れる可能性が極めて高い雑誌上での人物評であるからには、いかに栄一といえども相当に的を射たものでなければならなかったであろう。

「伴食取締役ではない」(「名ばかりの取締役ではない」の意)「至極頑固な人で、渋沢や佐々木に阿諛屈従する人ではない。頗る意地が強い。どこまでも持説を徹すという性質」(第一銀行の日下義雄)、「能力もあり智識もある。ナカナカ敏腕家である」「よく商売ぶりを心得ている人」(東京瓦斯の大橋新太郎)、「ナカナカ地味な人達で、しかも、丹精して経営にあたっているから、前途が危険だなどいうような恐れはなかろう」(磐城炭礦の佐久間精一と岡部眞五)、「伊藤(伝七)は名古屋の徳望家で、資産もあり能力もある立派な人物、齋藤(恒三)は大学出身の技術家で、かつ経営的能力をも具有している好人物」(三重紡績)、「社長馬越恭平は、社交に長けているとともに、頗る算数に明るい人で、この種の会社には好適の人物である。また常務取締役植村澄三郎は、頭脳明断で、遺口の着実な好事務家」（大日本麦酒）等々、栄一が各社の経営者の人物についての情報をもち、日常の行動に目を光らせていたことを想像させる人物評である。

また、大阪紡績の最高技術者であり専務取締役であった山辺丈夫について「どちらかといえば、少々気の弱いほうの人であるから、私がたとえ辞職しても、事実において相談に来ることを免れまいと思う。さすれば、結果は名だけ辞職するようなものである」と書き、京阪電気鉄道の経営者についても、「すべてを通じて、安全な人達ばかりであるとはいえない。なかには、少々危険に思わるる人もいないではない」と述べているなど、率直な人物評を明らかにしている。

島田昌和は、栄一は情報収集活動に熱心であったが、特に関連企業の経営者や出資者については面談を重視していたとしている。[37]右に示されている各経営者の人物評はこうした栄一の日々の努力の成果であったといえよう。

（3）一九〇九（明治四二）年、古稀を迎えて栄一は関連企業の多くからの引退を表明したが、すべての企業から離れようとしたわけではなく、企業ごとに関与の度合いを分けていくことが趣旨であったようだ。この寄稿文から、栄一の各企業に対するスタンスを読み取ると、次の三つに区分できるように思われる。

（A）今後とも経営に直接関与する企業（第一銀行と東京貯蓄銀行の二社）。

（B）現状及び将来性に不安がなく、関与の度合いを低めてもよいと判断した企業（東京瓦斯、

磐城炭礦、東京製綱、京都織物、日本郵船、東京海上保険、三重紡績、大日本麦酒、大日本製糖、京阪電気鉄道の一〇社)。

(C) 現状及び将来性に多少の不安があり、今後ともモニタリングないし関与する可能性がある企業(東京石川島造船所、東京人造肥料、日本煉瓦製造、帝国ホテル、東京帽子、広島水力電気、大阪紡績の七社)。

Cについての栄一の不安は、東京人造肥料と広島水力電気については合併問題、帝国ホテルについては事業の特殊性に由来しているが、他の多くは先に述べたように、経営陣の人物、資質に対する懸念に発している。そして、東京人造肥料や帝国ホテル、東京帽子の事例で明言しているように、栄一は各社の将来のトップマネジメント人事に影響力を行使しようとしていたのである。

さらにいえば、東京人造肥料の場合に、「名望と手腕とふたつながら具有する人を引出して、これにあたってもらわねばならぬ。もっとも、私がやれば憚りながら、やり得るが……」と述べているように、栄一は古稀にさいし、実業界から引退を表明したにもかかわらず、依然として強い事業意欲と、みずからの経営者能力に全く自信を失っていなかったのである。

(1) この点について詳しくは、宮本又郎[二〇一〇]、『日本企業経営史研究』第五章(有斐閣)一四六〜二〇七ページ参照。

（2）『立会略則』の引用は、明治文化研究会編［一九二九］、『明治文化全集』第一二巻（日本評論社）一一二〜一四八ページによる。

（3）五代友厚については、宮本又郎［二〇一五］、『商都大阪をつくった男　五代友厚』（NHK出版）を参照のこと。

（4）島田昌和［二〇一四］、「渋沢栄一による合本主義―独自の市場型モデルの形成―」橘川武郎、パトリック・フリデンソン編著『グローバル資本主義の中の渋沢栄一―合本キャピタリズムとモラル―』（東洋経済新報社）五ページ。

（5）島田昌和［二〇〇七］、『渋沢栄一の企業者活動の研究』第七〜九章（日本経済評論社）を参照。

（6）Alexander Gerschenkron［1962］, *Economic Backwardness in Historical Perspective*, Belknap Press. 翻訳書のアレクサンダー・ガーシェンクロン著、絵所秀紀ほか訳［二〇〇五］、『後発工業国の経済史　キャッチアップ型工業化論』（ミネルヴァ書房）を参照のこと。

（7）中川敬一郎［一九六七］、「日本の工業化過程における『組織化された企業者活動』」『経営史学』第二巻第三号八〜三七ページ。

（8）竜門社編［一九六六〜七一］、『渋沢栄一伝記資料』別巻第五（同社）二〜三ページ所収の「渋沢栄一講演・談話（一）」による。木村昌人［二〇一四］、「グローバル社会における渋沢栄一の商業道徳観」前掲『グローバル資本主義の中の渋沢栄一』所収、一五八〜一五九ページも参照。

（9）杉山和雄［一九七六］、「株式会社制度の発展」小林正彬ほか編『日本経営史を学ぶ 1』（有斐閣）一一三〜一一四ページ。

（10）同前、伊牟田敏充［一九七六］、『明治期株式会社分析序説』（法政大学出版局）四四ページ。

（11）日本生命の創業期の事情については、日本生命保険相互会社編［一九九二］、『日本生命百年史』上（同社）を参照。
（12）前掲『渋沢栄一の企業者活動の研究』三七一～三九〇ページ。前掲島田論文［二〇一四］、二七～二九ページ。
（13）以下、特に注記しない限り、東洋紡績株式会社社史編集室編［一九八六］、『百年史　東洋紡』第一章2「大阪紡と近代紡績業の興隆（宮本又郎筆）」（同社）一四～一六二ページによるところが大きい。
（14）渋沢栄一述、小貫修一郎編著、高橋重治編纂［一九二七］、『青淵回顧録』上巻（青淵回顧録刊行会）五九九～六〇〇ページ。
（15）渋沢栄一［一九一二］、「明治の産業界政治界に遺せる品川弥二郎氏の猪突猛進の足跡」『実業之世界』第八巻第一号。
（16）渋沢栄一［一九一八］、「山辺君と紡績創業時代」庄司乙吉・宇野宗吉編『山辺丈夫君小伝』附録（紡織雑誌社）四ページ。
（17）同前『山辺丈夫君小伝』一三～一四ページ。
（18）木山実［二〇〇九］、『近代日本と三井物産』（ミネルヴァ書房）一八八～一九〇ページ。
（19）前掲『青淵回顧録』上巻六〇一～六〇二ページ。
（20）前掲『渋沢栄一伝記資料』別巻第一、五六ページ所収の「渋沢栄一　甲申京摂巡回日記」による。
（21）同前五三ページ所収の「渋沢栄一　西遊日記」による。
（22）竜門社編［一九五五～六五］、『渋沢栄一伝記資料』第一〇巻（渋沢栄一伝記資料刊行会）四八ページ所収の「岡村勝正氏談話」による。
（23）前掲『渋沢栄一伝記資料』別巻第一の「渋沢栄一　日記」九四、三〇四、六一七ページ。
（24）一九四八年の菱田逸次氏談「東洋紡績社史資料18」による。
（25）山辺丈夫［一八八九］、「紡績業固着資本消却及損益計算ニ関スル私説」『連合紡績月報』第二号（大日本紡

績連合会）一～二ページ。ただし、現代語に改めた。

(26) 前掲『山辺丈夫君小伝』（附録）六～九ページ。

(27) 前掲『渋沢栄一伝記資料』第一〇巻五〇ページ所収の「岡村勝正氏談話」による。

(28) 渋沢栄一［一九〇九］、「余が今回辞任したる六十会社の運命観」『実業之世界』第六巻七号一一ページ。ただし、現代語に改めた。

(29) 前掲『渋沢栄一の企業者活動の研究』一四三～一七〇ページ。

(30) 渋沢栄一［二〇一〇］、『渋沢百訓』（角川学芸出版）一四二ページ。

(31) 同前一四六ページ。

(32) 同前一三五ページ。

(33) 同前一四七～一四八ページ。

(34) 前掲『渋沢栄一の企業者活動の研究』一七一～一九〇ページ。

(35) 『実業之世界』第六巻第七号（一九〇七年七月一日発行）六～一五、九二ページ。

(36) 前掲『渋沢栄一の企業者活動の研究』二二一ページによる。

(37) 同前一一七～一四一ページ。

Ⅳ　財界リーダーとしての渋沢栄一(1)

渋沢栄一の財界活動

渋沢栄一が多くの会社を設立すると同時に、多くの経済団体、取引所の設立や運営に関与したことはよく知られている。主なものだけでも東京商法会議所（東京商業会議所を経て、現東京商工会議所）、商業会議所連合会（日本商業会議所を経て、現日本商工会議所）、日本工業倶楽部、日本経済連盟（現日本経済団体連合会）、東京株式取引所（現東京証券取引所）、東京銀行集会所（現東京銀行協会）や教育機関としての東京商法講習所（現一橋大学）などを挙げることができる。

その初期の活動である東京商法会議所（一八七八年設立）の場合をみると、それは幕末に欧米列強との間で結ばれた不平等条約の改正交渉にあたり、経済界の世論形成のため、大隈重信や伊藤博文がその設立を栄一らに勧奨したものといわれるが、他面では、町人のための救済機関として機能してきた江戸町会所（一七七一年設立）を継承した東京営繕会議所が解散され、「実業家としてもお互いの連絡を図り、商工業の発展に資する上において、有力なる団体のないのは実に心細い」[2]と考える商工業者のために結成されたもので、初代会頭に栄一が就任した。またそのほか、栄一は、政治、外交、教育、文化など広い分野において、経済界の代表として発言し、政府の政策や方針を企業・財界団体に伝達し、あるいは政府と財界とを媒介する役割を果たした。栄一は日本に特有の「財界人」の第一号であったのである。

一般に、「財界」とは、「大資本を中心とした実業家・金融業者の社会。経済界」（広辞苑）とか、「総資本の立場で経済・社会をリードするパワー・エリート集団」（読売新聞社『財界』）といった定義がなされている。したがって、「財界人」「財界リーダー」とはその指導者ないしトップ層を意味するということになる。ただし、栄一の場合、日本工業倶楽部や日本経済連盟などのような「大資本」「パワー・エリート集団」だけではなく、中小企業者も数多く含まれその利害も代表していた商業会議所系団体にも深く関与していたことが特徴であった。

財界リーダーの必要性

栄一が生きた時代の日本はなぜ栄一のような財界リーダーを必要としたのか。繰り返すことになるが、明治期の新事業は多くの場合、外国からの制度と技術の導入によって可能となった。利用できる制度や技術の蓄積は海外に豊富に存在していたから、発明の才や事業に対する専門知識は必ずしも必要ではなかった。他方、資本蓄積の底は一般に浅く、また富を持つものが事業意欲を持つとは限らなかったし、逆に事業意欲を持つものは資本を欠いていた。

こうした状況であったから、重要なのは第一に的確に経済情報をキャッチする能力であった。海外ですでに発達した事業といえども、それを後発国日本に導入するにはリスクがつきまとう。情報の正確さは不可欠であった。

第二に必要であったのは、新しい技術や知識を活用する組織づくりの才幹であった。多数の人々からの資本を糾合する株式会社づくりの才幹であり、経営能力、知識のある人材を集める能力であった。つまり、情報収集と組織づくりにより大きなコストがかかったのである。

第三にこのような組織づくりのオーガナイザーの役割は、組織設立時にのみに限られたわけでなかった。既述のように、当時の大規模な株式会社は異系資本家グループの寄り合い所帯であったため、株主間での紛糾がしばしば生じた。また、大株主と技師長や支配人などとの間で、業績や利益処分について軋轢が生じることが稀ではなかった。したがって、株主間及び、株主と管理職社員の調整を行う人物が存在しなければならなかった。また、事実上のトップマネジメントの職責を担うこれら管理職社員を選任し、それを監督する人物が必要であった。大阪紡績で、同社の社長でも取締役でもなく、相談役にすぎなかった栄一が演じたのはこの役割であった。

つまり前章で論じたように、栄一の「合本主義」はその実現のために、オーガナイザー、財界リーダーを必要としたのであり、その意味で合本主義と財界リーダーは不可分の関係にあったのである。そして事情がこうであったから、新事業を興そうとする人にはまず何よりも情報通であることと、まとめ役の能力が期待された。必要であったのは有用な情報を持つ政治家や外国人との人脈であり、ビジネスマンからの幅広い信用であり、異なる利害集団を調整する能力であった。

しかし、このような企業者職能は一種の稀少資源であった。かくて、このような職能は一時代、一地域において限られた人物に集中することとなった。京都では田中源太郎、名古屋では奥田正香、大阪では五代友厚、その亡き後は藤田伝三郎・田中市兵衛・土居通夫などがその役割を演じたが、東京では明治・大正・昭和の長きにわたって渋沢栄一がこの役を担った。

彼らに期待された役割は企業草創期における情報収集と組織づくりにあったから、当該企業が軌道に乗ればその使命はひとまず終わった。それがゆえに、かれらは次々と多くの会社に関係してはそれを去り、また新しい分野に進んだ。そのため、相互に必ずしも関係のない分野に手を広げ、一業を基礎にした蓄財をなすことなく、三井や三菱のような財閥コンツェルンを形成することなく終わった。

大隈重信は栄一について次のような歴史的評価を下している。「(栄一は) いわゆる万屋的に何十という会社の、顧問とか重役とかをしている。頼まれて悪いことでなければいやといわない(中略) 今日の日本の商工業界は過渡の時代である。この時代には渋沢のような人も必要だ。しかし、これからの者がそれをまねたら大変だ。これからは専門の知識をもった人が、それぞれ専門の事業につく時代になる。ドイツでもアメリカでも、ああいう人はいる。しかし、英国にはほとんどいない。英国にはもう事業に秩序がたち、基礎が固まっているからだ。事業界のまだ完全に発達していない日本には、やはり渋沢のような人が必要だ[3]」。

財界リーダーとしての栄一の後継者であった郷誠之助も「よく第二の渋沢は誰かという事が、雑誌々上で論ぜられているが、恐らく、今後、渋沢程の大世話役が出現するような事はあるまい。人物が出ないという意味でない。財界が手広くなって来たから渋沢一人でコントロールしたようには、時代が許すまい。こういう見地に立つと、混沌たる財界の創世期が、渋沢を、あれ程の偉人に仕立て上げるに与って力があったというのもまた一説である[4]」と述べている。

大隈や郷が言っているのは、時代が栄一を必要としたということであるが、それはどういう意味か。一般的、抽象的にいえば、財界や財界リーダーが機能するのは次の三つの条件が存在するときであると考えられる。

①経済界あるいは個別業界に通有する問題が存在する。

②それを個人や個別企業自身では容易に解決できない、もしくは解決しようとすれば大きなコストがかかる。

③また、その解決の手段を市場では調達できない。

つまり両者を総合すると、財界や財界リーダーとは、市場や個別企業内では十分に供給されない経営資源を補完するものとして登場し活動する、市場と企業との間の中間組織としてとらえることができるのである。裏返していえば、市場が十分に発達し、また個別企業が自力で必要な経営資源をまかなうことができるならば、財界や財界リーダーの活躍の場は小さくなるであろう。

栄一に即していえば、資本市場が未熟であり、株式資本を資本市場で調達することが難しかった当時においては、株式資本の主要部分は栄一ら有力財界リーダーら縁故関係と信用に頼るという「非市場的方法」に頼らざるをえなかったのである。また、必要な人材についても、企業内で時間をかけて養成する時間的余裕に乏しく、栄一の人的ネットワークを通じての発掘や特定有能者への依存という形で解決しなければならなかったのである。つまり、栄一の会社は「見えざる手」によってではなく、栄一の「見える手」によって設立、運営されたのである。

(1) 戦前日本における財界団体や財界人の役割とその変遷については以下の文献を参照されたい。宮本又郎[二〇一〇]、『日本企業経営史研究―人と制度と戦略と』第一六章(有斐閣)五五三～五七七ページ。宮本又郎[二〇一三]、「財界・財界人はなぜ必要だったのか」『企業家研究』第一〇号二四～三一ページ。

(2) 渋沢栄一述、小貫修一郎編著、高橋重治編纂[一九二七]、『青淵回顧録』上巻(青淵回顧録刊行会)四二一ページ。

(3) 早稲田大学史編纂所編・木村毅監修[一九六九]、『大隈重信叢書第一巻・大隈重信は語る―古今東西人物評論』(早稲田大学出版部)一九四ページ。

(4) 渋沢栄一翁頌徳会編[一九二九]、『世界の驚異国宝渋沢翁を語る』(実業之世界社)一八五ページ。

V　道徳経済合一説

ビジョンのニューディーラー

先に引用したガーシェンクロンは、後発国の経済発展の特徴の一つとして、それは個人企業家の単なる経済合理主義や利潤動機によって導かれず、ナショナリズムや社会主義といったイデオロギーによって推進されるところが少なくないとしている[1]。

アメリカの開発経済学者グスタフ・ラニスもかつて、明治日本の近代企業家にみられる強いナショナリズム、国益志向性に着目して、それは、セルフヘルプや計算合理性といった個人主義的理念を信条とする「西洋の自己中心的企業家」と類型を異にする「共同体中心的企業家」ととらえたが[2]、その意味するところはガーシェンクロンとほぼ同じであった。

先進国からの政治的・経済的圧迫を受けながら、急速に近代的経済発展をはからねばならない後発国の場合、まずもって重要なことは、先進国との間の文明、経済のギャップを知覚し、それを埋めようとする意識が人々の間で生まれてくるかどうかである。しかし、長い間、その国の社会経済の伝統的慣習・システム・思考に慣れきっていた人々にとって、新しい文明・技術・制度・組織を受け入れることは過去との断絶を意味するから、どうしても心理的負担が生じる。

したがって、国民の意識や行動の変革には、一群の指導者の出現とかれらによるビジョンの提示が大きな意味を持つ。経済界についていえば、いちはやく先進文明についての情報を得、彼我のギャップを認識して、革新的企業家活動に乗り出すとともに、経済社会に対する新しい指導理念、イデオロギーの提示が求められる。いわば、経済思想やビジョンの「ニューディーラー」[3]としての役割である。

これまでみてきたように、渋沢栄一の近代日本の経済発展に対する貢献の第一は合本主義の唱道とその実践にあり、第二は財界リーダーとしての行動、プレゼンスにあったが、それらに勝るとも劣らない第三の貢献は、その指導理念「道徳経済合一説」の提示、唱道であった。ピーター・F・ドラッカーが、「彼（栄一）には思想家である側面と行動家としての側面を結合するユニークな才能がありました。ふつう、思想家というものは行動することが苦手で、行動家は思想家から考えを借りるものです。渋沢は思想家としても行動家としても一流でした[4]」と述べたように、これこそが、後代の日本企業、企業家に対する栄一の最も大きな遺産となったのである。

なお、第一部でも触れられているように、栄一が「道徳経済合一説」や「論語と算盤」を明示的に唱えるようになったのは古稀を迎えて実業界の第一線を退くこととなった一九〇九（明治四二）年以後である。しかしそれは栄一が、古稀以後に突如考えついたものではなく、幼少期から儒学に親しみ、実業家としての長い体験からゆっくりと醸成していったものである。それゆえここでは、「道徳経済合一説」と「合本主義」「財界リーダー」とは相互に関連し合っているものととらえ、あえてその時間的ずれについては等閑に付することにした。

「道徳経済合一説」

「道徳経済合一説」とか「論語と算盤」と呼ばれる渋沢栄一の思想のエッセンスは次のようなものであった。

「公益は即ち私利、私利能く公益を生ず、公益となるべきほどの私利でなければ真の私利とは言えぬ。（中略）。商業に従事する人は、よろしくこの意義を誤解せず、公益となるべき私利を営んで貫いたい。これ総て一身一家の繁栄を来すのみならず、同時に国家を富裕にし、社会を平和ならしむるに至る所以であろう(5)」。

「富を積み栄達するというようなことと、人間の道たる仁義道徳とが果たして並び行わるるべきものであろうか。世間ではややもすれば此の二者の関係を誤解して、仁義道徳を行えば利用厚生の道にもとり、富貴栄達を欲すれば勢い人道に欠くる所ができるというように解釈しておるものも無いではない。しかしながら余は、此の両者は飽くまで合致並行することの出来るものであると、信じて疑わぬ[6]」。

「道徳経済合一説」に対して、経営学者の田中一弘は興味深い解釈を与えている。[7]田中は、「道徳経済合一説」を、道徳と経済をバランスさせることが大切だというふうに解釈しては本質を見失う恐れがあるという。そうではなく、道徳と経済は一方がなければ他方が成り立たない、相互に不可欠なもの同士、すなわち両者は「一致」し「不可分」のものとしたのが栄一の真意だという。そしてその論理構造について、以下のように説明する。

「経済」というものは、人々の生活を経済的に心配のないものにし、豊かにするもので、その結果としてそれを行なった主体は利益・富を得る。したがって、経済活動は賤しくないどころか道徳に適うものである。他方、ビジネスにおける「道徳」とは「嘘をつくべからず」と「自己利益を第一にするべからず」の二つからなるが、不誠実な商行為は行為者に一時的には利益をもたらしても、そのような取引は永続しない。利益を上げることは大切だが、利益を独占してしまっては社会全体は富まない、他者の利益を尊重したり、利益を社会に還元することは経済に適うことである。つまり、道徳と経済は一致ないし不可分の関係にある、というのが栄一の「道徳経済合一説」の真意であると。

ビジネスマンの社会的格付け

どうして「道徳経済合一説」が経済界を指導する理念になりえたのか、また、「道徳経済合一説」は結果として社会にどのようなインパクトを与えたであろうか。

　栄一が生きた時代の特徴として、二つの相反する風潮があった。一つは江戸時代以来の根強い「賤商観」や私利の追求に対する批判であった。他方は、商業道徳の退廃や商秩序の乱れであった。栄一にとって、この二つの風潮を克服することが大きな課題と考えられたのである。いいかえれば、前者は私利を批判する人々へ私利の大義名分を提示すること、後者は私利追求に飽くなき人々に対して諌言を提示することであった。

　まず前者について。栄一の主張は、伝統的教義に対する重大な修正であった。士農工商の徳川社会においては、根強い「賤商観」があった。「商人の心は職人、百姓と違い、本骨を折らずして、坐して利を儲る者なり」（荻生徂来『政談』）、「町人と申候は只諸士の禄を吸取候計にて、外に益なき者に御座候、実に無用の穀つぶしにて有之《これあり》候」（林子平《しへい》『上書』）、「（商人は）ただ、利を知て義を知らず、身を利することのみ心とす」（山鹿素行『山鹿語類』）というように、時代のオーソドキシーにおいては、「仁義道徳」と「生産殖利」は両立しえないものであった。「金」「銭」は汚れたものであり、政治的エリートたる武士は、富を求めず、義の道に務むべきものであった。それだけ、「私利」を追求する商人の社会的格付けは低かったのである。

　既述したことだが、栄一が幕末に渡欧したとき驚いたことは、西洋においてはビジネスマンが軍人や政治家と対等の関係にあったこと、ベルギー王が同国産の鉄を売り込んだことなど、王侯貴族もビジネスに関心を持っていたことであった。「生産殖利」「利用厚生」は卑しむべきものではなく、それは立国の基礎であることを学んだ。そして、それがためには、ビジネスマンの社会的威信を高め、有為な人材が実業界に入るモティベーションを高めなければならない。栄一には賤商意識の克服が課題と感じられたのである。

一八七三（明治六）年、官を辞するにあたって、栄一は次の言葉を残している。「政府の官吏は凡庸にても可なり。商人は賢才ならざる可らず。商人賢なれば、国家の繁栄保つべし。古来日本人は武士を尊び、政府の官吏となるを無上の光栄と心得、商人となるを恥辱と考えるのは、抑も本末を誤りたるものして、我国今日の急務は、一般人心をしてつとめて此の謬見を去り、商人の品位を高うし、人才を駆りて商業界に向はしめ、商業社会をして社会の最も上流に位せしめ、商人は即ち徳義の標本、徳義の標本は即ち商人たるの域に達せしめざる可からず(8)」。

また一八八九年、東京高等商業学校（現一橋大学）の第一回卒業式では、次のようにスピーチしている。「我邦にては誰れ彼れとか、兎角に、文勲武功に有名な人を称賛するようになりますが、……畢竟此妄想を生ずるも商業は位置の低いものと思い誤るからの事と存じます。私が商人の一部分であってこんなことを申すのもおこがましいが、商人が名誉の位置でないと誰が申しましたか、私は、商業で国家の鴻益をも為せます、工業で国家の富強も図り得られます。商工業者の実力は、能く国家の位置を高進するの根本と申して宜しかろうと思います(9)」。

このように、栄一は「私利」の追求が「義」に背かぬことを講演、言論を通じて、さらに何よりもみずからが発起した会社の株式資金を募集する機会をとらえて、繰り返し、力説した。こうすることによって、栄一は新時代の「実業」が、伝統社会の「農工商」と全く別個のものであるとの観念、意識を社会に浸透させようとしたのである。

また、以下に引用する通り、福沢諭吉もしばしば、慶応義塾の学生に対して、卒業後は直ちに実業界に入るよう慫慂している。「学問に志して業を卒りたらば、その身そのまま即身実業の人たるべし」「むかしの学問は学問が目的にして、ただその難きを悦び、千辛万苦すなわち千快万楽にして余念なかりしものなれども、今の学問は目的にあらずして生計を求むるの方便なり。生計に縁なき学問は、封建士族の事なりといわざるをえず。（中略）封建の制度、すでに廃して、士族無経済の気風、なお学生の中に存するは、今日天下の通弊なり。（中略）よく今日の時勢に応じ、成学即身実業の人たらんことを勧告するゆえんなり[10]」。

渋沢や福沢の言説は近代産業への人材の供給という点で、絶大な効果をもたらした。幕末・維新期において、留学や読書を通じて、西洋先進諸国と日本のギャップを知覚し、変革の必要を認識し、その実現に責任を感じていたエリート層が続々と実業界に身を投じることになったからである。また、華士族層や商人層が先行き不透明な近代産業への投資を行おうとする際、栄一の理念は「大義」となってそれを後押しすることになった。栄一の「道徳経済合一説」の第一の貢献は、このように、意識変革のイデオロギーを創出した点にあったといえるであろう。

一方、栄一は、当時のもう一つの風潮であった、商業道徳の退廃や商秩序の乱れにも応えようとした。日本の商道徳に対する批判は特に海外において大きかった。イギリスの日本経済史研究者ジャネット・ハンターは、一九世紀後半から二〇世紀前半にかけての海外メディアや外交資料を大量に調査し、日本商人の商業道徳は、ヒンドゥー教徒やトルコ人、さらに中国人にも劣る世界最低と評価されていたと指摘している。そしてこれが、栄一の商業道徳に対する大きな関心や取り組みの背景であったのではないかとしている[11]。

栄一は、商業道徳に関して、元来、「道徳」とは「等しくこれすべて人類が則るべき道理」で、「政治道徳」「学者道徳」も必要なはずだが、世間で商人たちのみが「商業道徳」を求められているのは「商工業者自らが悪かったからである。旧来の商人はこの特別の名称を付しなければならぬほど、その道徳が著しく劣っておったのであった[12]」という。

つまり、明治維新以前の商人たちは賄賂で利権を獲得した特権的商人や投機や詐欺瞞着によって利益をむさぼる商人が多く、モラルは低く、卑屈で、それだけ社会的地位が低かったとするのである[13]。国を富ませるためには、商工業が発展しなければならないが、商人がこのような状態ではそれは覚束ない、商人たちのモラル、品格を高めなければならないと考えたのである。

栄一は言う。「商売が仁義道徳に拘泥すると、利益を得られぬというような誤解は、幸いにして今日は幾分か薄らいだらしいが、昔日の商人は、ほとんど道理や特義などの考えを持つ必要はないとまで、自棄したものであった。しかして、この自棄の観念を、なお今に至るまで継続しておるの嫌いがある。利益に関しては道理を勘定に置かぬとか、利益の前には道理は度外視しなければならぬとかいう、一般社会の風儀は、どこまでも間違ったものである。惟うに、かくの如き観念が、そもそも商工界に道徳の進まぬ最大原因になっておりはしまいか。元来道徳というものは、左様したものではない。利益を棄てたる道徳は、真性の道徳でなく、また完全な富、正当な殖益には、かならず道徳が伴わなければならぬはずのものである。（中略）商工業者をただ利己主義一偏のものとして、奪わずんば飽かずで、己のみ利益を計るのが商売人の常だというて、終にこれを商人間の常習慣とするまでに至らしめた、もし、このまま打ち棄てて置いたならば、商業は終に修羅道の如く、成りはてるであろう(14)」。

つまり、栄一は、道徳とはビジネスに限らず、すべての人間の生活にとって「則るべき道理」であり、自己利益の追求は、それを犯さない限りにおいて認められると、主張したのである。

ここで少し横道にそれるが、栄一が明治維新以前の商人について、概して特権に安んじ、卑屈で、モラルが低かったと断じていることには違和感を覚えないわけでもない。江戸時代においては、一〇〇〇人以上もの米仲買が参加して行なった大阪堂島米会所の先物取引や商人間での手形取引、為替取組、掛け売りなど高度な信用取引が発達していたことが知られている。つまり、長期にわたって反復取引を行うような商人間では一定の商業道徳が確立していたとみるべきである。さもなければ、江戸時代の市場経済があれほどまでに発達することはなかったであろう。もっとも、渋沢の場合、江戸期商人に対する評価は、それと近代の実業家が異なるものであることを強調するための一種のレトリックであったかもしれない。

また、ジャネット・ハンターは一九世紀後半から二〇世紀前半の時代における日本商人の不道徳、不正商行為の事例を数々挙げているが、その多くは貿易業務にかかわる新興の日本商人の事例である。それぞれの商人にとっては外国商人との取引は、「一見さん」で終わる可能性が少なくなかったと思われる。日本の開港場における外国商人の不正行為についての事例も数々記録に残っている。内地商業に従事する商人を含めて、日本の商人全般が不道徳だったと断じるのには躊躇を感じるのである。

なお、福沢諭吉も日本商人について次のように述べている。日本人の中には不正を行なって、一時の利をむさぼるが、やがて国産品の評価を落として日本全体が利を失い、自分自身も面目、利益ともに失う者がいる。これに対して、西洋諸国の商人は少量の見本と少しも違えない品物を納入するなど、人を欺くことはない。しかしこれは、西洋人の心が誠実にして日本人の心が不誠実というわけではない。「西洋人は商売を広くして永遠の大利を得んと欲する者にて、取引を誠実にせざれば後日の差支と為りて己が利潤の路を塞ぐの恐れあるが故に、止むを得ずして不正を働かざるのみ。心の中のより出たる誠実にあらず。勘定づくの誠なり。言葉を替えていえば、日本人は欲の小なる者にて、西洋人は欲の大なる者なり」(15)。福沢の場合は、倫理的観点からよりも、商取引で誠実に振る舞えば、結局、己にとって長期的には利益がある、すなわち「見識ある自己利益(enlightened self-interest)」という立場に立っていたといえる。

「公益と私利」

　栄一は「私利」を肯定したが、それは商業道徳を守っている限り認められるという意味ではなかった。「公益になるべき私利」というもう一つの制約条件がついているのが、「道徳経済合一説」の重要なポイントであった。商業道徳はビジネスのマナー、やり方についての問題であるのに対し、「公益と私利」は誰のための、というビジネスの目的に関することである。

　それでは「公益となるべき私利」とはどのようなことか。栄一は「正業の業体であつたならば、公益と私利とは殆んど同一のものであつて、商売人が自分の生計の為めに業体を営むは即ち国に対して尽すと何ぞ撰ばん、決して差別はないものと看做して宜しいのである[16]」という。さらに「業体の性質について、選択を誤らぬようにせねばならぬということである。その業体の正と不正とに依って、自ら公益と私利とが分かれるのであるから、業務の選択も根本を誤らぬようにせねばならぬ。例えば、業体には正しいものと、法律にこそ禁じられぬけれども、道理上卑しむべきものとがある。それらを混合して、なお公益と私利と同一なものであるというようなことが、あってはならぬ[17]」ともいう。つまり、「事業が正業であるならば、公益と私利とは一致する」というのが栄一が主張したい点であった。私利の追求は認められるが、それは公益に資する事業でなければならないというのである。

　このような公益＝ファースト、私利＝セカンドと考える栄一の理念は、西欧市民社会のエートスと比較するとき、どのような特徴を持っていたか。

周知のように、マックス・ヴェーバーは『プロテスタンティズムの倫理と資本主義の精神』において、プロテスタントの世俗における禁欲の倫理が、各人がみずからの職業を「天職」と信じ、勤勉・倹約に努める生活態度を生み出し、その結果として社会に合理的思考と富の蓄積をもたらしたとした。これはあくまで個人の救いのためになされる禁欲、勤勉が結果として合理的産業資本主義を生み出したとするものである。

また、経済学の父といわれるアダム・スミスは、次のように説いた。各人が自由に自己の利益を追求すれば、「見えざる手」が働き、市場はそれ自身で「秩序」を形成する。その秩序は「公共善」に貢献する。ただし、「見えざる手」が働く前提として、参加者には倫理的・市民的道徳という基礎、すなわち「正義を犯さない」という道徳が必要である[18]。スミスにおいても、自利は肯定的にとらえられてはいるが、各人に公益の追求は期待されていない、それはあくまで結果なのである。

こうした栄一とスミスの思想の違いについて、渋沢栄一の自叙伝『雨夜譚』の解説を書いた長幸男は「私益→公益という」、スミスらの「西欧市民社会のエートスと、公益→私益という日本の共同体的エートスとの差異を見るべきであろう」と書いている[19]。

また、田中一弘も「『公益は私利に従う』というのがスミスの立場である。これに対して、栄一の立場は『私利は公益に従う』といえる」と結論している。

このような公益を優先する思想は、その後、日本の多くの経営者に受け入れられていったように思われる。その意味で、日本の経済界において有力な指導理念として機能したのである。企業の社会的使命を力説してやまなかった松下幸之助の次の言説には、栄一の「道徳経済合一説」との強い親和性が感じられるのである。

「企業の利益というと、それを何か好ましくないもののように考える傾向が一部にある。しかし、そういう考え方は正しくない。もちろん、利益追求をもって企業の至上の目的と考えて、そのために本来の使命を見忘れ、目的のためには手段を選ばないというような姿があれば、それは許されないことである。けれども、その事業を通じて社会に貢献するという使命と適正な利益というものは決して相反するものではない。そうでなく、その使命を遂行し、社会に貢献した報酬として社会から与えられるのが適正利益だと考えられるのである[20]」。

「公益」とは?

公益に資する事業である限りにおいて、私利の追求は認められるという栄一の思想は明快であり、わかりやすいが、難問を内包していたようにも思われる。それは「公益」とは何かにかかわる。

既述の通り、栄一は「正業の業体であったならば、公益と私利とはほとんど同一」とか、「業体の正と不正とに依って、自ら公益と私利とが分かれる」といっている。ここで「業体」は「事業内容」を指しているが、何が「正」＝公益に資する事業で、何が「不正」＝公益に資さない事業なのだろうか。「正」「不正」に客観的基準あるいは何人も認める基準はあるのだろうか。

これについて、栄一は米屋や車夫の仕事は確かに国民の利便に供しているが、国家的事業、社会的事業ではないとする。そして「交通とか、通信とか、金融とかいう、少数の直接国家に関係を持つものは別問題であるが、その他のものは、たとえそれが何種の事業であろうとも、企業家がそれを（国家的事業のこと―引用者注）誇るのは間違いである。つまり、国家社会と通有的関係ある事業のほかは、その呼称を許されないのである[21]」としている。

もっとも、「国民の利益とか、民衆の幸福とかいうことは、事業そのものとは別に、離れて存しなければならぬ[22]」ともいっているから、国民の生活に直結する日常消費財産業自体の価値を貶めているわけではなく、「国益（国家益）」と「民益」とを分けていたと考えられる。しかし、栄一は順序関係では「国家的事業」は「民益」に資する事業より優先されると考えていたのではないだろうか。

今日でいうと、例えば、「サステナブルな地球環境」とか「人々の健康の増進」に資するような事業については、大方の意見の一致を得られよう。しかし、人々によって、立場によって、価値判断が分かれる事業は多い。いくつかの例を挙げよう。

一九三一（昭和六）年、金解禁下で、予想される金輸出再禁止後（金本位制への復帰）のドル高円安を見越して、三井銀行は大量のドル買い円売りを行なった。これに対して時の政府は、「三井銀行はドル買いを行うことによって巨利をえたが、これにより正貨流出に拍車がかかった。これは売国行為である」と糾弾、多くのマスコミもこれに同調した。これにより三井は激しい批判の的となり、翌年の血盟団による三井財閥総帥団琢磨暗殺事件を引き起こす一要因となった。

この事件においては、政府にとっては「正貨流出」を避けることが「公益（国益）」であり、三井銀行は「私利」に走り、「公益」を犯したということになる。しかし、三井銀行の立場からすれば、予想される在英資金の凍結や円安による資金の減価を防衛するために必要な業務であり、大衆預金を預かる銀行としてはむしろ「公益」に適う業務であったということになる。三井は一九三四（昭和九）年、三井合名の約二年分の所得にあたる三〇〇〇万円を投じて社会貢献団体「財団法人　三井報恩会」を設立したが、これはドル買い事件を契機に激しくなった「財閥批判」に応えるためであった。

オイルショック時に、石油価格の大幅値上がりに対して、政府は元売り各社に対して石油価格の値上げ抑制を要望した。元売り各社の私利は圧縮されるが、石油製品が国民生活上必需品であることからすれば、急激な値上げを抑えることは「公益」に資する。しかし、このようなオイルショック時には、省エネを推進することが必要と考えると、需要削減をはかるために価格をあまりに低く押さえ込まないほうが「公益」に適うことになるであろう。

今日の原発問題についても、再稼働か、廃止か、いずれが「公益」か、人々によって意見は分かれる。再稼働派は、多様な電源を持ち、時に応じてベストミックスを決めることの「公益」性を主張するし、廃止派は大きなリスクを抱える原発は廃止することに「公益」があると考える。

以上は一つの「公益」の裏側にもう一つの「公益」が存在する場合があることを示している。

他方、「公益」と「私利」の区別も一筋縄ではいかない。電卓やテレビの開発でみられたように、私利による企業間競争が、結果として、これらの製品価格を劇的に引き下げ、「公益」をもたらしたという場合もある。公益→私益ではなく、私益→公益という順序となったのである。

このように、いかなる事業が「公益」性を持つのか、決して自明ではない。しかし、にもかかわらず、誰かが、例えば政府が、あるいは社会の風潮が、各事業を仕分けしてしまったら、どうなるであろうか。これは二つの問題を引き起こすであろう。

一つは、公益性のある事業とみなされた企業が、私的営利行為を行なっているにもかかわらず、公的行為を行なっていると強弁する論理を導くことである。例えば、国益、公益にかかわる産業に従事しているのであるから、多少の公害は許されるであろうとのスタンスである。先の栄一の言説の引用で、栄一は「国家社会と通有的関係ある事業のほかは、その呼称を許されないのである」と述べているが、これは国家的事業と称しながら、もっぱら私利に趨《はし》っている企業家が存在することを指摘し、それを批判しているのである。

いま一つは、逆に、公益と結びつかない私的営利行為は「其の道」に悖るとされる風潮が生まれたことである。戦時経済統制下において、紡績業界では再編成が行われたり、工場の軍用への転用が行われたが、紡績業界はこの政策に強力に反対することができなかった。戦時下において、軍事産業は国益事業であるとの錦の御旗のもとに、繊維産業は不要不急産業であると位置づけられたことに抵抗できなかったからである。三井銀行のドル買い事件についても、社会の風潮は、三井銀行がこの商行為の正当性をあからさまに主張することを許さなかったのである。

この二つは、全く対照的であるかのごとくみえるが、私的営利行為の社会的正当性を支える、アダム・スミス流の経済倫理の生成を摘み取ったという点で、共通するものであった。かくて、経営史家の中川敬一郎がつとに指摘したように[23]、渋沢的理念を信奉した会社企業の経営者は、みずからのビジネスを「国事行為」と標榜するようになった。企業は私的営利集団ではなく、「公」であるゆえ、市民より上位に位置するとの観念を生み出すことになった。国―企業―市民が社会序列となり、企業は国に奉仕している以上、改めて、市民や地域との連携を考慮する必要がないと考えられたのである。

渋沢的理念は明らかに、ビジネスマンの社会的威信を高め、経済的向上を善とする価値観を確立することによって、経済発展にプラスの効果をもたらしたといえるであろう。しかし他面で、それは私的営利活動を公益、国益と結びつけて価値づける考え方であったがゆえに、戦時下のウルトラ・ナショナリズムに対して、もろくも跪かざるをえない日本のビジネスの弱さをもたらすことになったのである。

ただし、以上では「国益」と「公益」とを分けず議論してきたが、この二つは常に一致するとは限らない[24]。先に紹介した三井銀行ドル買い事件は「国益」と「公益」の衝突であったといえるかもしれない。しかし、渋沢が生きた時代は、西欧先進経済へのキャッチアップ、富国強兵が国民目標として大方の人々に支持されていたから、「国益」と「公益」は一致するところ多かったと思われる。したがって、渋沢自身は「公益優先」の思想が、右のような落とし穴にはまる可能性を想定していなかったであろう。

しかし、価値観が多様化した今日では、公益について国民的合意を得るのは難しいし、沖縄の基地問題のように、「国益」と「公益」との衝突が生じる可能性も強くなっている。にもかかわらず、それを一元的、排他的に決めてしまうと、右にみたように「悪用」される恐れがある。渋沢研究者の多くは、「公益優先」が渋沢の思想の核心と指摘するが、「公益」の中身そのものについて論じた研究は少ないのではなかろうか。渋沢の「公益優先」の思想を、現代の状況の中で意義あらしめるためには、多様な「公益」が存在すること、及びそれらをどう調和させるかについて深慮が不可欠なのではないだろうか。

（1）Alexander Gerschenkron［1962］, *Economic Backwardness in Historical Perspective*, Belknap Press. 翻訳書のアレクサンダー・ガーシェンクロン著、絵所秀紀ほか訳［二〇〇五］、『後発工業国の経済史　キャッチアップ型工業化論』（ミネルヴァ書房）を参照のこと。

（2）G.Ranis,［1955］, "Community-centered Entrepreneurship in Japanese Development" *Explorations in Entrepreneurial History*, Vol.8 No.2, Harvard Research Center in Entrepreneurial history.

（3）「ニューディーラー」の「ディーラー」はトランプゲームでカードを配る人のことで、「ニューディーラー」とはカードを新規に配り直すことを指す。

（4）NHK「明治」プロジェクト編著［二〇〇五］、『NHKスペシャル明治1 変革を導いた人間力』（日本放送協会）一二二ページ。
（5）渋沢栄一［二〇一〇］、『渋沢百訓』（角川学芸出版）一〇六ページ。原著は渋沢栄一［一九一二］、『青淵百話』（同文館）である。
（6）同前一七二～一七三ページ。
（7）田中一弘［二〇一四］、「道徳経済合一説 合本主義のよりどころ」橘川武郎、パトリック・フリデンソン編著『グローバル資本主義の中の渋沢栄一』（東洋経済新報社）三五～六七ページ。
（8）竜門社編［一九〇〇］、『青淵先生六十年史』第一巻（同社）四六八～四六九ページ。
（9）『東京日日新聞』第五二一九号（明治二七年三月二六日付で発表された演説筆記）による。竜門社編［一九五五～六五］、『渋沢栄一伝記資料』第二六巻（渋沢栄一伝記資料刊行会）五八〇ページ所収。
（10）福沢諭吉［一九九一］、「成学即身実業の説、学生諸氏に告ぐ」『福沢諭吉論集』（岩波書店）二二九～二三四ページ。
（11）ジャネット・ハンター［二〇一四］、「公正な手段で富を得る―企業道徳と渋沢栄一」前掲『グローバル資本主義の中の渋沢栄一』一一七～一五三ページ。
（12）前掲『渋沢百訓』一一三～一一四ページ。
（13）同前一〇七～一一四ページ。
（14）同前一一六～一一七ページ。
（15）福沢諭吉［一九九五］、『文明論之概略』（岩波書店）一八九～一九〇ページ。
（16）渋沢栄一の講演「商工業者の志操（一八九七年七月）」による。竜門社編［一九六六～七一］、『渋沢栄一伝記資料』別巻第五（同社）二七ページ。
（17）前掲『渋沢百訓』一〇六ページ。

(18) 堂目卓生［二〇〇八］、『アダム・スミス』（中公新書）を参照。
(19) 長幸男［一九八四］、「解説」『雨夜譚』（岩波書店）三三〇ページ。
(20) 松下幸之助［一九七八］、『実践経営哲学』（ＰＨＰ研究所）三三ページ。
(21) 前掲『渋沢百訓』一六三〜一六四ページ。
(22) 同前一六四ページ。
(23) 中川敬一郎［一九八一］、『比較経営史序説』（東京大学出版会）一五六〜一五九ページ。
(24) 本章のドラフトを読んでくださった畏友猪木武徳氏からは、渋沢の「公益優先論」を検討する場合、「国益」「公益」「コモングッズ」に分けて考えたほうがよいのではないかとのコメントを頂戴した。いまこの点については深く立ち入ることができないが、重要な論点である。

Ⅵ　結語

合本主義・財界リーダー・道徳経済合一説

以上、本書第二部ではまず、渋沢栄一が生を享けた時代の社会経済状況と、その中で、豪農の家に生まれ、草莽の志士を経て武士となり、渡欧を体験した若き日の栄一がその商才と独自の社会経済観をどのようにして養っていったかを説き起こした。

次いで、栄一の企業家活動の核心は、①合本主義の唱道と実践、②財界リーダーとしての活動、③イデオロギー、ビジョンのニューディーラー、すなわち後代の日本の企業家に大きな影響を与えた「道徳経済合一説」の提示と唱道にあったと考え、その意味を歴史的文脈の中で考察した。これまでの考察を要約すると、以下の通りとなる。

（1）合本組織は、栄一が渡欧生活で学んだ制度であったが、資本と人材が不足する中で急速に先進経済へのキャッチアップをはからねばならなかった明治期日本の近代産業にとっては、他に選択肢がない企業組織であった。

（2）しかし栄一にとっては、それは単なる資本の結合体ではなく、商工業者の地位を引き上げ、官尊民卑を打破する手段、富裕者の富と貧者の能力を有効活用する手段、金銭に対する穢れ感を払拭し、まっとうな利潤追求を是とする手段、すなわち社会変革をもたらす社会組織であった。「合本主義」はそのような意味合いが込められている概念であった。

（3）しかし合本組織、とりわけ株式会社組織は、資本市場が未成熟であった当時の日本では、その実現に大きな困難が伴った。そのギャップを埋めるためには、少数の会社設立プロモーターが縁故と信用をフルに活用して、多方面から株式資金を集めるという方法をとらざるをえなかった。それは寺社の奉納金を集めるさいの「奉加帳」方式のごとき、「非市場的方法」であった。

（4）近代移植産業にエリジブルな経営者人材、技術指導者、管理職職員などの養成についても、そのための教育機関は未整備であったし、企業内でも育っていなかったから、設立プロモーターは、外国人技師を招く、有能な人材をサーチし、海外へ留学させるなど、この面でもみずから尽力しなければならなかった。

（5）このようにして成立した株式会社は異系資本家グループの寄り合い所帯であったため株主間でしばしば紛糾が生じた。また、日常の経営執行業務を任された支配人や技師長と大株主の間の軋轢が絶えなかった。このため、設立プロモーターは会社設立後も、これらの紛争や軋轢を調停したり、役員人事にもかかわらなければならなかった。

(6) このような役割を多くの企業で果たすためには、情報通であり、政治家を含め豊かな人脈を持ち、幅広いビジネスマンからの信望があり、異なる利害集団を調整する能力を有していなければならなかった。しかし、このような企業家職能は一種の稀少資源であったため、この仕事は限られた人物に集中することになった。こうした能力を認められて、彼らは商業会議所や日本工業倶楽部などの経済団体の要職に就くことが多く、「財界指導者(リーダー)」として活躍することになった。その代表的人物が渋沢栄一であった。

(7) 財界リーダーの指導力の源泉は必ずしも財力や経営者能力、技術者能力にあったわけではない。多くのビジネスマンから信頼を得るためには、確固とした指導理念が必要であった。私益を得ることとの正当性と、それが道徳に沿い、公益に通じるものであらねばならないことを説いた「道徳経済合一説」は、後発国として、旧時代の商人社会と距離をおきつつ、経済近代化を進めなければならないと感じていた近代産業人たちにとって、拠るべき指導理念となったのである。

(8) 財界リーダー型企業家とはこのような存在であったから、関与する企業の経営が軌道に乗ればその使命は終わった。それがゆえに、彼は請負師のように次々と多くの企業に関係してはそれを去り、また新しい企業に関与した。そのため一業を基礎にした蓄財をなすことなく、三井や三菱のような財閥コンツェルンを形成することもなく終わった。この意味では、財界リーダー型企業家は私的資本家としては一面おそろしく非合理的側面を持っていたといわねばならない。しかしながら、変革期の社会は往々にして、この種の非合理的信条に彩られたリーダーとその追随者の逸脱的行動を求めるものである。明治日本において栄一らの企業家活動は、社会全体からみれば合理性を有していたのである。

以上のようにみれば、「合本主義」「財界リーダー」「道徳経済合一説」は三位一体、支え合っていたことがわかるであろう。合本主義は、そのアクターとして財界リーダーを必要とし、推進理念として道徳経済合一説を必要としたが、逆に道徳経済合一説は合本主義の財界リーダーによる実践によって多くの経済人に知られ、受け入れられることになったのである。栄一は、財界リーダーとして、合本主義、道徳経済合一説を主導し、実践することによって、彼が生を享けた時代に求められたビジネス・ヒーローの役割を見事に演じたのである。

今日的意義

最後に、渋沢栄一的企業家活動の今日的意義について、いくつかのコメントを付しておきたい。再三指摘してきたように、「合本主義」を、市場が未発達で、個別企業内部からも調達することが困難な状況下において、資本や人材を分厚く集め、事業を推進しようとする方策で、そのさい、栄一のようなビジネスの公共的使命を理念に掲げる財界リーダーが決定的な役割を果たす、と定義するならば、明治日本と同じような状況下で急速に経済成長をはかろうとしている今日の途上国にとって、学ぶべきところ大であろう。(1) 第二次世界大戦後、強力な政治家、政府による

「開発独裁」という方法が目覚ましい成果をあげた反面で、人権などにおいて問題を引き起こしたことを考えると、基本的に民間主導型の経済発展を目指した合本主義の考え方に長があるともいえるのである。

それでは現在の日本のような成熟経済下においてはどうか。渋沢型企業家活動の余地が狭まったことは確かであろう。これは逆説的だが、栄一やその後に続く、財界リーダー型企業家たちの活動の結果、つくり出された状況といえる。

経済界全般や各業界において、通有の問題が存在するとき、経済団体や財界・業界のリーダーの出番があると考えられるが、この点でも、今日は栄一の時代と大きく異なる。かつていわれた「総資本」という概念がほとんど意味をなさなくなったように、一国の経済界通有の問題は少なくなったし、個別業界においても企業間で利害は多様化している。航空業界のように、ワンワールドやスターアライアンスのような国際的企業間連携が重要な役割を果たすようになった今日では、一国における航空会社間での利害の不一致が大きくなったであろう。

これらの意味で、栄一のような財界リーダー型の企業家活動の舞台は小さくなっているといえる。戦後においても、宮島清次郎、桜田武、石坂泰三、土光敏夫など、一般市民の間でも名前がよく知られた財界リーダーが存在したが、今日ではマスコミでの登場機会も少なく、そのプレゼンスは弱まった。財界団体の長のなり手が少なくなったとも報じられている。これらは今日における財界リーダー型企業家の意味合いを如実に物語るものであろう。

しかしながら、財界リーダー型企業家の役割が全くなくなったのかというと、決してそうではない。その一つは新事業の創出である。今日、新事業の創出という点では、日本は世界で最低調となっている。その原因の一つとして、新事業創出を支援するベンチャー・キャピタル、インキュベーター、アクセラレーター（スタートアップ企業に対して少額の投資を行い、株式を取得し、一定期間、メンタリングや人材派遣を行って企業がうまく立ち上がるよう支援する。企業がうまく立ち上がれば値上がりした株を売って報酬を得るという組織）が挙げられている。栄一はこれらの役割も果たしたといえる。戦後でも松下幸之助や井植歳男は、若いビジネスマンや学生が対象の講演会や食事会などで、アドバイスを与えたり、相談に乗っていたが、それが非常に役立ったと証言している経営者は多いのである。このような役割を果たしている企業家は今日でも稲盛和夫などがいる。

第二は、日本全体での通有の問題もまったくなくなったわけではない。資源開発、原発問題、災害復興、教育問題、少子高齢化、災害復興、国際商事紛争、国防関係など市場や個別企業では解決できない問題は多い。これらへの対応、政策立案は基本的に政治の責任であろうが、財界や財界リーダーが発言したり、活動する場面はもっとあってよいのではないだろうか。例えば、関東大震災のあと、当時八三歳になっていた渋沢栄一が財界代表として帝都復興院に参画し、さらに東京商業会議所を中心に大震災後援会を組織、東京の再建、復興に大きな尽力をなしたことはよく知られている。

第三は経済主体間の利害、紛争を調整する機能である。栄一の時代は、この対象はほぼ国内に限られていたが、生産基地の海外設置、国境を越えたM&A や国際的企業連携など日本企業の活動がグローバル化した今日では、この調整機能がカバーすべき範囲が栄一の時代より遥かに広がっている。

また、個別企業の規模が、複数事業単位、複数機能を持つようになって、栄一の時代より遥かに大きくなり、アルフレッド・D・チャンドラー・ジュニアがいうように、企業内における経営者のモノ、ヒト、カネの流れを調整する機能が重要となった。栄一が多数の個別企業を統治した知恵、工夫はいま大企業のトップマネジメントに示唆を与えるであろう。

さらに、栄一は「公益を優先する私利」を認めたが、その「公益」が何を意味するか、中身については必ずしも明瞭ではない。「西欧へのキャッチアップ」「富国強兵」という一致した国民目標があったから、「公益」とはこの目標に資することという意味であったろう。これに対し、価値観が多様化した今日においては、何が「公益」か、一元的に決めるのが難しくなっている。けれども、異なる「公益」の対立をそのまま放置しておいてよいということはない。今日では「公益」間の調整という厄介な問題が増えているのである。

以上に示したことは、栄一が示したよりも一段と高い調整能力を現代のビジネスリーダーに課していることを示しているのではないだろうか。

渋沢栄一の企業家活動の今日的意義に関して、以上の三点よりさらに重要なのはその倫理的側面である。栄一が今日、日本のみならず世界で注目されるようになったのは、頻発する企業不祥事や、私欲をむき出しにする金融資本主義に歯止めをかける役割を栄一の「道徳経済合一説」に期待しているからであろう。

理念型としての資本主義市場経済は次の二つの特徴を持っている。一つは匿名の個々人の機会均等的参加を保証しているということである。第二は、人々の行動原理として、自己利益の追求を認めるということである。ただし、自己利益の尊重は、「正義を犯さない」ことと、他人の利益を尊重することを前提として認められるということである。以上の二つを維持するためには、何らかの仕組みが必要である。

この仕組みを構築する方法としては、①司法や国家権力、警察に依存するというやり方、と②慣習や私人間のルール、人々のモラルに依存するというやり方がある。

①はわかりやすいが、すべてを法に依存することは難しいし、暴力装置に依存しては、デモクラシー、個人の自由に反する。また法律をつくっても、実効性がなければ意味がない。多くの法律を執行しようとすれば、裁判、警察などに多大の費用がかかる。

これに対し、②のほうは規制力は弱いけれども、人々の自由意思にもとづくところが大きいし、仕組みの維持費用も安いということになる。モラルによる秩序維持は経済的にも利があるのである。商業道徳を強調した栄一は②の立場に立っていたといえる。

商業道徳について、渋沢栄一は、すべての人間生活にとって「則るべき道理」であり、ビジネス以前のものとしたが、経済合理性の観点からも必要なものである。というのは、「約束を守る」「欺かない」というルールが自主的に守られていないと、取引コストが高くつくからである。例えば、われわれが買い物をするとき、その都度、相手や商品の信頼性をテストしなければならない、また売り手のほうも買い手が支払う手段が有効かどうか確かめなければならないようだと、取引コストが高くつく。取引が、「一回こっきりのゲーム」ではなく、「繰り返しゲーム」として成立するためには、売り手、買い手双方の信用が重要となる。倫理遵守は市場経済の取引コストを低下させるためにも、不可欠なのである。

また、栄一は「ことごとく己さえ利すれば、他はどうなってもよかろうということをもって利殖を図って行ったならば、その事物はどうなるか……」、それは「真性の利殖」ではないと言う(2)。栄一は倫理的判断から、こう主張したのであるが、経済のロジックから解釈することも可能である。「一人勝ち（a winner takes all）」を是認したり、取引は「ゼロサム・ゲーム」であるとするやり方は、やがて取引相手をなくし、ゲームの継続を不可能とするであろう。

経済学では、「合成の誤謬」という概念がある。個々人は自己利益を求めて行動したのだが、その行動を社会的に集計すると、すべての人々にマイナスの帰結をもたらす可能性があるということである。例えば、多くの家計が貯蓄率を高めようとすると、消費は減少し、マクロでは需要が減退して、所得が下がる、その結果、個々の家計の貯蓄額が減少するという意図せざる結果が生じるということである。多くの企業が利益を増やそうとして従業員の賃金を引き下げると、社会全体の雇用者の購買力を減じ、そのため企業収益が減少、利益が下がるという現象である。

同じように、ビジネス上の不道徳や余りに飽くなき自利の追求は、他者に不利益を与え、それが跳ね返って、本人の意図に反した不利益をもたらすかもしれない。その意味で、「不道徳は経済を損ねる」（その対偶は「道徳は経済に適う」となろう）のである。栄一の「道徳経済合一説」は今日なお、その光を失っていないばかりか、さらに輝きを増しているといわなければならない。

（1）橘川武郎も渋沢栄一の合本主義の今日的意義の一つは「これから経済成長を本格化させようとしている新興諸国にとっても、重要な示唆を与える点」であるとしている。橘川武郎［二〇一四］、「資本主義観の再構築と渋沢栄一の合本主義」橘川武郎、パトリック・フリデンソン編著『グローバル資本主義の中の渋沢栄一』（東洋経済新報社）二四八ページ。
（2）渋沢栄一［二〇〇八］、『論語と算盤』（角川学芸出版）一二四ページ。

第三部
人間像に迫る

「渋沢栄一」という行き方

江戸後期から昭和初期まで生きた日本人の実像

Ⅰ　曾孫・渋沢雅英氏に訊く

渋沢栄一という日本人は、同時代を生きる多くの人間に影響を及ぼしてきた。その企業家としての側面を第一部・第二部で取り上げてきたが、この第三部・Ⅰ章では、渋沢家の人間としての側面にも焦点をあてたい。そこで、栄一の血を受け継ぎ、今は公益財団法人渋沢栄一記念財団の理事長を務めておられる渋沢雅英氏（一九二五年ロンドン生まれ）にインタビューを受けて頂くことになった。

雅英理事長は栄一が後継者とした渋沢敬三のご長男であり、岩崎弥太郎の血も継ぐ人物である。栄一や敬三に関する著作もある。今回のインタビュー（収録日は二〇一五年一一月二一日）を通じて見えてきたもの、それは栄一という一個人の人柄・人格であり、行動の軌跡であり、渋沢家の維持発展に心を砕く家長としての行き方である。

「渋沢栄一」を育んだ環境

宮本　まず「渋沢栄一」の原風景についてお聞きしたいと思います。かねてから、渋沢家のご郷里の環境が栄一のその後の行動に大きく影響を及ぼしたのではないかと私は思っているのですが、その点についてどのようにお考えでしょうか？

渋沢　あの地域は、利根川に面しておりますでしょう。江戸時代には北関東の交通の要衝の一つでしたから、尊王攘夷の志士、画家や文人などの往来も盛んだったと伝えられていますね。

宮本　それは例えば、水戸藩の侍が深谷によく宿泊していたというようなことがあったということでしょうか？

渋沢　いいえ、そこまではよくわかりません。ただ栄一の行動からすれば、水戸が先導していた尊王攘夷の考え方が地域に浸透し始めていたと想像するのが自然だと思うのです。

宮本　なるほど。

渋沢　それから、栄一は農家の生まれですが、当時の農村の経済活動に関していえば、幕府や大名などのいわゆる武家政権が農民から徴収する年貢の対象はもっぱらお米で、それ以外の換金作物への課税は少なかったようですね。その結果、藍玉や蚕糸を生産販売していた農家はかなりの現金収入があったはずで、栄一の生家も年商が一万両近くあったといいます。

だからでしょうか、栄一は若い頃に代官所に呼び出されて、お姫様の結婚費用として五〇〇〇両の御用金の献上を要求されたことがあったようです。そうした一方的な収奪に対して栄一は悲憤慷慨し、反発心を持った。それが官尊民卑打破という、生涯を通じての信念の原点になったことは否定できないでしょう。ただ私が思うに、そのような理不尽な方法以外に当時の武家と一般国民との間の経済バランスをとることができなかったという面もあったのではないでしょうか。

宮本　そうでしょうね。ちなみに江戸時代の御用金というのは、公式には臨時の借上金のことで、その多くは町人や農民からとり立てる時に利払いと元本返済が約束されたものでした。低利で長期の年賦返済だったのですが、次第に元本はもちろん利子すら払われなくなって、実質的には強制的献金になってしまうことが多かったようです。青少年期の栄一が、そうした事情に反発の思いを持つのは自然なことですが、それを行動に移すところに非凡さがあったのでしょうね。

筆者のインタビューに
笑顔で答える渋沢雅英理事長

渋沢　ええ。それから栄一は生まれながらにして商才にも長けていたようです。一五、六歳の時から、藍玉の品質管理や、値づけなどにすぐれた才能をみせ、関東一円や信州などに手広く販売していた商品の売掛金の回収にも非凡な能力を発揮したことは、どの伝記にも書かれていることです。父親も優秀な経営者だったようですが、栄一はそれにも増して、すぐれた経営感覚に恵まれていたのでしょう。また栄一の従兄弟に、尾高惇忠という大変な秀才がいて、彼の指導によって栄一をはじめ、親族の子供の多くが四書五経をはじめとする古典の基礎を身につけたと伝えられています。栄一は幼い頃に道を歩きながら、読書に没頭して、溝に落ちたという逸話も残されています。

宮本　尾高家も農家ですね。惇忠はそうするとプロの教師ではなかったわけですね？

渋沢　その通りです。そして惇忠の妹が栄一の妻になる千代です。栄一が一九歳のときに結婚した千代は、よくできる女性だったようですが、字が下手だったことを恥ずかしく思い、京都にいた栄一から手紙がきても、なかなか返事を書かなかったという逸話があります。栄一は「たまには返事をよこさないと、浮気をするぞ」という冗談めかした手紙を書き送ったことがありましたから、それは本当のことでしょうね。

宮本　それは栄一が、京都に逃げた後のことですね。

渋沢　そうです。栄一は結婚後、仲間と一緒に倒幕活動に加わります。その計画が事前に洩れて、幕府の追及を逃れるために、一八六三（文久三）年、京都に逃亡し、それから、思いがけない人生を送ることになるわけですが、留守宅の運営と両親への孝養を妻に任せきりにしたことを申し訳なく思い、千代に宛てて数年間の間に、少なくとも二二通の心のこもった手紙を書いています。そうした栄一や千代が書いた手紙は現在、渋沢史料館に所蔵しております。

ところで惇忠という人物は非常に博学多識で、若い親族を集めては教育に努力したと伝えられていますが、妹の千代も、惇忠とその弟子たちの話を横で聞いて、いろいろな知識を吸収したようです。惇忠以後の尾高家からは次々にすぐれた人材が輩出されました。東大の法哲学教授・尾高朝雄《ともお》、社会学の邦雄、音楽家の尚忠、そしてその長男で今も指揮者として活躍している忠明など、つまり非常にすぐれたDNAが受け継がれたファミリーでした。こうした一族が幕末の北埼玉の農家の中に、さりげなく存在していたことに私は興味を覚えます。明治以降の日本の発展を支えた知的基盤の形成を考察する上で、無視できないことだとも思うのです。

宮本　栄一がテロ事件を計画し、京都に逃避したのは確か二〇歳代前半のことでしたね。

渋沢　ええ。その後、わずか九年ほどの間に一橋家の経営で頭角を現し、幕臣となってからは、パリ万博に参加し、当時貴重だった海外経験をしました。帰国後、明治政府にスカウトされてからは、国の近代化の青写真をつくるための部局（改正掛）の責任者として活動し、新政府の有力な幹部との間に深い友情と信頼関係を培うという、幸運なキャリアを積むこととなります。その間の栄一の人間としての成長は目覚ましく、一八七三（明治六）年に第一国立銀行が創業されますが、大蔵省を退官し、その総監役に就任します。当時の経済界の中ですでに希少価値のある有為な人材になっていたのですね。

宮本　しかし明治政府で働いていた、かつての武士階級の人々が、農民あがりの栄一を受け入れ、活躍の場を与えたというのは凄いですね。文字通り、「維新の時代」が到来したということでしょうか。

渋沢　初めのうちは農民で、しかも旧幕府に所属していたのですからね。その栄一が「官」に属した時代には、のちに初代大審院長になる玉乃世履などと議論を交わし、親交を深めていったようです。また伊藤博文、大隈重信、井上馨などとも肝胆相照らす仲となるわけで、その後の栄一の財界活動を支援する人脈が築かれたといえます。

宮本　玉乃との議論は、栄一の談話筆記をもとに制作された『青淵回顧録』上巻（一九二七年〈第二版〉、青淵回顧録刊行会）に逸話として記されていますね。それによれば、栄一は官僚時代、株式取引所の開設を推進する側で、玉乃は当初、反対派だったようです。当時の日本社会からすれば、株式取引は賭博のようなものだという認識が一般通念だったのでしょう。でも玉乃のような俊才はやがて取引所の必要性を認めるようになり、年下の栄一に、みずからの見識のなさを詫び、以降、栄一との仲は「莫逆の友」になったと書かれています。日本近代の扉を開くには、そうした一般通念からの脱却の積み重ねが必要とされたのですね。ところで栄一が、井上馨と親しくなったのは、やはり大蔵省時代からでしょうか？

渋沢　ええ、（民部省）改正掛での栄一の仕事ぶりが大変優秀だったことで、格別の信頼を持たれたようですね。井上はたいへん怒りっぽい人物だったようで、よく部下に雷を落としたそうですが、栄一は怒られることが少なかったので、部局内では「避雷針」と呼ばれたそうです（笑）。一方、伊藤とは、国立銀行条例の制定とその実現にかかわる中で強い信頼関係が生まれたのだと思いますね。しかもそうした実績を残して大蔵省を退任した栄一は、当時の大企業にスカウトされています。例えば三井家が、栄一夫妻を夕食に招待したこともあったようです。

日本有数のお金持ちのファミリーに招かれて、埼玉の田舎から出て来て間もない千代にとっては緊張を強いられる場だったことでしょう。けれども新しく注文した御召を着て出席し、堂々とふるまったといわれています。また三菱の岩崎弥太郎との逸話も残されていますね。お互いの主張、つまり独占主義か合本主義かで対立したのでしょう。岩崎は東京の向島の料亭に栄一を招いて、そこで議論を仕掛けたようですが、栄一の姿勢が揺らぐことはなかったようです。私にはこの二人の血が流れておりますからね、とても不思議な感じがいたします。

戦後まで続いた渋沢家の同族会

宮本　栄一の発言は様々な本に教訓として記録され、刊行され、復刊もされています。例えば新版の『渋沢栄一訓言集』(一九八六年、国書刊行会)では、『大学』を引いて、子孫に遺すべき家宝といえば「古人のいわゆる『善以テ宝ト為ス』ただこの一言のみである」といった言葉を残されていますね。そこで次に、同族会についてお聞きしたいのですが、議事録に記載されているような内容には、血族だからこそ推測できることもいろいろとあるのでしょうね。

渋沢　では同族会のメンバーについて、少しお話をしてみましょうか。まず一八八二(明治一五）年にコレラに罹り、突然亡くなりますね。栄一夫人として内助の功が大きかった千代は、大倉喜八郎、古河市兵衛といった栄一と近しい新進のビジネスマンの間で人気があったようです。というのも、当時の女性の社会的立場からすると破格の葬儀が営まれたのです。七〇〇人もの名士が弔問に訪れ、立派なお墓も建てられました。今も谷中霊園に現存します。碑文には三島中洲という当時の最高の漢文学者に書いてもらった銘が彫られました。二松學舎の創始者ですね。素晴らしい文章で、栄一はそれを読んで、漢文の表現力の素晴らしさに、ことのほか感動したといわれています。千代は長男の篤二のほかに二人の娘を遺しました。長女の歌子は東大法学部教授の穂積陳重に嫁ぎ、次女の琴子は大蔵省の若手官僚だった阪谷芳郎と結婚します。穂積はのちに枢密院議長、阪谷は大蔵大臣、東京市長などを務めました。

宮本　栄一にとっては貴重な相談相手になったでしょうね。当時の最高のインテリが二人も同族になったわけですから。

渋沢　ただその後、栄一は千代を失います。そして兼子と再婚し、武之助、正男、秀雄という三人の男の子に加えて、のちに明石照雄夫人となる愛子が生まれました。そうした家族構成が形成される中で、一族の将来にもたらす問題を栄一は予見したのでしょう。自分の死後の財産の相続を含め、渋沢家の平和と存続を願い、一八八六（明治一九）年以降、月に一回、同族会と称する会合を開くことにしたのです。毎月夕食をともにして、栄一の事業や資産の状況、家族間の問題などについて語り合うのですが、当初はメンバーも栄一と兼子、穂積夫妻、阪谷夫妻、それに篤二という七名だけだったのでさほど問題はなかったようです。

また栄一は自身の仕事についてとてもオープンで、それが特性ともいえるのですが、資産や仕事については子供に正直に開示し、新しい企業に投資するとか、どこそこの学校の運営を支援するとか、公益事業に寄付をするといった構想をすべて説明し、その結果を議事録に明記した上で、実行に移していたようです。議事録の中で私が特に興味深く感じたのは、長女の歌子が穂積の家に嫁いだとき、栄一から貰った持参金の所属について、栄一に問い質しているくだりです。栄一はその質問を真剣にとり上げ、数ヵ月ほど考えて、穂積とも相談し、同族個人の資産の所属に関する同族会の規則を書き換えたのです。当時の民法がどうだったかはわかりませんが、妻の財産は夫に帰属すると考えるのが常識だったのではないでしょうか。それに敢えて逆らい、歌子が資産を持てるよう書き換えたというのは革新的なことだと思いますし、それこそ栄一の民主主義的な意識や生き方を示したものではないでしょうか。

宮本　関東と関西の習慣の違いもあるでしょうね。上方では、お嫁さんの持参した財産はずっとその人のもので、着物にも実家の紋をつけてくるのです。それで離縁するときは、全部持ち帰ります。嫁いだ先でつくった紋付は置いていきます。もし持参金を使ってしまい、それを離縁のときに持って帰ることができないようなら、夫の恥であるとされていたようです。

渋沢　そうでしたか。やはり環境によって常識も変わってくるのですね。

宮本　そのことを穂積はもしかしたら知っていたのではないでしょうか。穂積は宇和島の出ですから。しかし同族に法学者がいるケースも滅多にないでしょう（笑）。

渋沢　ええ（笑）。ところでこの同族会を始めたとき、兼子の子供がまだ若く、年長の親族が夕食をともにして世間話をすることが主だったようですが、それがある時期から変化します。長男の篤二が栄一の事業を継ぐことに興味を示さず、高校生の頃から婦人問題を起こすなどしてメンバーを憂慮させる事態が生じたのです。そうした篤二の行動に箍《たが》をはめようという意図もあったのか、橋本という公家の娘の敦子との結婚がアレンジされます。盛大な式や、連日の宴会が行われ、二人の間には敬三、信雄、智雄という三人の男の子が生まれ、一〇年余りの月日が事なく過ぎていきました。しかし一九一〇（明治四三）年になると、詳細な背景がいまだよくわかっていないのですが、篤二が廃嫡され、敬三が栄一の法定相続人に指名されます。そして篤二名義の資産はすべて、敦子及び敬三に移管されました。当時すでに華族になっていた栄一の場合、従うべき法も違ったのでしょうね。相続人の廃除に、区役所から東京市に届けた上、裁判所にまで行き、最終的に宮内省の承認を得ることが必要だったようです。

それからこの同族会は、栄一の嫡出の男女の子供、並びにそれぞれの配偶者だけを会員とする、かなり閉鎖的なものでした。栄一の活動によって積み立てられた資産を各員に分与することはせず、共同財産として全体で運用し、その配当が各会員の生活費として分配される仕組みでした。敬三を後継者に指名したのは栄一の意志によるものでしたが、栄一の嫡出ではない、つまり千代の子供ではない娘を娶っていながら、同族として認められていなかった人々には不満感が残ったはずです。そういったなか、まだ中学生だった敬三は期せずして、いわばお家騒動的な抗争の中心に立たされることになったわけで、きっと不快な思いもしたことでしょう。ただ、こうした経緯を知るにつれ、私は栄一の先見性を感じずにはいられませんでした。二〇年以上も前の一八八六（明治一九）年に、同族会という組織と規則をつくって、同族一同による共同の意思決定の方式を確立しておいたわけですから。

宮本　三井家も同族会をつくっています。一八九三（明治二六）年一〇月、三井家の最高議決機関として設立された同族会は、三井一一家、つまり創業者三井高利の息子たちの系譜をひく六家（本家）と女系の五家（連家）を「正員」として、一一家の隠居、成年推定相続人及び三井各企業の重役を「参列員」、渋沢栄一を「顧問」として組織されたものです。ちなみに参列員は、協議には参加できるのですが、投票権がないという扱いだったようです。「三井家同族会規則」によると、同族の相続、婚姻、養子、隠居、歳費、家産の処分、共同財産の管理、同族の経済活動、三井家各企業の監督など、三井家の内事及び三井傘下の諸事業に対する一切の統轄機能を果たす機関として位置づけられていました。渋沢家の同族会と似ているようですが、違いもあるのでしょうか。

渋沢　その三井の家憲を書いたのが穂積陳重ですね。ただ三井家のように多方面の事業を経営していたケースとは違い、渋沢の家は、栄一が単独で多数の企業の設立運営を支援していただけで、みずから企業を所有しようという意図が全くありませんでした。したがって同族会という家族の集合体だった頃はもちろん、のちに渋沢同族株式会社となってからも、栄一の活動を補佐することと、現存する資産を運用し、会員に分配する以外の業務はありませんでした。

宮本　渋沢同族株式会社についてもう少し詳しく聞かせてもらえますでしょうか？

渋沢　ええ。栄一が同族会を改組して、渋沢同族株式会社をつくったのは一九一五（大正四）年のことでした。同族会社設立に関しては、栄一みずからがその経緯と自身の気持ちを語っており、それは同年六月二五日発行の『竜門雑誌』に載せられています。「今般渋沢同族株式会社を組織するということは、同族中の合本によって特に自己の営利でもするかの如く世間の人々から観察を受けることを恐れるけれども、事実は全くそうではないので、家族が沢山あるために、その家族の生活をなるべく公平に、しかも安全にするためには、僅少ながら私の一家の財産を共同に保持して、なるべく相協和して生計を営むようにしたいというのが趣旨であった」。

宮本　つまり渋沢同族株式会社は資本増殖のための組織ではなく、同族資産保全のための組織としてつくったということですね。

渋沢　ちなみに、栄一が数百に及ぶ会社の設立を支援したときには、同族会の会員の賛同を得た上で、必要に応じて発起人に名を連ね、その責任を全うするために必要な株式を購入することもありましたが、事業が軌道に乗ると、その株を売り払い、それを原資として次の企業の設立を支援するというのが一般的なパターンだったようです。

宮本　そうでなければ、あれほどの企業設立にかかわることなどできなかったでしょうね。

渋沢　それから会員である同族については、個人的に事業を興すことや、既存の企業に就職することは妨げない。しかし同族の共同財産に手をつけて起業することは許されない。そう考えられていました。ですから多少とも企業経営に野心を持つメンバーにとっては、渋沢家の資産や信用を利用して起業することができないことが不満の種になったことが想像できます。

実際、第一次大戦後のバブル景気に際し、三男の正雄がこのことで栄一と対立し、激しい議論の末、栄一が折れて、正雄の主張を認めます。ところがまもなくバブルが崩壊し、正雄の会社は当時のお金で二〇〇万円ほどの損失を出して破綻してしまいます。そのときは同族が話し合い、穂積陳重が一同を代表し、基本財産の中から二〇〇万円を栄一に進呈して、栄一の思うような形でこの危機をおさめてほしいと要請しています。結果として危機は回避できたのですが、栄一は、当時仙台の二高に在学中で全く関係のなかった敬三も含め、若手の同族全員を集めて訓戒を垂れたそうです。敬三はこの時の印象をのちに私たちに語ってくれたことがありました。「おじいさんはこういう形で道徳を買ったのだ」という言い方でね。

宮本　「道徳を買った」といいますと?

渋沢　つまり、栄一の道義的な権威を保つためにやったということでしょう。「論語と算盤」などと立派なことをいいながら、自分の息子が破産して、その損失を他人に押しつけたというのでは、栄一の信用の根幹が崩れてしまいかねません。ですから同族の共同財産を削ってまで、正雄の失敗を償い、栄一がそれまでに築いてきた世間からの道徳的信用を守ったのだという意味でしょう。正雄はその後、同族の一員としての権限を一年間失い、その間は罰則として配当金ももらえませんでした。それでも一〇年ほど前に廃嫡という憂き目に遭い、いわば永久追放され、社会的存在自体まで抹殺されてしまった篤二の場合と比べれば、正雄への処置が甘すぎると感じるのは無理もないことです。実際に阪谷芳郎がそのことを晩年の栄一に直言したようです。

宮本　そうした紆余曲折があったにもかかわらず、同族の集まりとしての同族会が戦後まで持続されたというのはすごいことですね。

渋沢　ええ。一八八六（明治一九）年から毎月会合が行われて、なんと一九六四（昭和三九）年の一月まで、合計八二九回開かれました。一九三一年に栄一が亡くなってからは、後継者である敬三が議長となり、切れ目なく継続したのです。しかし太平洋戦争終戦以後、状況が一変します。渋沢家は占領軍司令部から財閥指定を受け、同族会社は解散、その後始末とその後のインフレによって共同積立金も失われ、七家（本家、穂積家、阪谷家、明石家、ほか武之助と正雄と秀雄）に対する配当金も支払えなくなりました。「金の切れ目が縁の切れ目」といわれるように、同族の会合もこの時点で中止されてもおかしくない状況だったのですが、実際にはその後も毎月、敬三が主催して会合が続けられました。当時の敬三は、大蔵大臣を退任した上に、追放令にも該当していたわけですから、経済的にも苦境にあったのですが、それでも同族の集まりを続けたのは、祖父が残してくれた歴史と伝統に対するオマージュだったのではないでしょうか。

宮本　終戦後の参加者はどのようなメンバーでしたか？

渋沢　最初の会合時のメンバーはすでに病没していましたから、出席者は栄一の四男・秀雄とその兄妹たちの未亡人を除けば、すべて次の世代に変わっていました。にもかかわらず、敬三がこの会合を継続したのは、栄一への思いに加えて、縁あって渋沢の家の嫁となって多くの苦労をともにしてきた夫人たちと定期的に昔話をすることで、多少とも慰めになれば、という意図があったのだろうと私なりに受けとめていました。そしてその敬三の病没を契機として、私はこの会を解散すべきだと考え、長老である秀雄をはじめ主なメンバーの合意を得た上で、一九六四（昭和三九）年一月三一日、高輪の光輪閣で昼食会を開き、議事録の冒頭に「昭和三八年一〇月二五日、渋沢敬三死去せるに付き、この日を最後の会合とする含みで全員自署して散会す」と書き記し、参加者の一七名全員が署名して、この一風変わった歴史の幕を閉じた次第です。

終戦に関していえば、栄一は満洲事変の約二カ月後に没したのですが、私が思うに、もし終戦後も栄一が存命だったなら、国自体が滅びたのだから、国民の一人としてその苦痛に耐え忍ぶのは当然のことだと受け止めたのではないでしょうか。それが栄一の本音であり、栄一の流儀だったのではないかと。そして大蔵大臣として財閥解体の当事者になった渋沢敬三の事績は、その栄一の流儀を明らかに継承したものだったと思うのです。

曽祖父のおおいなる奮闘、そして最期のとき

宮本　雅英理事長が「渋沢栄一」を意識し始めたのは、いつ頃のことでしょうか。

渋沢　栄一は私が六歳の時に亡くなりました。ですから正直なところ、人間的な記憶も、家族的連帯感もありませんでした。私は英国で生まれましたので、敬三が栄一に電報で命名を依頼し、返電を受けとったことは聞かされています。「雅英と命名す。」マサは風雅の雅、ヒデは英国の英」というものだったそうです。ただ物心がついた頃には、日本が戦争から敗戦へと慌ただしく変化を重ねてしまうわけですから、栄一の時代との距離は、年とともに離れていったというのが実感なのです。

そういう私が、改めて栄一を意識するようになったのは、もちろん父・敬三の影響が大きいのですが、他にもあるきっかけがありました。それは一九七〇（昭和四五）年のことでした。吉田国際教育基金と読売新聞社からの、栄一を中心とする国民外交の歩みを調べてみないかという申し入れを受けることにしたのです。ちょうど所用で一カ月ほど、アメリカに旅行する直前のことでした。現地で手当たり次第に資料を集め、帰国後は伝記資料などを読み漁りました。その結果、明治・大正・昭和にわたって、目まぐるしく変転する日米中関係の中で、持ち前の闘志と誠意のすべてをかけて奮闘する栄一の姿が私の頭の中にくっきりと浮かんできたのです。あたかも

緊迫したドラマを見ているかのように、ずいぶんと惹きこまれたことを覚えています。

なにしろ栄一が経済界を引退してから九一歳で亡くなるまでのことですから、三〇年にも及ぶ息の長いドラマです。孫文、蔣介石をはじめとして、四代にわたるアメリカの大統領、さらには伊藤博文、大隈重信など明治維新の元勲から、栄一の同志として、終始その活動を支援した数え切れないほどの財界人が、民間外交という枠組みの中で、アジア・太平洋の歴史の舞台で活躍するのです。しかもその中で、栄一は企業家や銀行家という枠を超えて、日本の国そのものを代表しているかのような独特の雰囲気とカリスマ性を発揮して活動していたように思えたのです。

宮本　米国と栄一の関係は確かに非常に良好だったようですね。

渋沢　維新後の米国はペリーが日本の門戸を開いたという因縁もあり、非常に親日的で、日本もそれを支えとして急速な近代化を進めることになったわけです。栄一も、一九〇一（明治三四）年に漫遊と称し、渡米します。それからヨーロッパに渡り、南回りで帰国したことがありました。このときはアメリカの活気に非常に驚いたようです。そして欧州に渡ると、失望する。金持ちになってしまい、金利生活をしているように感じたのでしょう。活気のなさを感じ、これからはアメリカの時代だと認識するのですね。

同世代にはカーネギーやロックフェラーがいましたが、彼らが活躍する大国には無限の資源があり、しかも敵がいない。当時、アメリカを攻めようと考える国はいなかった。民主主義の国として、独占禁止法などもあって、ロックフェラーらも、いい意味で苦労をしたが、基本的には彼らが金持ちになればなるほど、国も繁栄するという考えがあった。その繁栄するアメリカと比較すれば、日本は資源に限りがあり、近隣のロシアや中国とも対立している。あるのは人材だけ。そういう意味で存続の難しい国家だという事実を栄一は強く認識していたにちがいありません。

そして日露戦争以後、その危惧が現実のものになります。日韓併合など日本の大陸政策がアメリカの批判を招くとともに、西部諸州の日系移民問題が両国関係を脅かす事態を生じさせてしまうのです。こうした状況に困惑した政府の切実な要請に応えて、栄一は両国の商工会議所に働きかけ、一九〇九（明治四二）年に渡米実業団を組織します。全国の代表的な経済人を糾合して、三カ月にわたって全米各地を周遊、日米同志会、日米協会、日米関係委員会など多種多様な組織を立ち上げて、両国の関係改善に尽力したのです。

西部諸州の日系移民排斥に対しても、必死の抵抗を試みましたが、結果としては一九二三（大正一二）年、人種差別的な意図を色濃く持ち、第二次大戦の遠因となったともいわれる排日移民法が成立、民間外交についての栄一の努力は破綻の時を迎えました。かねてから親米派と目され、栄一とも親密に協力してきた金子堅太郎、新渡戸稲造などが憤激のあまり、二度と米国の土を踏まないと宣言し、戦線を去っていく中で、栄一だけは深い失望と落胆を乗り越え、両国の相互理解の回復に全力を尽くそうとしました。

宮本　しかしその後、日本は全世界を相手に壊滅的な戦争へとのめり込んでいくわけですね。

渋沢　ええ。そうした歴史を知るために一年以上もの期間を要しました。多くの資料と格闘した結果、『太平洋にかける橋』（読売新聞社）という本が一九七〇（昭和四五）年に出版されることになったのですが、そのとき初めて私が目にした栄一の驚くべき姿は、それまでの私の栄一観を完全に変えてしまいました。

宮本　そうすると『太平洋にかける橋』を書かれた結果、栄一の企業者活動や社会事業にも関心を持たれるようになったわけですか。

栄一と父・敬三と篤二に抱かれる雅英理事長
（1925年11月１日）

渋沢　ええ。第一国立銀行から王子製紙、東洋紡など企業家としての栄一の活動には、驚くべきものがあると思っています。没後八四年を過ぎた今でも、栄一の努力は多くの企業の歴史に深い足跡を残していますからね。ただ企業の創立や運営は、栄一にとって、日本の成長・存続のための手段であって、最終的な目標ではなかったように思うのです。さきほど同族会の話の中で申し上げたように、設立を支援した企業を自分の所有とするという発想はほとんどみられません。栄一はいつも国家の近代化の推進者かつ支援者の役割に徹していたように思えてな

りません。

宮本　雅英理事長は国際問題の研究者として、その関係の書籍や論文も書いておられますね。

渋沢　もうずいぶん昔のことです（笑）。私が思うに、月並みな表現かもしれませんが、栄一には「世界の中の日本」という感覚があったのではないでしょうか。栄一は、幕末のフランス滞在以来、米国や欧州、中国を訪れますね。そのたびに複雑さを増す世界情勢の大筋を理解し、その状況下で、日本が何を求められ、何をしなければならないかといった点について、いつも鋭敏な感性と真剣さを維持していたように思うのです。

排日移民法の制定で、栄一らのそれまでの努力は大きな打撃を受けてしまいますが、一九二六（昭和元）年には日本太平洋問題調査会評議員会の会長に就任します。この時期の世界情勢はすでに栄一の知的理解を逸脱していたかもしれません。それでもこの新しい対話フォーラムの動向を懸命にフォローし、健康の許す限り何らかの貢献をしたいという心持ちも持続していたようです。一九三一年には上海で会議が行われるのですが、一〇月六日に日本側議長を務める新渡戸稲造が、王子飛鳥山の栄一の自宅を訪問しています。

宮本　そのときはもう九一歳ですか。健康状態はどのような状況だったのでしょう？

渋沢　不治の病にかかっておりました。新渡戸は同年末に行われた栄一の追悼講演会でその日のことを語っています。新渡戸は、栄一が病気であることを知っていて、しかし太平洋問題調査会のことについて心配していることも承知していた。だからわざわざ栄一のところへ「明後日立ちますといって玄関に名刺を置きに行った」そうです。ところが取り次いだ人が気を利かせてそのことを栄一に伝えると、栄一は「是非会いたい」といった。そして新渡戸に対し、「太平洋問題調査会には種々の問題が出る。今度は満洲問題が必ず出るだろう。そういう時には十分に日本の立場を弁明してくれ」「アメリカ人も大勢来るから、移民問題についても、再びアメリカ人の反省を促すように」と「教えるがごとく、頼むがごとく」話しかけたそうです。

宮本　新渡戸は一八六二年生まれで栄一よりも二〇歳以上も若いですから、親子の差があるといってもいいですね。

渋沢　そうですね。その新渡戸に栄一はもう一つ願いを託したそうです。新渡戸によれば、その頃、中国では洪水があって二千万人ぐらいの被害者が出たと報じられたようで、日本からも相当の救援物資を集めて、上海に送ろうとしたけれども、排日感情があまりにも高くて受けとってくれなかったそうです。そのことを栄一は非常に遺憾に思っていたようで、「幸いあなたが上海へ行かれるなら、その物資を受けてくれるよう尽力してくれないか」と頼んだというのです。それは、災害による危機においては、政治上の問題を抜きにして人道上の支援が果たされるべきだと栄一が考えていたからで、新渡戸がその頼みを受けると、翌日にはそれに関する書類が栄一から新渡戸宅まで届けられたといいます。新渡戸は、その栄一の思いを胸に上海でいろいろ尽力したようですが、あまりにも排日思想が盛んになっていて、空しく帰るしかなかった。そのことを申し訳なく思ったとも語ったそうです。

宮本　死に際とは思えない迫力が栄一にはあったのでしょうね。

渋沢　ええ。その後、九一年という長きにわたり、その活躍を支えてきた頑健な肉体もようやく衰弱の色を深め、一一月一一日の早朝、静かにこの世を去りました。栄一の遺品については、亡くなる数年前から、同族会の中に委員会がつくられ、目録を整備していました。死後は敬三の意図で、徳川慶喜公の遺墨など、本家が所蔵すべきものを除いて、すべて同族各家に分与したようです。議事録には、栄一夫妻の高齢化に伴い、毎月の検査や治療、看護などの費用は共同財産から賄ったことなども明記されており、当時を知る貴重な資料となっています。

栄一の最晩年から逝去にかけての模様は、父・敬三が文章を書き、また私に直接語り伝えてくれたこともあります。八五歳を超える頃から、栄一には独特の風格が備わってきたと父は言っておりました。七〇代の頃は、まだ多量のエネルギーを残していて、学生の父を連れて食事に行き、穴子の天ぷらを平らげたり、血の滴るようなステーキをほおばったりしていたそうです。表面的には温厚で、いつも笑顔を浮かべていたようですが、他人に注意したり、何かを頼んだりするときには、自分の意図を相手に伝えずにはおかないという強い意思がひしひしと迫ってくるのを感じたそうです。ところが父が三年余りの海外勤務を終えて、大正末期に帰国した頃は、そうした圧力がいつのまにか消えてしまったような気がしたともいいます。

宮本　葬儀のことは雅英理事長も少しご記憶がおありとか？

渋沢　王子から青山までの葬列に、数千に及ぶ学生や一般市民の方々が道路の両側に立って、静かに、心を込めて見送ってくださいました。国葬でも何でもない単なる個人の葬儀としては、それは本当に驚くべき情景でした。青山の葬儀所には勅使が来られて「御沙汰書」という昭和天皇からの送別のお言葉が伝えられました。

「高ク志シテ朝ニ立チ遠ク慮リテ野ニ下リ経済ニハ規画最モ先ンシ社会ニハ施設極メテ多ク教化ノ振興ニ資シ国際ノ親善ニ務ム畢生公ニ奉シ一貫誠ヲ推ス洵ニ経済界ノ泰斗ニシテ朝野ノ重望ヲ負ヒ実ニ社会人ノ儀型ニシテ内外ノ具瞻ニ膺レリ遽ニ溘亡ヲ聞ク曷ソ軫悼ニ勝ヘン宜ク使ヲ遣ハシ賻ヲ賜ヒ以テ弔慰スヘシ」

そのお言葉を敬三が読み上げたのですが、感動的だったと敬三は言っていました。今は渋沢史料館に常設展示しております。

社会文化事業への貢献

宮本　お亡くなりになるまで、かなり頭もはっきりとされていたそうですね。企業家としてだけでなく、晩年のそうした国際関係への尽力、さらには社会文化事業への貢献も栄一を語る上で欠かせないものだと思います。教育事業についていえば、栄一は現在の一橋大学をよく支援をしたようですが、官立の教育機関にはあまり関心がなかったそうですね。そのあたりはアメリカの影響が大きいのでしょうか。

渋沢　それはわかりませんが、栄一がアメリカの明るさ、学問的で進歩的なところが非常に好きだったことは確かでしょう。先程触れた渡米実業団は栄一が団長をつとめたのですが、アメリカの多くの教育機関を見にいって、公益性を伴う教育事業支援に対する米国企業の熱意に大変強い印象を受けたようです。その実業団のなかに、東武鉄道の根津嘉一郎がいたのですね。私が昔通った武蔵高校は、根津が帰国後に設立したもので、当時としては非常に近代的な学校でした。
　宮本先生がいわれた通り、栄一は私立の教育機関を熱心に応援しました。最晩年には日本女子大学で学長職も引き受けています。女子教育について、栄一は基本的には良妻賢母型を心に描いていたようですが、式典などの場で、女子学生たちに語りかけた内容をみると、社会に有為な人材に育つことを心から望んでいたように思いますね。

宮本　日本女子大学というのは良妻賢母型ですか？

渋沢　そうではないんですね。女性を国民として教育するというのが成瀬仁蔵の基本理念だったと思います。だから平塚らいてうのような革命的な女性が育ったのでしょう。東京女学館にも栄一はかかわったわけですが、こちらは良妻賢母型の教育を継続していたようです。素晴らしい妻や母をつくることによって、素晴らしい男が育つというような考え方でしょう。

宮本　ところで栄一は、外国語を話すことができたのでしょうか。

渋沢　じつはよくわからないのです。フランス語の字引が残っていましてね。

宮本　字引ですか？

渋沢　栄一が自分でつくったもので、記念財団で所蔵しています。単語帳のようなものです。家を借りたり、船に乗ったり、いろいろと活動したわけですから、そういうときにフランス語を全く話さないはずはないのですけどね。しかし帰国してから、フランス語で誰かと話をしたという記録はありません。でも日常会話程度はできたのでしょうね。

宮本　教育者としては優しさを感じさせる逸話が多いようですが、親としてはどうだったのでしょうか。厳しかったのか……。

渋沢　そうでもなかったと思います。幕末の人間ですから、今とは感覚が違っていたはずですが、基本的に子供にはやさしく、分け隔てをしない人だったような印象を私はもっています。家族であってもむやみと自分の考えを押しつけず、世間一般に対してもオープンで謙虚な人だったのだろうと思っています。

宮本　次男・武之助の娘・昭子、つまり栄一の孫娘が『東京女学館史料』第二集に寄稿された文章は、栄一の女子に対する教育の姿勢がうかがえるものですね。渋沢家の使用人だった関という書生が持っていた本を読みたくて、返事を待たずに借りて読みふけっていた昭子の姿を、栄一が見、「あなたが読まれてから、じいさまに拝借出来るかな」と言った。翌日、その本を読んだ栄一から、真顔で「昨日拝借した本は、昭子のか？」と聞かれ、さらに丁寧に教え諭されたことが追憶されています。「人のものを、たとえ使用人であっても、黙って借りてまたそれを人に貸すことはなりません。この本は関のもの、今日持ち帰って、関に、じいさまにお貸ししてよいかと礼儀正しく尋ね、よいと言ったら、また拝借したいが」と栄一が昭子に言ったというのです。昭子は「誰をも軽んじることを許さぬ祖父の教え」が重く感じられたと書いていますね。

栄一の人格がなんとなく見えてくる話ですね。それから、例えば城山三郎さんの小説、新潮文庫に入っている『雄気堂々』には、母親の話がでてきますが……。

渋沢　ええ、ハンセン病の人を親身に世話したという話ですね。そのため栄一も、親切な人間に育って、可哀想な人はすべて助けようとしたのだという見方もあるようですね。ただ私としては、栄一の企業家としての現実主義的な側面を視野に入れて判断すべきだと思っています。

宮本　面談に来られた人にはほとんど会う、ということだったそうですね。

渋沢　そのために、面会を待つ人が多くなって、時間がかかるので、次の人が困った（笑）。話が終わらないときは、車に乗ってまで話をしたそうです。おしゃべりだったのでしょうね。伝記資料には演説、講演、座談の記録がたくさん収録されています。栄一の時代には、まだテープレコーダーなんてないですから、演説のときは二人ぐらいが同行して、筆記したといわれています。しかしそれでどこまで正確に書けたかには疑問が残ります（笑）。

宮本　社会文化事業面における栄一の活躍で、教育事業以外にも、『徳川慶喜公伝』全八巻の出版は際立つものですね。制作を始める前に、栄一が慶喜と接していた期間は少ないはずですから、やはり相当のインパクトが栄一にあったのでしょうね。

渋沢　明治維新前の慶喜公は、将軍様でしたからね。栄一が一橋家で働いていた期間も数年にすぎません。しかし明治政府を退官し、銀行家になってからは静岡に行くたびに、旧主との面会を重ねていたようです。その頃の慶喜公は、政治的な理由から、明治政府の関係者や旧幕臣とは全く会うことがなかったのですが、民間人となった栄一とはむしろ喜んで面会し、ときには栄一が噺家や芸人を連れていき、慶喜公の無聊を慰めたこともあったと伝えられています。

宮本　当初、栄一は鳥羽伏見の戦いの時の、慶喜公の行動に不信感を抱いていたようですね。面談が重なるにつれ、慶喜の真意を理解するようになったということでしょうか。

渋沢　そうだと思います。それで、あの決定的局面を迎えるわけです。当時まだ三一歳の慶喜公が大政奉還に踏み切り、時代の変換を決定づけた。それからは、一九一三（大正二）年に七七歳で亡くなるまで、一切弁解めいたことを言わなかった慶喜公を明治政府は蟄居同然の状態で放置し続けた。その政府の不公正さが、栄一の慶喜公に対する多面的な支援が続けられる背景にあったのだと思われます。慶喜公の社会的な復権を願い、栄一は単独で伝記編纂を思い立ちました。一八八六（明治一九）年のことです。その後、三三年もの継続的な努力により、実現された大型プロジェクトでした。兜町の自宅の内部に編纂所を設け、東京帝国大学の歴史学者荻野由之氏の統括のもとで、作業が進められました。そして一九一六（大正五）年、のちに幕末史の白眉として高く評価されることとなる慶喜公伝が刊行されました。必要とした数万円の経費は一銭一厘にいたるまですべて栄一みずからが支弁しました。

この活動と並行して、栄一は伊藤博文をはじめとする政府要路の人物たちへの根回しを粘り強く続けています。一五年の紆余曲折を経て、一九〇二（明治三五）年、慶喜公は晴れて復権し、公爵の爵位を与えられました。そして同年同日に、西南戦争を主導した西郷隆盛が同じく華族となり、侯爵の位を遺贈されました。今にして思えば、この二人の復権なしに明治政府はその政権の歴史的正当性を確立しえなかったのではないでしょうか。

宮本　確かに明治政府としては、幕府側と討幕派とがともに政府をつくったということにしたかったのでしょう。

渋沢　私が中学生の頃、父の敬三に「貴方と栄一翁とはどこが違うのですか」というほとんど無意味な質問をしたことがあります。敬三は言下に「それはまったく違うよ。おじいさんは真剣勝負をした人だ」と言いました。『太平洋にかける橋』を書いてからは、その意味が私にもわかるようになりました。企業の運営にも、日米関係にも、数多くの公益事業にも、栄一が文字通り真剣勝負で取り組んでいたことがわかるようになったのです。真剣勝負をするということは、自分のすべてを捨てて、天命に従うことなのだ。そういう意味だったのだろうと思います。

「論語」という企業家人生のプリンシプル

宮本　敬三は栄一の死後、伝記資料六八巻の編纂に取り組み、完成まで、戦争をはさんで四〇年以上の歳月をかけていますね。

渋沢　父・敬三は、戦前は土屋喬雄先生の支援を得て、祖父栄一の人生にかかわる資料すべてを収集し、編纂することに全力を挙げました。しかし空襲が激しくなると、全原稿を第一銀行の倉庫に保管してもらいます。戦後は苦しい財政事情の中で事業を再開・継続し、完成したのは本人の没後三年目、一九七一（昭和四六）年のことでした。個人の伝記資料をこれだけの規模で収録した例は世界にもないということで朝日賞もいただきました。この資料は、近年、特に新しい命を吹き込まれたかのように、私たち記念財団の事業の基盤として大きく活躍しています。

宮本　竜門社や、渋沢がつくった企業も伝記資料作成を応援したのでしょうか？

渋沢　幸田露伴に伝記の執筆を依頼したり、常盤橋公園に銅像を建てたり、多くの会社や団体が栄一を記念する事業に取り組みましたが、幕末から昭和にいたる栄一の多彩な活動に関連する、すべての資料を集めて刊行するという、学問的にも極めて野心的なプロジェクトが完遂されたのは、やはり敬三の不退転の信念と決意が不可欠だったと思っています。

宮本　敬三は、栄一が大事にした「論語」についてはどう思っていたのでしょうね。

渋沢　「論語」については、それほど真剣だったという印象ではないのです。もちろん読んでいたでしょう。私でさえ一度か二度は読んでいますから（笑）。けれども、論語を人生の原理として生きるという雰囲気は敬三にはあまりなかったように思います。

栄一の場合、明治政府を退任し、民間企業で生きる決心をしたとき、親しくなっていた玉乃世履に忠告されたようですね。あまり善くないことをする商人になるべきではないと。そういう時代だったのですね。栄一がやがて民間事業を営む上でプリンシプルを必要としたのには、そうした体験も影響しているのではないかと私は考えるのです。それでも当初は、企業経営に忙殺され、原理原則を説くどころではなかった。しかし時が経ち、多くの企業や業界団体の活動も軌道に乗り、後継者を育てなければという段階になって、子供の頃に慣れ親しんだ「論語」に再び本気で返ろうとしたのではないでしょうか。ですから、はじめから論語一本やりの人でもなかったという気がしています。

宮本　論語の思想に基づいて仁義道徳と生産殖利の合体、「道徳経済合一説」を唱道したのもそうした流れのなかで生まれたのでしょうね。しかし継承者の敬三は、論語や宗教的なものより、合理的なものに魅かれる人間だったのでしょうか。

渋沢　そうですね。ただ栄一も現実主義的な人だったとは思うのです。栄一は宗教面では、帰一協会などを懸命に支援していました。あまりうまくいかなかったようですけどね。一つの理論としてとり組んでいたのかもしれません。

宮本　帰一協会結成を主導したのが、先ほどの成瀬仁蔵ですね。自身が帰依したキリスト教、そして仏教や儒教を「帰一」していくための活動だったようですが、成瀬や栄一の没後は趣が変わっていったようですね。それから、これは多くの栄一に関する評伝や論考にも書かれていないことで、今もよくわからないことの一つなのですが、栄一は、江戸時代の商人と明治時代の実業家とではどこに違いがあると考えていたのでしょうか。双方が儒教でつながっているようにも思えますが。さらにいえば、江戸時代の商人の倫理観と、栄一が考えるところの論語や儒教にもとづく企業倫理との違いは、どこにあると栄一は考えていたのでしょうか。

渋沢　それは先生に、ぜひ教えていただきたい点ですね。第一国立銀行設立に関する展示を組み立てるために、記念財団の学芸員が懸命に研究してみても、そのあたりのことはあまり資料がない。例えば札差というのが江戸期にいましたね。その札差が、どういう意識でやっていたのか、どの程度の規模だったのかといったことを調べても、なかなか資料が出てこない。江戸時代には、江戸時代の道徳があって、石田梅岩などもいたわけで、栄一はそれなりに尊敬していたのだと考えてはいますが、どうなのでしょうか。

宮本　イギリスのジャネット・ハンターという経済史家は著作等で、日本の商人のよくない面を随分と指摘しています。しかしそれが、日本の伝統的な商人の皆がそうなのか、あるいは開港場あたりにうろつく、一見さんの外国人相手の商人だけのものなのか、がわからない。さらにいえば日本の伝統的商法、商倫理のどこがよくないのかもわかりにくい。そして栄一についても、江戸時代的な、伝統的な商人をだめだと思っていたのか、そのあたりがよくわからないところなのですね。でも、儒教という点でどこかつながるはずなのですが。

渋沢　ピーター・F・ドラッカーが、栄一を偉い人だといっていますね。世界の誰よりも早く、経営の本質は「責任」にほかならないことを見抜いていたと評してくれています。ただ栄一の願いが戦前の日本にどれだけ実現されたかというと……。

宮本　それは今後も重要な研究課題ですね。ところでドラッカーはどこで、栄一のことを勉強したのでしょうね？

渋沢　近く財団から誰かをクレアモント大学大学院に派遣して、ドラッカーのアーカイブを調査してこようと考えています。

宮本　「渋沢栄一」論は学者だけでなく、小説家も書いていますが、これは「おかしいのでは」というものはありましたか？

渋沢　山本七平さんがＰＨＰ研究所から出された『近代の創造』は立派なものですね。幸田露伴さんや城山三郎さんなどはみな明治維新までは書くのですが、それから先は、栄一が勝手にやったことになって（笑）、本が終わってしまう。企業家としての栄一は、揺るぎない信念、複雑極まりない心情をみせてくれるのですから、小説に書くと面白いと思うのですけど。王子製紙という会社では、苦労してつくった後に、中上川がやってきて、いわば乗っ取りにあいますね。大川平三郎をはじめ、王子の創設に深くかかわった人たちは強く反発しますが、栄一自身はそれで日本がよくなればいいという考えがあったからか、抵抗しようとしないのです。東洋紡の場合でも、株主たちの批判を浴びていた山辺丈夫を支援するプロセスの中で、会社自体のより大きな将来を見ていたように思えてなりません。

宮本　素材が大きすぎるだけに、書き手としてはある意味、大変でしょうね。その分、やりがいもあるわけですが。

渋沢　近年、栄一の人気が上がってきたようで、多くのすぐれた書物も出されています。鹿島茂教授の『渋沢栄一』上・下巻は、広範にわたる知識で、栄一の詳細なストーリーが描かれています。小説以外では橘川武郎教授が他の教授陣と連携して書いてくれた『渋沢栄一と人づくり』（一橋大学日本企業研究センター研究叢書）や、栄一の合本主義についての国際共同研究をまとめた『グローバル資本主義の中の渋沢栄一』がありますね。あとは片桐庸夫さんの『渋沢栄一の国民外交』とか……。それぞれが人間・渋沢栄一についての新しい観察に満ちていて、興味がつきません。いまから思えば、露伴の時代には企業家の業績が「生きた人間の営み」として理解されていなかったのかもしれませんね。また、なにかというと「論語と算盤」で括られてしまいますが、栄一はそれだけの人ではなく、もう少し幅が広い。もちろん論語に反することをしていたという意味ではないのですが。

宮本　先ほど理事長がいわれたように、確かに栄一は、「論語」を旗印に出てきたわけではない。だから、次第に変な輩が企業家にも出てきたときに「論語と算盤」を使い始めたというのが妥当なように思えますね。

渋沢　ええ、日本の経済自体を何とかしないと大変だという、先輩としての心配が先にあったと思うのです。一橋大学などは創立時から運営上の困難が多く、栄一が懸命に資金を集めたりしていました。そのうちに文部省との争いもおきました。当時は商人には教育は要らないという意識があったのでしょう。在学生が一斉に退学の意思表明をするという騒動にまで発展しました。栄一は当初はとにかく優秀な経営者になれ、英語も計数もできないといけない、経営感覚も必要だという具合に、現代でもいわれることを説いていたようですが、文部省が一橋を東大に吸収させると言いだして……。

宮本　中西事件ですね。当時、栄一は東京高商の商議員でしたか。

渋沢　ええ、このときは文部省とそれこそ真剣勝負だったでしょう。一橋が東大の商学部になれば、「官」になってしまうと考えたことでしょう。実業家は「民」の意識がないとね。

宮本　大阪商業講習所ができた際、五代友厚が、栄一に講師派遣を頼んでいます。現在の大阪市立大学の前身ですね。五代は、福沢諭吉からもいろいろ教えてもらっているのですが、どうやら、どんな教科を教えたらいいかを学んだようです。ところで先ほどの新渡戸稲造が、海外に日本というものを訴えるために『武士道』という著作を英語で刊行しましたが、栄一の場合、そういう面の活動はどうだったのでしょうか？

渋沢　こんな逸話があります。栄一がアメリカに行くと、彼をクリスチャンにしたいと思う人が多かったようです。ジョン・ワナメーカーもその一人です。事業経営だけでなく政治家としても活躍した人です。彼に、儒教もいいけど、ぜひクリスチャンにといわれ、何時間も説得されて、栄一も困りました。そこで、お宅の神様は自分が信じることを人にもさせろ、とおっしゃるようだけど、私の師匠である孔子さまは、人が望まないこと、嫌がることを押しつけてはいけない、と言っています、といって逃げたそうです。

宮本　面白い話ですね。栄一の「論語と算盤」について、私も以前に少し書いたことがあります。江戸の武士が商業に入っていく上で、当時は賤商観があって、やはり躊躇する人もいたでしょう。そういう人に対して、栄一の「論語と算盤」は後押しになったのではないか、と。

渋沢　三島中洲が栄一の信念を高く評価しましたね。それは栄一にとって、非常に力強かったと思います。私が思うに、栄一の言動は、いつも独立した人格を維持して、「日本人・渋沢栄一」というベースがあるのです。そして思った通りのことを正直に話すから、アメリカ人や中国人にはわかりやすかったのではないか、人気も高かったのではないでしょうか。

宮本　寄付活動にも熱心でしたね。例えば関東大震災の時、多くの寄付をしていますね。

渋沢　社会に還元するという意識が強かったのだと思いますが、同族会の議事録には毎月、たくさんの寄付案件が並んでいます。国際的にもサンフランシスコの地震の際は率先して募金し、日本からの寄付が世界のどの国よりも大きかったと聞いたことがあります。もちろん日米関係や移民問題への配慮もあったのでしょうが、栄一には、寄付をするということへの抵抗感があまりなかったようです。しかも自分が率先して寄付をすれば、他の財界人たちを誘うことができるという意識もあったように思いますね。

宮本　中国に、アメリカと一緒に共同で出資するような計画があったとか？

渋沢　日露戦争後、満洲鉄道を共同経営しようというアメリカ人がいて、桂太郎内閣も賛成して、覚書まで起草し、ほとんど発足という段階までいったのですが、ポーツマスから帰国した小村寿太郎外相が、これだけ多くの日本人が血を流した満洲の利権を他国に分与することはないと反対して、流れたといわれています。もしあの時、アメリカを巻きこんで一緒にやっていたら、その後の満洲の情勢も違っていたかもしれませんね。

宮本　鮎川義介もその考えでしたね。鮎川は栄一のことを知っていたのでしょうか？

渋沢　それはわかりません。

宮本　日本と中国の関係は今も難しいものがありますね。今の中国には儒教を標榜する経営者がいないのでしょうか？

渋沢　いると思いますし、儒教をどう扱っていくかは今後の中国にとって、かなり重要な問題になっているという気がします。二〇一四（平成二六）年の春、北京大学が一〇〇年前の一九一四（大正三）年の栄一の訪中を記念するという趣旨で、「儒商論域」と題する大型のシンポジウムを主催し、私も招かれました。一九一二（明治四五）年に辛亥革命によって清朝が破綻し、国民党の総統となった孫文が訪日し、栄一に対して深い友情と信頼を感じ、二人が共同発起人となって中国興業という投資会社を設立しました。その後、孫文は病死しましたが、一九一四年には、栄一は中国の経済発展について考えを聞きたいという袁世凱の招請で、訪中しました。儒商論域では、儒教についての現在の中国の意図はよくわかりませんでしたが、没後八四年経った今も、儒教を軸とした栄一の存在と業績は、今後、東アジアの政治経済が新しい流れを始動していく上で、何らかの貢献をしてくれる可能性もあるのではないかと思っているのです。

余話として――栄一をめぐるあれこれ

宮本 栄一は男性にはもちろん、家族にも、そして女性にも好かれたようですね（笑）。

渋沢 割合と呑気なところもあったようですね。廃嫡にした息子とも、後になって、仲良くしているのですね。私が生まれてからは、敬三の家で二人はよく会っていたそうです。もちろん同族会の規則はきちんと守るという面もあったわけですが、兼子の子供に対しては甘いところがあったという批判があったことをどこかで耳にした覚えがあります。しかし正直なところ、そうしたことはよくわからないのです。

また栄一は、やはり古い時代の人ですから、女性問題については仕方がないという意識が、穂積歌子をはじめ、親族内にもあったことでしょう。栄一が六〇歳代後半の頃に、六人の子供を認知して、すぐ他家に養子に出していることが、同族会の記録には明記されています。その子供の中で、一番有名になったのが長谷川重三郎です。第一銀行の頭取を務め、三菱銀行との合併のいざこざで失敗します。戦後は第一銀行も単独で経営するのは大変だったのでしょう。戦前は、財閥系ではない企業が頼りにしてくれて、取引してくれる場合が多かったようですが、戦後は、財閥そのものが変わってしまいましたから、この際、三菱と一緒になってという考えもあったのでしょうけど。

宮本　しかしその情報が事前にリークされてしまうのですね。私もよく覚えています。読売新聞の一面を飾り、三菱との話が流れてしまった。その後に日本勧業銀行と第一銀行が合併して、結局、第一勧業銀行になったわけですね。

渋沢　そうでしたね。それから栄一の女性問題についていうと、八〇歳を超えてからの日記にも、仕事の後に、とある町の友人宅を訪問するといった記述が見られます。正直な人なのですね（笑）。若い頃には、ある日、浅野総一郎が何か頼みごとができて、栄一に会いにいこうとしたとき、築地の親しい女性のところにいることがわかったそうです。それで、出かけていって、玄関で「渋沢さんに会いたい」と申し入れた。すると、奥のほうから大きな声で、「ここには渋沢などという男がいる道理がありません。別のところをお訪ねください」という声が聞こえてきたそうです（笑）。

宮本　時代を感じさせるエピソードですね（笑）。浅野は、セメント事業に乗り出すとき、栄一に相談していますね。栄一はその際、東京深川のセメントの官営工場がうまくいかず休止した経緯もあったのか、反対したようですが、浅野の熱意にほだされて、協力をするようになる。それがやがて浅野セメント合資会社になり、その後は合併などを繰り返し、今は太平洋セメントという会社になっています。

渋沢　私が心を引かれるのはやはり父の敬三との逸話ですね。敬三が望んでいた生物学者へのコースを諦めてもらい、実業の道に入ってほしいと栄一は頼んだわけですが、それも強圧的ではなく、友人に頼むような調子で丁重に要請したそうです。あれだけの人物にそういう頼み方をされたら、敬三も抵抗できなかったのでしょう。最後に観念して「わかりました」といったのです。その瞬間、生物学は「死んだ子のようになっちゃった」と言いながら、敬三が泣くと、栄一も涙を流し、母親も泣いたと敬三はのちに語っていますね。

それ以来、敬三という人間は「二人の人間」になってしまったようです。二重人格というのではなく、半分は、栄一の意向に沿って、日銀総裁や大蔵大臣などの財界人としてのキャリアを実現し、もう半分で、民俗学などで相当な仕事をしました。日本農学会から農学賞をいただいたこともありました。銀行の仕事の余暇はすべてそうした学際的活動に使い、給料などの個人的収入のほとんどが学問に費やされたようです。二人分の仕事をやったのですから、それで六七歳という早すぎる死を迎えたのかもしれません。

宮本　栄一は敬三に「銀行マンになれ」といったのでしょうか。

渋沢　いや、実業家ということで、第一銀行というわけではなかったのかもしれませんね。栄一の臨終が近い頃、佐々木勇之助がお別れにみえました。なにしろ第一国立銀行創立以来の友人であり同志ですから、思い入れも深く、そばにいた敬三も感動したようです。そして別れ際に、佐々木は「敬三さんの将来は私が引き受けますから、ご安心を」と言ったそうです。いずれ私の責任で敬三を第一銀行の頭取にするという意図が見え見えだったようですが、これに対して、栄一はかすかに手を振って「それは要りません。彼の器量でやることで、あなたに、ご無理を願う気はありません」という意思表示をしたと敬三は理解しました。第一銀行は個人の会社ではないですから、能力のある人に、という栄一の真意を感じて、敬三は嬉しく思ったそうです。でも、その話は矛盾していますね。最期になってそんなことを言うくらいなら、実業の道に進めなどと言わなければよかったのに、と私は思うのです。

宮本　でもそれは敬三が、栄一からみても、もう大丈夫だというほどの成長があったからではないでしょうか。

渋沢　そうかもしれませんね。敬三と栄一はとても関係が緊密でお互いがわかり合っていたように思います。敬三がもし生物学者になっていたら、栄一没後の渋沢家はうまくいかなかったかもしれませんね。

宮本　同族会では穂積、阪谷という錚々たる先輩に囲まれて、実際のところ、気分は重たかったでしょうね。

渋沢　自分の人格を鍛えたのは親類との軋轢だったと敬三は何度か語っていますね。

宮本　ところで栄一は「書」に才があったと思われますが、画家や芸術家などのパトロンにはならなかったようですね?

渋沢　ええ、特定の俳優や文楽の太夫などを特に贔屓にしたということは知りません。ただ、川上貞奴という有名な女優がいたでしょう。彼女がある朝、突然栄一のところにやってくると、栄一は断らず、いつものように会った。そこで貞奴は、のちに帝国女優養成所となる女優学校をつくりたいといった。川上音二郎と世界中を回り、有名になり、帰ってきた美人ですね。ロダンに、彼女の彫刻をつくりたいといわせたほどの女性です。もったいないことに、貞奴は忙しいからと断ったそうですが。

その貞奴の頼みに栄一は「お手伝いしましょう」と応えます。その頃たまたま、帝劇をつくる準備をしていたようで、劇場の中に三〇～四〇坪で女優養成所をつくりましょうということになりました。それで、森律子、松井須磨子など、当時有名な女性が入所しました。その学校には、国会議員の娘なんかもいたそうです。この帝劇の設立一〇〇周年の祝賀会が数年前に開かれ、私も参列しました。東京会館でした。いまをときめく美人女優がたくさん来ていて、すこし緊張しましたけど（笑）。ちなみに栄一が、この養成所の開所式で話した記録も残されています。「徳川時代には、その地位を貶められていた三種の人がいる。第一が実業家。次が女性。第三は俳優だ。この養成所では、女性が俳優を目指すのだから、大変同情している。ぜひ立派な女優になるよう頑張ってほしい」といった激励をしています。

宮本　やはりビジネスマンというか、商売人が低くみられているという強烈な意識が、栄一の心の奥底に常にあったのでしょうね。

Ⅱ　同時代人たちの評価

一八九七（明治三〇）年九月刊行の『実業之日本』第一巻第四号に「烏々子」という名の執筆者が興味深い記述をしている。そこでは当時の社会変革者として、思想界では福沢諭吉、実業界では渋沢栄一の功に敬意が表されているが、その論調が、まことに当時の実業界に多くの読者を得、支持された誌面らしい。というのも福沢・渋沢の両者いずれも、官尊民卑の打破がその思想の根底にあるが、福沢が（実業界に多くの弟子はいても）思想界に尽くしたのみで実業したわけでないからと、渋沢の日本経済社会への貢献度合にいっそうの称賛を示しているからだ。この両者を比較しだしたら確かに論点はつきないだろう。例えば儒者の父のもとで育った福沢が、やがて儒学を忌み嫌うようになった点からすれば、「論語と算盤」を掲げた栄一と思想的に相性がよかったとは想像しにくいし、実際、詳伝で触れた両者のやりとりでも、仲がよかったようには思われない。
また両者が影響を及ぼした後続の者たちの趨勢を、現代から眺めてみると因縁めいた歴史も見えてくる。福沢の思想に影響を受けた企業家の一人に武藤山治がいるが、奇しくもその武藤と栄一の後継者たちは相争う立場になるのだ。武藤は紡績業界ですぐれた功績を残した後、政治・ジャーナリズムの世界に進出し、井上準之助（蔵相）を政策批判する。さらには栄一の没後に、郷誠之助らに糾弾の矢を向けることになる。この二人は当時の政官財界で栄一の後継者として将来を嘱望されていた人物である。[1]
明治中期に筆を執った「烏々子」が、そうした未来を予測できようはずもないが、ともかく両者が日本の実業・思想界の革新において不世出の存在とされ、今後も尊敬される存在としてその光彩を放ち続けることは間違いない。そこで本章ではこの「渋沢栄一」という一人の企業家を、後世から眺めるのでなく、同時代に身を置いて確かめてみたいという、素朴な願望に応えるものを提供したい。
例えば明治・大正期を代表するジャーナリストの山路愛山は、どちらかといえば栄一に冷静な視線を向けていた。愛山は一九〇九（明治四二）年に雑誌『太陽』に「渋沢男と安田善次郎氏」と題した長文を寄稿、[2] その中で当時の栄一を〝時勢おくれの人〟だと評している。それは大資本家の財力に小資本家の株式事業が圧倒されて、しかも恐慌のあるたびにそうした株式事業が大資本家に吸収されているように愛山の眼には映っていたからである。しかしそれでも愛山は、町人の地位を向上させ、「合本主義」という、小資本家が大資本家の専横と戦う「武器」を教えてくれた渋沢に、長く感謝しなければならないというのである。

本章でとり上げる主に実業家たちの〝栄一評〟は、そうした愛山による評価とは多少趣きの異なるものであり、それらに客観性があるかどうかと問われたなら、あるともないともいえないというのが的確な答えなのだろう。けれども、こうした人物評が当時の人々の目に触れ、何らか影響を及ぼしたということも軽視すべきではないだろう。

かつて明治の文豪・幸田露伴が評したように、(3)常に〝恭〟をもって人にも物にも事業にも臨む人だった栄一の人間像を、同時代を生きた人々の評価の中にみてとりたいと思う。

なお、取り上げた〝栄一評〟は著述者の生年順に並べ、初出の出典はそれぞれ末尾に付した（『渋沢栄一伝記資料』別巻第八に収録されているものは＊を付した）。いずれも重要部分のみを抜粋した。表記に関しては、読者の便宜を考慮し、原則として、常用漢字（一部は正字）を使用、ひらがな表記に換えたところもある。山括弧内は筆者の注記である。また歴史的仮名遣いを現代仮名遣いに改めたほか、不要な振り仮名ははずし、必要に応じて改行、句読点も付すようにしたが、著述者の原文の香気、文意を損なわないことを大前提としたため、読みにくい部分もあるかもしれない。その点はご寛恕を請いたい。

浅野総一郎〈一八四八～一九三〇　実業家・元浅野セメント社長〉

私を渋沢さんに紹介したのは、王子抄紙部〈王子ホールディングス株式会社の前身〉の支配人格であった故人の谷敬三氏であった。谷敬三氏からは、王子抄紙部へ石炭を売込むについて、お引立を頂いていた。その谷敬三氏を、最初、私に紹介してくれた人は、横浜の朝比奈というお医者さんである。私は学問がないから、身をもってその足らぬ点を補う、という方針で、石炭屋になっても、決して人足任せにせず、船が着くと、自ら人足に交って、荷上げを手伝った。王子抄紙部の河岸で、私が人足姿で労働するのを、時々、当時の王子抄紙部総理であった渋沢さんがご覧になっていたと見えて、あるとき、谷支配人が「大塚屋サン、殿様が〈渋沢さんのことを殿様と言っていたように記憶する〉一度、宅へ遊びに来いと言っておられるから、おうかがいしてみなさい」と伝言されたことがある。しかし、私は「仲々遊ぶどころですか」と腹で答えて、そのままとなっていた。

その後、月日は記憶しないが、私が始めて、夜の十一時頃、御宅へ渋沢さんを訪問したことがある。玄関に訪れると、書生さんが十人近くも遊んでいたと記憶する。私は「遊びに来いと言われたから、参りました」と通してもらうと、渋沢さんは「他人の家を訪問するのに、夜の十一時は余りヒドイよ」と小言をおっしゃった。渋沢さんの側に、奥様と十二、三〈歳〉の嬢さん〈後の穂積陳重夫人）とがおられて、芝居のお話をなさっておられたが、夜が遅いものだから、嬢さんが「父さま、寝ましょう」とせがんでおられたことを憶えている。夜遅く訪問したことを、渋沢さんが小言をおっしゃるのも無理ではなかった。けれども、私は「毎晩十時近くまで働いて、その日のあきないを帳面に付け、それから風呂に行って、人を訪ねるのですから、どうしても十一時過ぎになります」とお答えすると、渋沢さんは、私の働きぶりを非常に賞めて下さった。その時のお話の中に「江戸で人となるには、どうしても腕で飯を食う覚悟が必要だ」との御一言があった。私は無論、その覚悟で江戸に来たのであるから、渋沢さんのこの一言は、誠に我意を得たので、腕で飯を食う私の覚悟は、益々固められたという次第である。

これが、渋沢子爵に対する私の第一印象である。子爵がいかに独立不羈、努力愛の人であるかが想像出来ようと思う。親の財産を当てにしたり、人を頼りにするような根性では、到底この世では成功はむずかしい。

＊『実業之日本』第三一巻第二〇号（一九二八年一〇月）

佐々木勇之助〈一八五四～一九四三　銀行家・元第一銀行頭取〉

子爵は非常に親切な方で、何人にもお会いになり、何人にも深切を尽されるから、それで色々なものを持込んで来るんですな。しかしそのように、色々持込まれて来るのを、ものが間違ってさえいなければ、どうにかしてやろうという親切から、色々お世話をなさるです。〈中略〉

ごく円満ではあるが、自分の一旦決心されたことについては、あくまで邁進する方のように思います。古い話ですが、明治十三年頃、紙幣が大変に下落したことがある。これは西南戦争以来、紙幣を濫発して多くしたからで、各銀行も政府もその発行している紙幣を切って下落を防ごうと、大隈〈重信〉さんが、〈東京〉両国の中村屋に、銀行家を集めて相談した。その時、大隈さんの政策に反対する者もあって、大隈さんが大変怒られたそうですが、渋沢さんは、何としてもこれを遂行しようと決心され、自ら率先して、第一銀行の多額の紙幣を切捨てられたために、紙幣を旧に復することが出来ました。

渋沢さんは、実に円満に色々な事を取計らわれるが、どこにおいても勇気があり、また〈中略〉実に丁寧な方です。私は少年の時から使われたのですが、丁寧に待遇されたもので、滅多に私どもを呼びつけるなどのことはなかったため、特別の用でもなければ、お宅へお邪魔もしませんような始末です。

＊『実業之日本』第三一巻第一九号（一九二八年一〇月）

波多野承五郎〈一八五八〜一九二九　実業家・ジャーナリスト〉

渋沢は、朋友や昵近者をいつまでも捨てない。こういうとなんだか、えこひいきでもするように聞えるが、決してそうではない。人々それぞれの才能に応じて発展すべく指導するのを、怠らないまでである。

人によると、一過失を見出すと、すぐにこれを蹴り倒して、省みないようなのがある。渋沢は、過失があれば、それを改めさせて、善導する事を怠らない。それだから、渋沢の門下には比較的、成功者が多い。先代古河市兵衛が、銅山王となったのも、渋沢の指導によるのだ。浅野総一郎などは、とかく世間から悪評されるが、渋沢はこれをどこまでも弁護して、今なお、この人の善導につくしているようである。ただに人に対してのみではない、事業に対してもその通りである。一旦、よいと思って事業を起し、株主を募った後にも、それがうまくいかない、傍を向いて、省みないと言う人がある。はなはだしきは、発起者として先頭に立った人が、一朝、事業の不可なるを見れば、まっさきに株を売り抜けて、平気な顔をしている人もあるが、渋沢の責任観念は、とてもそんな事をするのを許さない。人が損をすれば、自分が損をするのは勿論、こういう場合は、満身の力を注いで、恢復を図る。一年かかっても、二年かかっても、見放さないで、扶持、看護するから、悪いものでも、遂には全快して、健康体になる。こういう事は、責任観念から努めてするのであると思われぬでもないが、そういう事を自覚せずして、本能の自然的衝動によって、こうするのだ。それだから、部下の者までも、これに感化せられて、献身的に働くようになる。而して事業が結局、立ち直る。現に、渋沢の関係した事業で、全く形なしになってしまったものは聞かないではないか。

＊『実業之日本』第三〇巻第一三号（一九二七年七月）

堀越善重郎〈一八六三〜一九三六　実業家〉

こんなお話があります。〈渋沢〉子爵が明治三十五年、初めてアメリカにいらした時、ルーズベルトにお会いになった。その時に、氏は日本開国以来の進歩の著しいことを賞め、日本の美術の立派なことを褒め、また日清戦争に勝った日本陸軍の偉大さ、三十三年の北清事変に際し、日本兵の勇敢さを、口を極めて讃えた。その時、子爵は余りお喜びにならなかった。そして「あなたは今、日本の美術、兵制のことをお褒めになったが、日本の商工業のことについては、何のお話もなかったのは誠に遺憾だ。しかし、この次にお目にかかったときには、日本の商業についてお話をしよう」といわれた。〈中略〉

次に、大正四年のパナマ運河開通博覧会のときもいらっしゃったが、その時には、ル氏が、「この前には貴下のご不満足を買ったが、この頃は日本の商工業も非常に進歩しました」といわれ、子爵も大変喜ばれました。その時の貿易額は十二億位だったのですが、その後、四年経って、大正八年に子爵がまた渡米されたときには、欧州戦争の影響もあって、貿易額は四十二億に達していたが、その時は、既にル氏は亡くなっていた。もしル氏が、なお存命で、この隆盛を見られたならば、さぞ喜ばれたことだろうと子爵も惜しまれていました。

＊『実業之日本』第三一巻第一九号（一九二八年一〇月）

郷誠之助〈一八六五〜一九四二　実業家・政治家〉

この頃、よく第二の渋沢は誰かという事が、雑誌誌上で論ぜられているが、恐らく、今後、渋沢程の大世話役が出現するような事はあるまい。人物が出ないという意味でない。財界が手広くなって来たから、渋沢一人でコントロールしたようには、時代が許すまい。こういう見地に立つと、混沌たる財界の創世期が、渋沢を、あれ程の偉人に仕立て上げるに与《あずか》って力があったというのもまた一説である。

が、翻って考うるに、時勢が何程、人物を要求しても、風雲に乗ずべき人材の欠乏のために、その団体、その社会、その国家が衰勢をたどるのを止むなきにいたるのは、しばしば見受ける実例であって、もし渋沢あらざりせば、パッとしない会社、パッとしない銀行、パッとしない事業も、随分と数多くあったであろうと考えられるところを見れば、いかに時勢の力と割引しても、渋沢の超凡の力量を認めぬわけにゆかない。

かつ、渋沢の財界につくした功績を、単に、会社をたてたとか、事業を興したとか、銀行を救済したとかいう量的方面からのみ、勘定するのは誤りである。質的方面、即ち精神的方面において、財界に貢献した功労を尊敬しなければならぬ。

元来、我国の実業家は、利己的にして、卑屈なる素町人根性の惰性に災《わざわい》されている。しかるに、渋沢は治者階級である士分から、財界に投じ、論語と算盤の両立を高唱して、実業家の士気を鼓舞し、品性を向上せしめた苦労や、計り知るべからざるものがある。思うに、この精神的功労は、彼の事業的功績よりも遥かに偉大であって、何人の追随も許さない。〈中略〉

渋沢は、善事をなすことが唯一の趣味である。終生の事業であるがごとく見える。精力絶倫であるから、少々女が好きであった時代もあるが、その他にほとんど、とりたてていう趣味は見られない。富豪によくある骨董いじりもやらないし、第一、彼の人は金を愛さないから、富豪でもない。

財界の母ともいわれるぐらいに、長年月《ちょうねんげつ》働いてきて、遂に富豪に成り得なかったところに、渋沢の真骨頂が輝いている。金を愛するがために、事業を愛する人間は幾らでもある。事業を愛するがために、間接的に我が財界に貢献した人材もすくなくない。ひとり、善事を愛するがために、事業を愛し、金を散じ、八十八年の心血を一意、我が財界の発達に、傾倒し来れるものは、渋沢子をおいて何人かあろう。

人格の円満は、長所であるとともに、公正の見地に立って、財界の難問題を解決せんとする場合には、往々にして、八方お調子者の短所となる。ただ衷心の動機において、極めて純粋であったがゆえに、彼の場合においては、益々、彼をして偉大ならしめた。極言すれば、彼は善事をなす権化である。

たとえ、子、百年の後といえども、〈楠木〉正成死して、忠臣正成は、永遠に、六千万国民の精神に生きるがごとく、青淵《せいえん》渋沢栄一子爵は、永遠に死なない。

渋沢栄一翁頌徳会編［一九二九］、『世界の驚異国宝渋沢翁を語る』（実業之世界社）

矢野恒太〈一八六六～一九五一　実業家・第一生命保険創業者〉

私は、ポケット論語というのより、一層小型の、ダイヤモンド論語というのを拵えて、これを〈渋沢〉子爵に差上げたが、子爵はそれを、非常に愛されて、他の本を持たぬ時でも、ダイヤモンド論語だけは、常にこれを懐中に入れて、持ち歩かれ、ひまさえあれば、これを出しては読まれたので、これが一年に一冊ずつ破れ、また一年に一冊ずつ差上げることにしていた。〈中略〉

私が感激したことに、先〈一九二七〉年、渡米の際に、子爵が私をゲーリー〈元USスチール社長〉に紹介して下さったが、その紹介状に「私の友人、孔子研究者の一人だから、よろしく」と書かれたことです。この紹介状を見て、ゲーリーは「俺も孔子研究者だ」といって、「おのれの欲せざるところ、これを人に施すことなかれ」を盛んに使っていた。

ともかく渋沢さんは、何としても仁の人だと思う。人を踏みつけても、押し通るということが全くない。また周囲から、幾度も幾度も泣きつかれれば、これを拒絶しきれない弱さがある。僕等が見ていても、あんなことは、なされなくともよかりそうな、と思うことが随分あるが、渋沢さんの心情を考えれば、全く神様の心持です。だから、つまらぬものでも、捨て切れずに拾われるのです。

私は考える。渋沢さんほどの智者はザラにある——といっては、少し失礼かもしれないが、今後とも出ることもあろう。渋沢さんほどの勇者も他にある。けれども、渋沢さんほどの仁者は他にはない。また、今後とて容易に生れないだろうと。——多数のものが、渋沢さんに集るのは、渋沢さんの徳を慕うものもあるが、ご利益を慕うものも決してすくなくないと僕は思う。しかし、結局これは、仁の力だろうと思う。

*『実業之日本』第三一巻第一九号（一九二八年一〇月）

大田黒重五郎〈一八六六～一九四四　実業家〉

何でも日清戦後、渋沢さんが男爵に叙せられた当時の事であった。あるとき、朝野名士の集会があって、余は偶然の機会より、渋沢男爵と隣座する事になった。余はその頃までは、男爵と面識ぐらいのもので、別に何らの知る所はなかった。しかし、生来無遠慮なる余は、雑談中、卒爾として、男爵に左のごとき質問をした。

いわく、私は男爵が無数の事業に関係なされている事について、一には、国家のために真実、男爵の功労を感謝し、また一には、男爵の多々、益々弁ぜらるる精力の過大なるに敬服すると同時に、また一には、実際社会に活動する者として、かくのごとき、多くの事業に関係する事が、果して善いか悪いか、ひそやかに迷うております。ただし、何かある一つの事業を中心として、それに直接間接に関係のある他の事業へ系統的に関係する事ならば、私も異論はないが、男爵のごとき、全く種類の異ったものはいかがであろうか。その弊としては、中に利害の全く反対している事業も生じないとも限らぬ。もっとも男爵が、かく多くの事業に関係せらるるのは、維新以来、実業界の元勲として、勢いやむを得ざることもありましょうが、それにしても、いちいち責任を尽さねばならぬことになると、ほとんど生理的に破裂しなければならぬ。男爵は、特別であろうが、我々後進の者は、参考として、一応お考えを承りたい、との質問を発した。

男爵より見れば、我輩ごときは白面の一書生である。いわんや、ちょっと顔を知っているぐらいで、忙しい男爵には、果して、自分を認めていたか、いなかったか、それすら分らぬ。普通の名士であれば、なんだ、生意気な、と頭から軽蔑して、笑不答ぐらいな態度に出るのであろうが、渋沢男は、極めて真面目に、余の質問を受取られて、左のごとく答えられた。

誠にごもっともなお尋ねで、実は私も常に、それを考えているのであります。かく申すと、何だか弁解めいておりますが、維新後、私もいささか国家の為に尽したいと思い、銀行をつくりました。当初の考えは、ただ銀行をつくるだけの考えであったが、さて銀行が出来て見ると、金は集ったが、貸付先のないのに、困りました。当時は、合本組織の事業は無し、商家には浮かと貸す訳にもゆかず、やむを得ず、銀行ばかりつくっても仕方がないと考え、合本組織の会社を起しました。その中、時勢はポツポツ、事業の勃興を見、これらにも詮方なしに、関係しなければならぬようになったので、どうも栄一の場合は、時代の幼稚なためで、例外とご承知を願いたい。

とにかく、これより生ずる弊害は、栄一も充分、感知致しておるので、原則としては、無論、お説の通り、一事業に全力を専注しなければならぬと考えますと、答えられた。

余は、これを聞いて、いかにももっともな説と考えたと同時に、渋沢という人は、公平な人であるわいと思った。

＊『実業之日本』第一四巻第七号（一九一一年四月）

井上準之助〈一八六九〜一九三二　官僚・政治家・元日本銀行総裁〉

これまで、われわれが承知している元老といわれる人々の中には、渋沢子爵ほどの考えと態度には到底及ばんものがあったと思う。

また、これまで功績を挙げた特殊の性質をもっている人々も多いが、これらの人々よりも、子爵は誠に、円満無碍なる人格と、非常に発達した常識とをもっておられることである。そして、長い間の修養の結果とも思われるが、世人に対して、非常に親切である。また何ともいえない愛嬌のあることとである。これがまた、一面から見れば、民衆的の人とも言える。

ゆえに、官僚出の元老などと異なり、非常に近代的である。思想といい、見識といい、近代的であるということが、子爵をして民衆的の人たらしめている。

＊『実業之日本』第三一巻第一九号（一九二八年一〇月）

添田敬一郎〈一八七一〜一九五三　官僚・政治家〉

渋沢子爵は、財界の大功労者である。紡績事業といい、銀行業といい、その他、多くの事業はほとんど、子爵の力によって起ったのである。ゆえに子爵は、日本の産業界の功労者であることは申すまでもないことであるが、また一面には、社会事業の先駆者である。

養老院の経営についても、若い時分から関係して、今日にいたっているが、一時は、東京市は経費の都合で、これを廃止しようとしたことがあるが、子爵は私財を投じて、これを継続せしめたのである。

その他、万般の社会事業で、子爵の配慮を得ないものはない。殊に晩年、実業界を去ってから、主として社会事業につくされておられる。これなどは一に、子爵が、社会の混乱を平和に導きたいという、強い信念から出発されているのである。

それと同時に、さらに国際的方面にもまた、すこぶる力をつくされている。日米関係のごとき実に憂慮すべきものがあった。移民問題は、紳士的協約により、まず解決が出来たにしても、土地所有問題があり、これがために、子爵は八十三の老軀を厭わず渡米して、彼の国の有力者と会見し、帰朝後は日米関係委員会をつくって、両国間の解決に尽瘁《じんすい》されている。

また日支関係についても、政治上のみでなく、経済上の連結により親善を図ろうとし、両国間に、事業の経営を策したことなども、皆、子爵の力によるものである。ゆえに、もし日本に国民外交というものがあるとせば、これが率先者は実に子爵である、と言わなければならない。

かくのごとき国際上の関係のものについても、私財を投ずることを惜しまないし、また老軀をも厭わない。殊に病気の際でも、よくこの方面には、身の疲れを忘れて、心配しておられるのであるから、これなどは国家の上から見ても、国民の上から見ても、大いに感謝せねばならぬと思う。

渋沢栄一翁頌徳会編［一九二九］、『世界の驚異国宝渋沢翁を語る』（実業之世界社）

岡崎國臣〈一八七四～一九三六　官僚・元東京株式取引所理事長〉

時は大正十四年春であった。当時、先生は例の喘息で引籠り中であり、特に昨日は、発作的の異状があり、医者からは面会を禁止され、絶対に安静を要する、という一日のこと、私は取引所の大問題で、我が国としても大問題であるから、ぜひ先生にお目にかかりたいというと、宜しいということで、病中をおしてご引見下され、よく話をしてお願いすると、出来るだけご尽力しよう、という有難いお言葉であった。こうした事は、普通の人には出来ない事で、先生には、国家社会の事なら、命を捧げても惜しくはない、という堅いご信念があり、先生にして始めて出来ることである。

事の成り行きを簡単に申せば、当時の内閣の某閣僚に、物を頼み込まれなければならぬことで、先生をおいては誰にも出来ない事であった。そこで先生はよく、行って話して見ようという事になっていたが、段々、病が重くなって、大磯へ静養に行かれる事になった。大磯に在る先生は、私のお願いした事を、随分気にかけられて、私が行って話をすればいいのだが、この通り、病気で動けないからとおっしゃって、病中、筆を持つことを医者から一切禁じられておられるにもかかわらず、ご自分が行かれたと同様にしたいと言うので、長い長い書面をお書き下さる事になった。何しろ病中のことで、筆を走らせておられるうちに、段々と熱が昇り、根気もつき果てて、非常に苦しそうに見え、遂に筆を持つことが出来なくなったにもかかわらず、今度は、鉛筆を取らせて、途中、何べんも苦しい息をおつきになり、ついに書き終られ、これを代筆、清書させて、この書面を某閣僚に差出して下された。この問題はなかなか困難なもので、閣僚からは長い長い返事が来たが、どうもうまくゆかなかったが、事の成否は別として、とにかく、かくまでご無理をなされてまでも、われわれ後輩のご面倒を見て下さるかと思うと、熱い涙が自然に溢れ出てくるのである。

私は、その先生のお手紙の下書を戴いて、今でも記念のため、大切に保存しているが、その手紙を見るたびに、当時の先生の溢るる熱誠を想い出して、いつも感涙に咽び、自分達の社会人としての働きの足らぬことを、いつも教えられるのである。なおこの手紙には、来歴を附して、子孫永遠に伝える考えである。

渋沢栄一翁頌徳会編［一九二九］、『世界の驚異国宝渋沢翁を語る』（実業之世界社）

渋沢敬三〈一八九六～一九六三　銀行家・政治家・民族学者〉

八十歳までの祖父は随分とも人間的でありました。すべての方面に物欲が残っていました。昼食に私と二人でよく穴子の天ぷらを平らげた祖父でありました。注意するといった程度の小言をいっても、一面ユーモラスな点があると同時に、他面ロジカルに相手へ迫るというようなところがありました。自らの意志を他人に伝える肉迫力とか、積極的なものの指導とかを、あの靉靆《あいたい》たる春霞のような老人の笑顔のうちから、ひしひしと感じていました。それはいかに驚くべきほど出来上がっていたにせよ、人間としての匂いは随分強く感じていました。

しかるに八十頃から後に至って、〈中略〉人間でありながら人間的ではなく、つまり肉体でなくなった気がしました。聖とか霊とかいう字はあまり私としては用いたくありません。言い換えれば、透き通ったような感じとでもいえましょうか。しかし、それと同時に私には、次第に祖父から発散されていたグレアーとでもいおうか世間的といおうか、そうしたものが消え失せて、かえって本当の人間という感じが深く起ってきました。

殊に私は多くの場合、祖父の後に従って歩いてゆくことが多かったためか、この感じをその後ろ姿にはっきり見出したのであります。ほんの僅かばかり首を左に傾けて、子供の後頭部にも似た、いかにも柔かそうな、年の割に黒い髪の毛を、白いカラーの上にふさふさとかかげ、どういう訳か、右と左とに高低《たかひく》のある足音を立てながら歩いてゆく。その祖父の後ろ姿には自分などには想像し得ない、永い年月の閲歴を経、経験を深く蔵した、しっかりした偉人というよりは、むしろ侘しい一個の郷里血洗島の農夫の姿を見るような気がしました。

またそこには同時に、あの顔の正面から仰いではちょっと見出し難かった、詩の世界と、無心な幼な児にも見るような、無垢な魂とを強く印象させられたのでした。

『竜門雑誌』第五三〇号・青淵先生一周忌記念号（一九三一年一一月一八日夜記）

（1）松浦正孝［二〇〇二］、『財界の政治経済史』（東京大学出版会）五七〜七四ページによる。

（2）竜門社編［一九六六〜一九七一］、『渋沢栄一伝記資料』別巻第八（同社）二五一〜二六一ページ所収の山路愛山［一九〇九］、「渋沢男と安田善次郎氏」『太陽』第一五巻第一一号（博文館）による。

（3）幸田露伴［一九四〇］、「青淵先生の後半生」『竜門雑誌』第六一六号（竜門社）一〜一六ページ。同前『渋沢栄一伝記資料』別巻第八、三〇五〜三一八ページ所収。ここで露伴は、孔子は「仁」の道をいろいろに教えたが、弟子に「どうしたら仁を得られるか」と訊かれ、「恭、寛、信、敏、恵」の五つを孔子は挙げたとし、「恭」の大切さを強調している。

「企業家・渋沢栄一」略年譜

西暦	和暦	齢	関係事項	社会状況
一八四〇	天保一一		2月13日、武蔵国榛沢郡血洗島村(現埼玉県深谷市血洗島)に生まれる	この年、アヘン戦争勃発
一八五三	嘉永　六	13	この頃、単身、藍葉を買い付ける(その後、15歳頃より家業に精励)	6・3浦賀に黒船来航
一八五六	安政　三	16	この年、父の名代として岡部陣屋で御用金を仰せつかる	10・8アロー号事件
一八五八	五	18	12月、ちよと結婚する	6・19日米修好通商条約調印
一八六三	文久　三	23	9月、高崎城乗っ取り、横浜異人館焼討ちを計画 11月、計画中止、京都へ	7・2薩英戦争
一八六四	元治　元	24	2月、一橋家に出仕	6・5池田屋事件
一八六七	慶応　三	27	1月、パリ万博幕府使節の随員として渡欧、知見を広める(翌年11月帰国)	10・15大政奉還勅許
一八六八	明治　元	28	12月、静岡藩勘定組頭を命ぜられるが辞退	3・14五箇条の御誓文
一八六九	二	29	1月、静岡藩勘定頭支配同組頭格御勝手懸り中老手附、商法会所頭取を命ぜられる 11月、民部省租税正、民部省改正掛長となる	12・25東京・横浜電信開通
一八七〇	三	30	閏10月、富岡製糸場事務主任となる	この年、普仏戦争勃発

一八七一	四	31	8月、大蔵大丞に任ぜられる 12月、大蔵省紙幣寮紙幣頭を兼任、（国立）銀行条例編成にあたる	7・14廃藩置県
一八七二	五	32	2月、大蔵少輔事務取扱を命ぜられる 6月、『航西日記』全六巻を刊行 10月、長男篤二誕生 11月、抄紙会社（のちに王子製紙㈱）の設立を出願	11・15国立銀行条例布告
一八七三	六	33	2月、抄紙会社の設立許可 5月、大蔵省退官 7月、第一国立銀行総監役就任、東京兜町に移転	7・28地租改正条例布告
一八七四	七	34	1月、抄紙会社事務を委託され、頭取代となる	10・9万国郵便連合発足
一八七五	八	35	8月、第一国立銀行頭取となる 12月、東京会議所会頭兼行務科頭取となる	5・7樺太・千島交換条約調印
一八七六	九	36	この年、東京深川福住町に本邸移転	10・2東京に米商会所開設
一八七七	一〇	37	5月、第一国立銀行で海上保険業務開始 7月、択善会創立にかかわる（のちに解散して銀行集会所）	2・15西南戦争勃発
一八七八	一一	38	8月、東京商法会議所会頭となる	5・4株式取引所条例制定
一八七九	一二	39	8月、東京府養育院院長に任命される	4・4琉球藩が沖縄県となる
一八八〇	一三	40	10月、大阪紡績会社創立世話掛となる	10・10日本銀行開業
一八八二	一五	42	1月、銀行集会所の委員となる（のちに会長） 7月、妻・ちよ、没する	6・27日本銀行条例公布

一八八三	一六	43	11月、倉庫会社、均融会社開業し、相談役となる 3月、大阪紡績会社相談役となる 1月、兼子と再婚する 11月、東京商工会会頭となる	7・7鹿鳴館の落成
一八八四	一七	44	7月、浅野セメント工場成立にあたり経営支援	12・4甲申事変
一八八六	一九	46	4月、竜門社設立	10・24ノルマントン号事件
一八八七	二〇	47	10月、日本煉瓦製造会社創立、理事となる 12月、有限責任東京ホテル（のちに帝国ホテル）創立願を発起人総代として提出 東京人造肥料会社委員長となる	9・21横浜に日本最初の水道施設
一八八八	二一	48	12月、兜町邸竣工、移転	4・25市制と町村制の公布
一八八九	二二	49	3月、日本煉瓦製造会社理事長となる	2・11大日本帝国憲法発布
一八九〇	二三	50	9月、貴族院議員となる	11・25帝国議会召集
一八九一	二四	51	1月、東京商業会議所設立認可 7月、東京商業会議所会頭となる 10月、貴族院議員を辞する	5・11大津事件
一八九三	二六	53	5月、東京人造肥料㈱取締役会長となる 9月、㈱東京石川島造船所、王子製紙㈱の取締役会長となる 10月、帝国ホテル㈱取締役会長となる 12月、日本郵船㈱取締役となる	4・14出版法・版権法公布
一八九四	二七	54	1月、東京瓦斯㈱取締役会長となる	8・1日清戦争始まる

一八九六	二九	56	5月、札幌麦酒㈱取締役会長となる 8月、篤二に長男・敬三が誕生 9月、第一国立銀行、㈱第一銀行として新発足、引き続き頭取となる	4・6第一回オリンピック開催
一八九七	三〇	57	3月、澁澤倉庫部が開業（のちに澁澤倉庫㈱となる）	10・1金本位制実施
一八九八	三一	58	4月、韓国視察	6・30日本最初の政党内閣成立
一九〇〇	三三	60	5月、男爵を授けられる	3・10治安警察法公布
一九〇一	三四	61	5月、飛鳥山邸（現東京都北区西ヶ原）を本邸にする 大蔵大臣就任要請を断る	11・18官営八幡製鉄所操業開始
一九〇二	三五	62	5月、兼子夫人同伴にて欧米視察（同年9月帰国）	1・30日英同盟調印
一九〇三	三六	63	11月、インフルエンザ発症、療養の日々を送る	12・17ライト兄弟、公開飛行
一九〇四	三七	64	9月、長期療養を終え、復帰	2・10日露戦争始まる
一九〇六	三九	66	7月、南満洲鉄道㈱設立委員長となる 11月、日本精製糖と日本精糖の合併により、大日本製糖㈱設立、相談役となる	3・31鉄道国有法公布
一九〇七	四〇	67	2月、帝国劇場㈱創立、取締役会長となる	6・4別子銅山で暴動
一九〇八	四一	68	10月、中央慈善協会会長となる	6・22赤旗事件
一九〇九	四二	69	6月、多くの企業及び諸団体の役職を辞任 8月、渡米実業団団長として第二回渡米、同年12月帰国	5・6新聞紙法公布 10・26伊藤博文狙撃され死亡
一九一〇	四三	70	8月、社団法人東京銀行集会所会長となる	8・22韓国併合条約調印
一九一二	大正 元	72	6月、帰一協会結成、幹事となる	7・30明治天皇崩御、大正と改元

一九一三	二	73	10月、日本実業協会創立、会長となる	10・6日本政府が中華民国承認
一九一四	三	74	1月、東北九州災害救済会を創立、副総裁となる	7・28第一次世界大戦開戦
一九一五	四	75	5月、中国視察（同年6月帰国） 4月、渋沢同族㈱設立、渋沢敬三が社長となる 10月、第三回渡米（パナマ太平洋万国大博覧会の観覧等を終えて翌年1月帰国）	1・18中国政府に二一ヵ条要求
一九一六	五	76	11月、勲一等旭日大綬章を受章 7月、㈱第一銀行頭取退任、相談役となる 9月、『論語と算盤』を刊行 10月、㈶理化学研究所創立委員長となる	9・1工場法施行
一九一八	七	78	1月、『徳川慶喜公伝』（栄一著）を刊行	11・11第一次世界大戦終結
一九二〇	九	80	4月、㈳国際連盟協会会長となる 6月、日華実業協会会長となる 9月、子爵を授けられる	3・15戦後恐慌起こる
一九二一	一〇	81	10月、第四回渡米（ワシントン軍縮会議の視察等を終え、翌年1月帰国）	11・4原敬暗殺される
一九二三	一二	83	9月、大震災善後会創立、副会長となる	9・1関東大震災
一九二四	一三	84	3月、東京女学館館長及び㈶日仏会館理事長となる	この年、米国で排日移民法成立
一九二五	一四	85	5月、日米無線電信㈱設立委員長となる	4・22治安維持法の公布
一九二六	一五	86	8月、㈳日本放送協会顧問となる 10月、第一回雨夜譚会が行われる（一九三〇年まで）	12・25大正天皇崩御、昭和と改元
一九二七	昭和二	87	2月、日本国際児童親善会会長となる	3・15金融恐慌発生

一九二八	三	88	11月、勲一等旭日桐花大綬章を受章	4・10日本商工会議所設立
一九二九	四	89	11月、中央盲人福祉協会会長となる 12月、宮中に参内、ご陪食の栄に浴す	10・24ニューヨーク株式市場大暴落
一九三一	六	91	1月、㈶癩予防協会の会頭・理事となる 4月、日本女子大学校校長となる 8月、中華民国水災同情会会長となる 9月、飛鳥山邸において中華民国水害被災者救援のため義捐金募集のラジオ放送演説を行う 11月11日、午前1時50分、永眠	9・18満洲事変

※一八七二年一二月三日までの月日数字は陰暦による。
※年齢については、その年の誕生日を迎えた時の満年齢を記した。
※「関係事項」は渋沢史料館副館長の桑原功一氏にご協力いただき、渋沢史料館発行『常設展示図録　渋沢史料館』（二〇〇〇年）所収の「渋沢栄一略年譜」などをもとに作成した。

〈編著者略歴〉
宮本又郎（みやもと・またお）
1943年福岡県生まれ。神戸大学大学院経済学研究科修士課程修了後、博士課程で学ぶ。その後、同大学経済学部助手、大阪大学経済学部の助手、専任講師、助教授を経て、88年に教授。2006年４月より同大学名誉教授となる。現在は関西学院大学客員教授、放送大学客員教授のほか、大阪企業家ミュージアム館長も務め、産学交流の発展に尽力する。経済史・経営史研究の重鎮としてＮＨＫ連続テレビ小説『あさが来た』の時代考証を担当する等、その活動範囲は幅広い。経済学博士（大阪大学）。著書には『近世日本の市場経済』『日本企業経営史研究』（有斐閣）、『日本の近代11　企業家たちの挑戦』（中央公論新社）、『商都大阪をつくった男　五代友厚』（ＮＨＫ出版）などがある。

〈第一部「詳伝」執筆担当〉
桑原功一　渋沢史料館副館長（学芸員）

PHP経営叢書
日本の企業家１
渋沢栄一
日本近代の扉を開いた財界リーダー

2016年11月27日　第１版第１刷発行

編著者　宮本又郎
発行者　清水卓智
発行所　株式会社ＰＨＰ研究所
京都本部　〒601-8411　京都市南区西九条北ノ内町11
70周年記念出版プロジェクト推進室　☎075-681-4428（編集）
東京本部　〒135-8137　江東区豊洲5-6-52
普及一部　☎03-3520-9630（販売）
PHP INTERFACE　http://www.php.co.jp/
組版　朝日メディアインターナショナル株式会社
印刷所
製本所　図書印刷株式会社

ISBN978-4-569-83421-4

PHP経営叢書「日本の企業家」シリーズの刊行に際して

わが国では明治期に渋沢栄一のような優れた企業家が幾人も登場し、中世、近世に営々と築かれた日本の商売道は近代へと導かれることになりました。以後の道程において、昭和期に戦争という苦難に遭いますが、すぐさま復興に立ち上がる中で、多くの企業家が躍動し、人々を束ね、牽引し、豊かな生活の実現に大いに貢献しました。一九四六（昭和二一）年一一月に弊社を創設した松下幸之助もその一人でした。事業経営に精励する一方で、「人間は万物の王者である」という言の葉に象徴されるみずからの人間観を、弊社の様々な活動を通じて世に訴えかけ、繁栄・平和・幸福の実現を強く願いました。

こうした時代を創った多くの企業家たちの功績に、素直に尊敬の念を抱き、その歩みの中の真実と向き合うところから得られる叡智は、お互いの衆知を高め、個々の人生・経営により豊かな実りをもたらしてくれるにちがいない。そうした信念のもと、弊社では創設七〇周年記念事業としてPHP経営叢書を創刊し、まずは日本の近代、現代に活躍した理念重視型の日本人企業家を一人一巻でとり上げる図書シリーズを刊行することにいたしました。空翔ける天馬の姿に、松下幸之助はみずからの飛躍を重ね合わせましたが、その天馬二頭が相対立しつつも調和する姿をデザインしたロゴマークは、個を尊重しつつも真の調和が目指される姿をイメージしています。「歴史に学び　戦略を知り　人間を洞察する」――確かな史実と学術的研究の成果をもとに論述されたこのシリーズ各巻が、読者諸氏に末永く愛読されるようであればこれに勝る喜びはありません。

二〇一六年一一月

株式会社PHP研究所